대니얼 T 윌링햄 교수의 특강

디지털 시대,
책 읽는 아이로 키우기

Raising Kids Who Read: What Parents and Teacher Can Do by Daniel T. Willingham

Copyright © 2015 by Danilel T. Willingham

All Rights Reserved.

Korean translation copyright © 2017 by King's Library

This translation Published under license with the original publisher John Wiley & Sons International Rights, Inc. through AMO Agency, seoul, Korea

디지털 시대,
책 읽는 아이로 키우기

초판 1쇄 발행 2017년 9월 14일

지은이   대니얼 T. 윌링햄
옮긴이   김정용
펴낸곳   왕의서재
펴낸이   김철웅
마케팅   변창욱
디자인   책은우주다

출판등록   2008년 7월 25일 제313-2008-120호
주소   서울시 양천구 목동서로 186(목동 919) 성우네트빌 1411호
전화   02-3142-8004
팩스   02-3142-8011
이메일   latentman@naver.com
블로그   blog.naver.com/kinglib

ISBN   979-11-86615-23-2 03370
책값은 표지 뒤쪽에 있습니다.
파본은 구입하신 서점에서 교환해드립니다.

스마트폰만 보는 아이는 어떻게
독서광으로 성장하는가?

디지털 시대,
책 읽는 아이로
키우기

대니얼 T. 윌링햄 지음 | 김정용 옮김

왕의
서재

감사의 글

헬렌 앨스턴, 캐린 체노웨스, 트레이시 갤러거, 프레드 그린월트, 리사 건지, 마이클 카밀, 마지 맥커너니, 마이크 맥케나, 스티브 스트레이트에게서 유용한 피드백을 받았다. 로렌 골드버그, 크리스틴 터너, 섀넌 웬들링과 익명의 검토자 일곱 분에게 특별히 감사드린다. 모두가 전체 원고에 대해 상세한 논평을 해주었다. 게일 러빗은 이 프로젝트의 처음부터 끝까지 두루 자문을 해주었다. 데이비드 도볼리는 서문에서 제공한 조사의 충실한 조력자였다. 앤 칼라일 린지는 대부분의 도표를 제작했다.

한결같은 지원과 믿을 만한 조언을 해준 에스먼드 헴스워스와 프로젝트에 특별히 신경 써준 마지 맥커너니에게 언제나처럼 감사를 표한다. 무엇보다도 내게 육아의 지침이 되어주신 트리샤 톰슨-윌링햄에게 감사한다. 어머니, 트리샤의 지혜가 이 책에서 설명하는 많은 접근 방식에 영향을 미쳤다.

우리 아이들이 최고의 교육을 받고 최상의 성과를 이루길 바라는 건 모든 부모의 바람일 것입니다. 그리고, 책 읽기가 배움의 핵심 열쇠라는 사실을 모르는 사람은 없을 것입니다. 그런데 과연 책을 읽기 위해서는 무엇이 가장 중요할까요? 우린 어떻게 아이들이 독서하길 원하게 만들 수 있을까요? 어떻게 잘 읽는 법을 가르칠 수 있을까요?

텔레비전, 스마트폰, 컴퓨터 게임에 점령된 지금의 현실에서 이 질문에 대한 해답을 찾는 일은 텔레비전만 걱정하던 지난날보다 훨씬 더 어렵고 심각한 과제로 떠올랐습니다. 21세기를 살아가는 우리 아이들은 집중력과 노력을 들여야 하는 책보다는 쉽고 재미있게 이용할 수 있는 미디어를 통해 세상을 발견하고 배웁니다. 문제는 아이들이 미디어를 통해 발견하는 세상이 너무나 협소하고 표피적인 것이란 데 있습니다. 그런데 불행히도 부모나 아이들은 보통 고등학교를 졸업할 무렵에서야 독서의 중요성이 늦었다고 후회합니다.

그렇다면 때늦은 후회를 하지 않기 위해 부모와 교사가 아이들을 위해 무엇을 해야 할까요? 지난 20여 년간 미국의 교사들과 전문가들은 이에 대해 진지한 고민을 해왔습니다. 특히 이 책의 저자 대니

얼 T. 윌링햄 박사는 오랜 관찰과 실험 조사 연구를 통해 발견한 성과들을 많은 예를 통해 쉽고 상세하게 전해줍니다.

저자는 각 연령층에 맞춰 아이들에게 독서할 수 있는 저력과 환경을 만들어 줄 수 있는 여러 가지 방법과 아이디어, 기술을 현실성 있는 조언으로 소개합니다. 저자의 조언은 영유아기에서 청소년에 이르는 자녀를 둔 부모와 학생을 가르치는 교사에게 실질적인 도움이 될 것입니다.

그러나 그 무엇보다 이 책에서 강조하는 가장 중요한 메시지는 이것입니다.

부모와 교사는 아이의 독서 문제가 드러나기 훨씬 이전에 좋은 독서가로 성장할 수 있도록 충분히 지원해야 합니다. 그리고 부모와 교사는 아이가 실제로 읽기를 배우기 훨씬 이전부터 읽기를 배우길 원하도록 이끌어야 합니다. 또한 부모와 교사는 아이에게 독서 는 과업이나 공부가 아니라 즐거움이고 보람이라는 걸 느끼도록 만들어줘야 합니다.

추천사

"디지털시대, 책 읽는 아이로 키우기"는 아이를 평생 독서가로 키우고 싶다는 까다로운 과제에 대해 신선하고 현실적인 해결책을 제공한다. 윌링햄은 친구와 커피를 마시는 것처럼 즐겁게 읽을 수 있는 문장으로, 일상에 바쁜 부모와 교사가 실천할 수 있도록 실용적이고 쉬운 조언들을 제시하고 있다

— 앤절라 카낙, 영어 교사, 캥커키 고등학교, 일리노이 주

"빠져든다. 윌링햄의 어조는 때때로 장난기 넘치지만 언제나 진실하다. 솔직함과 긍정적인 확신을 신선하게 버무린 점이 특히 감탄스럽다. 부모들은 이 책을 다 읽고 나면 가정환경을 바꿀 영감을 느끼고 그렇게 할 수 있는 능력이 생기고 그게 가져올 잠재적 이득에 열광하게 될 것이다."

— 제시카 팩, 2014년 캘리포니아 올해의 교사, packwomantech.com 블로거.

차례

Part I ― 읽기는 과학이다

Part II ― 읽기를 위한 준비 (0세부터 취학 전)

Part III — 독서의 첫 단계(유치원부터 초등저학년)

즐겨라, 지금 시작하라

한 가지 간단한 설문조사를 소개하면서 이 책을 시작하려 합니다. 여러분에게 청소년기 자녀가 한 명 있다고 가정해 봅시다. 그리고 자녀에게 주 5일 동안 5시간의 여가가 주어진다고 가정할 때, 여러분의 자녀가 그 5시간을 어떻게 보내기를 희망하십니까? 아래 표에서 보듯이 그 시간동안 할 수 있는 활동 6가지가 제시되어 있으며 활동별 시간은 50분으로 동일하다고 가정하겠습니다.

휴식/사고하기	___ 분
비디오 게임/컴퓨터 사용	___ 분
독서	___ 분
친목 활동	___ 분
텔레비전 시청	___ 분
스포츠 활동	___ 분

작성해 보셨습니까? 이와 동일한 조사를 미국의 부모 300명을 대상으로 실시하였으며 그 결과는 [도표 0. 10대 여가시간에 대한 희망 대 현실]에서 볼 수 있습니다. [도표 0]에는 청소년들이 각 활동에 '실제로' 몇 분을 사용하였는지도 표시했습니다. 조사 결과, 응답자들의 독서 희망시간은 75분이었으며 현실에서 청소년이 실제 독서에 쓰는 시간은 6분이었습니다.

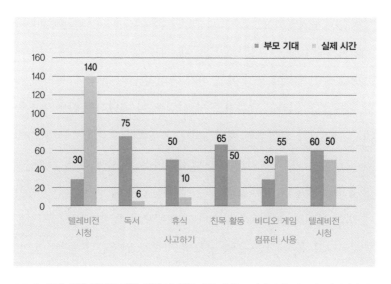

도표 0. 10대 여가 시간에 대한 희망 대 현실. 왼쪽 막대는 조사 응답자들이 10대들이 어떻게 여가 시간을 보내길 바라는지를 보여 줍니다. 오른쪽 막대는 10대들이 보내는 실제 여가 시간을 보여 줍니다.

이 책의 목적은 간단합니다.

자녀가 독서하기를 원하는 부모에게 최선의 방법을 알려주는 것입니다. 부모들은 자녀가 독서하기를 원하지만, 대부분의 아이들은 독서를 하지 않습니다.

물론 일부 아이들은 독서인으로 자라게 됩니다. [도표 0]에 표기된 숫자는 평균 수치이기 때문에 완벽한 통계는 아닙니다. 청소년 개개인이 방과 후 집에서 6분간 책을 펼쳐 읽는 것은 역시 아닙니다. 어떤 아이들은 책을 전혀 읽지 않는 반면 소수의 아이들은 독서를 상당히 많이 합니다.

그렇다면 혹시 독서를 즐기는 자녀의 부모로부터 알 수 있는 독서비결은 무엇일까요?

우선, 독서하는 자녀의 부모들 대부분은 그들의 자녀가 어떻게 독서를 즐기게 되었는지 아는 바가 거의 없습니다. 제가 독서에 대한 책을 쓰고 있다고 말하자 〈뉴욕타임즈〉의 에디터인 아버지가 들려준 이야기가 전형적인 예입니다. 그는 8학년(한국에서는 중학생 2학년)인 자기 딸이 무슨 책이든 너무 몰입해서 읽는 탓에 잠깐이라도 바깥에 나가 시원한 바람을 쐬라는 얘기를 종종 해야 했습니다. 독서에 대한 아이의 열정을 키워주기 위해 부모가 특별하게 해 준 것은 무엇이냐고 묻자 그는 껄껄 웃으며 이렇게 말했습니다. "이런, 전 아무것도 한 게 없어요."

그렇게 대답했지만 신문사 편집장이었던 그는 틀림없이 자녀가 독서를 많이 하도록 특별한 자극들을 주었을 것입니다. 아마도 그는 딸이 아주 어렸을 때부터 책을 읽어 주었을 것이고, 그의 집은 책들로 가득했을 것입니다. "저는 아무것도 한 것이 없어요"라는 그의 말은 아마도 "미리 계획한 게 아니에요"라는 의미가 아닐까 생각됩니다.

또한, 독서하는 자녀를 둔 부모는 특별히 학업과 연관된 것을 자녀에게 시키지 않습니다. 이 부모들은 아기가 12개월이 되면 낱말카드를 꺼내 들고, 24개월에는 필기 연습을 시키기 시작하는 타이거 부모[T]와는 다릅니다. 이 부모들은 '독서는 즐거움을 선사한다'는 긍정적 메시지를 계속 보내줄 뿐입니다.

이 책은 대부분의 평범한 부모들이 가진 가치를 담고 있습니다. 그 첫 번째 가치가 '즐겨라'이며, 두 번째 가치는 '지금 시작하라'입니다.

Terms ▸

아이의 출세를 위해 학교 공부와 사생활까지 엄격하게 관리하고 경쟁에서 이기도록 몰아붙이는 유형의 부모를 일컫는 용어이다. 미국 예일대학 로스쿨 교수인 에이미 추아(Amy Chua)가 2011년 출간한 책 '타이거 마더(Tiger Mother)'는 범세계적인 교육 논쟁을 일으켰다. 그녀는 재미와 창의성을 중시하고, 개성과 자율을 강조하는 이른바 미국식 혹은 서양식 교육 대신 통제와 엄격한 규칙을 강조하는 이른바 중국식 혹은 동양식 교육 나름의 장점을 설파한다. 아이들이란 '스스로 공부하지 않는다'는 것이다. 결국 엄마는 소위 호랑이 엄마가 되어야 하고, 교사는 엄한 교사가 되어야 한다고 주장한다. 한국에서는 민음사에서 2011년 출간이 되었다.

당연한 말이지만 낙관적으로 생각하다가 문제가 확연해져서야 대응에 나서는 건 최상의 전략이 아닙니다. 문제는 교정보다 예방이 더 쉽습니다. 그런데 독서와 관련해서 우리는 특이한 상황에 직면하게 됩니다. 경험이 실제로는 독서에 유익한 지식이 되는 경우가 많기 때문입니다. 더욱 특이한 것은, 이러한 지식은 그것이 필요한 몇 달 전 심지어 몇 년 전에 습득될지도 모른다는 점입니다. 지식이란 것이 아이가 독서 발달 과정에서 적절한 단계에 다다르기까지 잠들어 있다가 어느 순간 별안간 의미를 갖게 됩니다. 이런 이유로 이 책의 두 번째 원칙이 '지금 시작하라.'인 것입니다. "지금 시작하라."의 '지금'은 유아기보다 더 이른, 생의 초기에 글자를 읽고 의미를 해석하고 독서에 동기부여를 가지게 하라는 뜻입니다. 그리고 이미 청소년이 된 자녀를 둔 부모가 지금까지 아무것도 한 게 없더라도 자녀의 독서를 장려하기 위해 '지금' 행동에 나선다면 절대 너무 늦지 않았다는 뜻이기도 합니다. 그러므로 '지금' 시작하세요.

부모들은 학교에서 배우는 읽기를 독서의 일면이라 생각합니다.

부모는 유치원에서 처음으로 배우는 해독(각 글자의 이름을 알고 읽는 것)을 읽기라고 생각하고, 이해하면서 읽기, 읽는 것의 의미를 생각하기에 대해서는 크게 관심을 기울이지 않은 듯 보입니다.

만약 아이가 책에 쓰인 글자를 정확하고 크게 말하면 '읽기'를 하고 있는 것입니다. 그런데 4학년쯤 되면 대부분의 아이들이 글자를 정확하게 읽습니다. 그리고 이해력이 비약적으로 발전합니다. 그와 동시에 아이들이 읽어야 하는 교재도 더 복잡해집니다. 결과적으로, 해독으로서의 읽기만 배운 4학년 아이들은 더 높은 이해력이 필요한 글을 접하게 될 때 어려움을 겪게 됩니다. 그리고 그때 비로소 부모들은 아이가 자기가 읽은 글을 이해할 수 있는 방법에 대해 궁금해하기 시작합니다.

대부분의 아이들이 저학년 시기에는 학교에서, 집에서 책 읽기를 좋아합니다. 그러나 독서에 대한 태도는 해마다 부정적으로 변해 갑니다. 많은 부모들은 이러한 태도 변화를 간과하기 쉽습니다. 왜냐하면 초등학교에서 학년이 올라갈수록 아이들은 훨씬 더 바빠지기 때문입니다. 친구들과 더 많은 시간을 보내게 되고 아마 악기나 스포츠를 시작하는 것도 이 시기일 것입니다. 사춘기에 이르면 독서에 대한 관심도는 바닥을 칩니다. 부모는 자신의 자녀가 절대로 자발적으로 책을 읽는 일은 없을 거란 사실을 깨닫고 어떻게 하면 독서에 대해 동기부여할 수 있을지 고민하기 시작합니다.

독서하는 아이로 성장하려면, 아이는 다음 세 가지 조건을 갖추어야 합니다.

첫 번째, 쉽게 읽을 줄 알아야 한다.

두 번째, 이해하면서 읽어야 한다.

세 번째, 자발적인 책 읽기에 대한 동기가 있어야 한다.

이 세 가지 조건은 또한 이 책의 구성 원칙이기도 합니다. 첫 번째 Part에서는 읽기의 과학을 배우게 될 것입니다. 여기에서 여러분은 아이들이 어떻게 글자를 해독(decoding)하는 법을 습득할까? 자기가 읽은 것을 이해하거나 이해하지 못하게 만드는 원리는 무엇일까? 왜 어떤 아이들은 독서에 대한 동기부여가 되는 반면, 다른 아이들은 그렇지 못할까에 대한 답을 찾을 수 있을 것입니다. 나머지 책의 구성은 연령대에 따라 세 개의 Part로 나누었습니다. 출생부터 취학 전까지, 유치원부터 초등 2학년까지, 그리고 초등 3학년 이상, 이렇게 세 개의 Part로 구분해서 해독과 의미 해석, 독서의 동기부여를 각 연령대에 맞게 어떻게 제공할 수 있는지 구체적으로 알려 줍니다. 저는 부모가 가정에서 무엇을 하면 되는가와 더불어 부모가 기대하는 바가 자녀가 공부하는 교실에서도 실현될 거란 얘기도 할 것입니다.

자녀를 책 읽는 아이로 키우고 싶다면 학교에 너무 의존해선 안 됩니다. 다른 말로 설명해보겠습니다. 여러분에게 이 책이 들려져 있다면 여러분은 적어도 자녀가 독서를 즐기는 아이가 되는 데 관심이 있는 사람이라고 생각합니다. 왜죠? 왜 자녀가 독서하길 원하죠?

이 질문에 대한 어떤 답은 현실적 동기에 근거를 두고 있습니다. 여가시간을 독서로 보내는 사람은 더 똑똑해진다든지, 독서를 즐기는 아이들은 자라서 더 좋은 직업을 얻고 돈을 더 많이 벌게 된다든지, 독서를 하는 사람들은 시사 문제에 더 정통하며 따라서 더 나은 시민이 된다는 식으로 말이죠.

이러한 독서의 동기들도 불합리한 건 아닙니다. 하지만 제가 가진 독서의 동기는 아닙니다. 만약 제가 내일 당장 이 답들의 결함을 발견하고 독서가 사람을 더 똑똑하게 만들지 않는다는 것을 알게 된다 하더라도 저는 여전히 제 아이들이 책을 읽길 바랄 것입니다. 왜냐하면 제 생각에 독서는 불가능한 경험까지 경험할 수 있게 하기 때문입니다. 우리는 다양한 방법으로 배울 수 있고, 다양한 방법으로 우리와 같은 인류에게 공감할 수 있으며, 다양한 방법으로 아름다움을 음미할 수 있습니다. 그러나 독서를 할 때는 이런 경험들이 다른 질감으로 다가오게 됩니다. 저는 제 아이들이 그걸 경험했으면 합니다. 따라서 저에게 독서는 가치 있는 일입니다. 그것은 조국을 사랑한다거나 정직함을 숭배하는 것과 같은 가치입니다. 이 가치 위상이 저로 하여금 "학교가 여러분을 대신해서 책 읽는 아이로 만들어줄 것이라고 기대하지 마세요."하고 말하게 하는 것입니다.

한 아버지가 생각납니다. 그는 딸이 종교가 다른 사람과 결혼하겠다는 말을 전해 듣고 경악했습니다. 딸에게 태어날 자식들은 어떤 종교를 갖도록 키울 거냐고 묻자 딸은 어느 쪽을 믿든 별 상관 없다고 담담하게 말했습니다. 부부는 종교적 정체성을 가족의 가장 중요한 가치로 가르친 적이 없었음에도 불구하고 딸의 결정에 놀라고 상처를 받았습니다. "이해가 안 돼요."라고 그가 말했습니다. "매주 아이를 주일 학교에 보냈단 말입니다." 그는 종교와 같은 핵심적 가치의 성장을 교회에 책임 전가했던 것입니다.

자녀가 독서의 가치를 알길 원한다면 학교도 도움이 될 순 있습니다만 여러분이 명심해야 하는 것은 부모인 당신이 더 큰 영향력을 갖고 있으며 더 큰 책임을 지고 있다는 것입니다. 독서가 얼마나 좋은 것인지에 대해 그냥 말만으로는 부족합니다.

독서가로서 사는 당신에게 독서가 얼마나 중요한 것인지 자녀가 목격할 필요가 있습니다. 여러분이 독서하면서 사는 삶을 보여주어야 합니다. 이 책 〈디지털 시대, 책 읽는 아이로 키우기〉은 당신에게 두 가지 대원칙 '즐겨라, 그리고 지금 시작하라'를 구현하는 사고의 방식과 구체적인 실천 방법을 보여주는 것이 목표입니다.

용어 보는 방법

T   Terms (용어)

B   Book (책)

G   Goods (상품)

P   Person (인물)

M   Movie (영화)

Part I

읽기는
과학이다

"The man who does not read has no advantage
over the man who cannot read."

_ Mark Twain

◆

책을 읽지 않는 사람은 책을 읽지 못하는 사람보다
나을 바가 없다.

_ 마크 트웨인

> :: 윌링햄 교수의 읽기에 대한 기본 전제
>
> 1. 아이들이 글자 읽는 법을 배울 때, 배우는 것은 문자가 아니라 소리다.
> 2. 아이들이 읽은 것을 이해하려 할 때, 해당 주제와 관련된 배경지식에 의존한다.
> 3. 읽기에 대한 동기 유발의 핵심은 자발적 독서 의욕이 없는 아이들이 책을 읽게 하는 데 있다.

읽기에 대한 위 세 가지의 기본 전제를 보고 듣고 말하는 읽기, 지식이 되는 읽기, 스스로 즐기는 읽기로 바꾸어 설명하겠습니다.

해독 : 보고, 듣고, 말하는 읽기

이해 : 지식이 되는 읽기

동기 : 스스로 즐기는 읽기

지금부터 이 세 가지 읽기를 통해 어떻게 하면 읽기를 잘할 수 있는가를 설명하겠습니다.

과학자들은 읽기를 가능하게 하는 정신적 장치에 관한 많은 연구를 해 왔습니다. 그리고 이 연구들은 이 책 전반에서 얘기하는 것의 많은 부분에 영감이 되었습니다.

우리는 이 과학적 결과물의 기본을 제대로 이해할 필요가 있는데 이 장에서는 앞서 언급한 세 가지 기본 전제로 시작하겠습니다. 그리고 앞으로 읽기와 관련된 의미 있는 과학적 발견들을 소개할 것입니다.

IPA

	단모음				이중모음			
모음	(iː)	I	_	uː	ɪə	eɪ		
	sheep	ship	good	shoot	here	wait		
	e	ə	ɜː	ɔː	ʊə	ɔɪ	əʊ	
	bed	teacher	bird	door	tour	boy	show	
	(æ)	(ʌ)	(ɑː)	ɒ	eə	aɪ	aʊ	
	bat	up	far	on	hair	by	low	
자음	(p)	(b)	(t)	(d)	ʧ	(ʤ)	(k)	(g)
	peach	boat	tea	day	cheese	july	cat	go
	(f)	(v)	θ	ð	(s)	(z)	ʃ	ʒ
	fair	video	thoutht	that	sea	zoo	shall	vision
	(m)	(n)	ŋ	(h)	l	r	(w)	j
	man	now	king	hat	love	ring	wet	yes

도표 1. "영어의 발음표기에 사용되는 국제음성기호란 국제음성학회(International Phonetic Association)가 1888년에 만든 발음 기호로 IPA라고도 한다.
1차 모음과 자음
2차는 단모음 : 한 개의 소리로 이루어진 모음
2차는 이중모음 : 두개의 소리로 이루어진 모음
콜론은 장음
사전마다 구별부호의 사용 방식이 다르기 때문에 사전 앞의 발음표시 안내를 참고해야 한다

Chapter 1

보고, 듣고, 말하는 읽기

소리의 역할

읽기를 말(소리)과 상관없는 활동으로 생각하기 쉽지만 - 조용한 도서관을 떠올려 보시죠 - 실제 읽기의 핵심은 소리에 있습니다.

글자는 일반적으로 소리의 기호입니다. 하지만 영어에서 어떤 부호는 부호 자체가 의미를 가지기도 합니다.

예를 들어, 단어 "bag"은 종이봉투를 나타내는 부호가 아닙니다. 각각의 소리를 가진 세 개의 알파벳이 함께 소리를 만들고 음성 언어가 된 것입니다. 영어만이 소리를 기반으로 하는 표음 문자 언어는 아닙니다. 모든 문자 언어는 의미를 가진 부호를 어느 정도 가지고 있습니다. (표의 문자는 중국어가 대표적) 그러나 의사소통의 주된 역할은 역시 소리를 기반으로 한 기호가 담당하고 있습니다.

쓰기는 소리를 나타내는 시각적 기호를 사용하기 때문에 읽기를 배우는 아이들은 다음 세 가지 발달이 선행되어야 합니다.

첫째, 아이들은 글자를 시각적으로 구별할 수 있어야 합니다.

예시 1-1) **구별**

"j"와 "i"의 구별되는 작은 꼬리
"b"와 "d"의 구별되는 오른쪽으로 구부러지는 곡선과 왼쪽으로 구부러지는 곡선
(참고로, 앞으로 강조가 필요한 소리나 단어가 나올 때 인용 부호를 넣을 것입니다.)

둘째, 아이들은 시각적 기호를 청각적 소리로 연결 지을 수 있어야 합니다.

예시 1-2) **기호: 소리**

"o": 시각적 기호 "[oʊ]": 청각적 소리
"I": 시각적 기호 "[ái]" : 청각적 소리

예를 들어, 글자 "o"는 어떤 경우엔 자기 소리 (TONE [toʊn]) 를 내지만 다른 경우엔 다른 소리 (TON [tʌn])를 낸다는 걸 알 수 있어야 합니다. (참고로, 소리를 강조할 때는 글자와 단어가 나오면 대문자로 표기하겠습니다.)

셋째, 아이들은 기호와 소리를 능숙하게 연결 지을 수 있어야 합니다.

우리는 "t"의 소리는 TEE라고 생각합니다. 하지만 사실 "t"는 자음 하나, 모음 하나인 두 개의 소리를 가집니다. 그러므로 아이들은 TEE와 연결된 각각의 두 소리를 들을 수 있어야 합니다. 읽기가 가능하려면, 글자 "t"가 가진 모든 소리를 알아야만 합니다. insolation 에서 나는 T[ʃ] 소리와 같은 경우 때문입니다. 이와 같은 점이 아이들에게는 어려운 문제이기도 합니다. 자, 그럼 이 어려운 문제를 해결하기 위해 우선 가벼운 과제부터 시작해 보겠습니다.

대부분의 아이들은 각각의 글자를 구별하는 것이 어렵지 않습니다. 물론 어떤 글자는 비슷하게 생긴 모양 때문에(예; B, D, P, R) 혹은 거울에 비춰진 것 같은 모양 때문에 (예; M/W, b/d) 아이들을 헷갈리게 만들기도 합니다.

심지어 읽기를 막 시작한 아이들은 모양이 비슷한 글자를 뒤죽박

죽 읽기도 합니다. 물론 이런 현상은 영어가 아닌 다른 언어들에서도 나타납니다. 그러나 이 문제를 심각하게 생각할 필요는 없을 것 같습니다. 다행스럽게도 문제가 되는 글자의 수가 많지 않고, 약간의 연습으로 해결할 수 있는 문제이기 때문입니다.

글자와 소리 연결 짓기(mapping)

외우는 것은 분명히 어려운 일입니다. 앞에서 언

Terms ▶
자음과 모음 영어의 발음표기에 사용되는 국제음성기호란 국제음성학회(International Phonetic Association)가 1888년에 만든 발음 기호로 IPA라고도 한다. 형식은 모음(20개)과 자음(24개)으로 구성되어 있습니다. 그리고 발음 기호에 관련해서는 사전마다 구별부호의 사용 방식이 다르기 때문에 사전 앞의 발음표시 안내를 참고해야 합니다. -24페이지 참조

소리와 글자가 서로 어떻게 연결되는지 배우는 것은 분명히 어려운 일입니다. 앞에서 언급했듯이 어떤 글자는 두 가지 소리를 냅니다. "o"가 ton과 tone에서 각각 다른 소리를 낸 것처럼. 영어는 44개의 음성(자음과 모음)[T] 을 사용합니다. 26개의 알파벳이 있다는 것을 고려했을 때 약 두 배의 소리를 가지는 건 어쩔 수 없습니다.

설상가상으로, 항상 하나의 글자가 두 개의 소리를 가지는 걸로 끝나는 게 아닙니다. 가끔 서로 다른 글자가 같은 소리를 내기도 합니다. 예를 들어, 단어 Rhyme중간에 있는 "y"는 종종 "i"처럼 소리가 납니다.

만약에 당신이 새로운 영어 알파벳을 창조한다면 하나의 글자에 하나의 소리가 연결될 수 있도록 44개의 글자를 창조해 내는 게 합리적일 수 있습니다. 안타깝게도 문자로서의 영어는 무에서 창조된

언어가 아닙니다. 영어는 잡종 언어라 할 수 있습니다.

게르만어를 기원으로 하고, 스칸디나비아(노르만족)와 프랑스 침공으로 막대한 언어적 영향을 받았고 이후 라틴어와 그리스어 단어를 수용했기 때문입니다. 우리는 단어를 빌릴 때 종종 원래 언어의 철자법 관례를 그대로 유지하기 때문에 이로 인해 문제가 발생합니다.

결론적으로, 소리와 글자를 연결 짓기란 쉬운 일이 아닙니다. 이런 특징이 운(라임)을 만드는 아마추어 시인에게는 쓸모가 있겠지만 읽기를 배우는 아이들에겐 그저 고통을 줄 뿐입니다. 아래의 예제는 글자와 소리 연결 짓기에 해당하는 조건을 문장으로 만들어 본 것입니다.

When the English tongue we speak.
(우리가 모국어인 영어를 할 때.)
Why is break not rhymed with freak?
(왜 브레이크(break)는 괴짜(freak)와 운이 맞지 않을까요?)
Will you tell me why it's true   We say sew but likewise few?
(왜 적음(few)과 똑같이 바느질(sew)을 발음하지 않는 게 맞는지 알려줄래요?)
And the maker of the verse,   Cannot rhyme his horse with worse?

(또 시인은 왜 자기 말(horse)을 나쁨(worse)과 운(verse)을 맞출 수 없을까요?)

Beard is not the same as heard

(수염(beard)은 듣다(heard)와 똑같지 않고)

Cord is different from word.

(끈(cord)은 단어(word)와 다릅니다.)

Cow is cow but low is low

(암소(cow)는 암소이고 낮음(low)은 낮음입니다.)

Shoe is never rhymed with foe.

(신발(shoe)은 절대 원수(foe)와 라임이 맞지 않죠.)

Think of hose, dose, and lose

(긴 양말(hose), 용량(dose), 잃다(lose)를 생각해 보세요.)

And think of goose and yet with choose

(거위(goose)를 선택하다(choose)와 함께 생각해 보세요.)

Think of comb, tomb and bomb,

(빗(comb), 무덤(tomb), 폭탄(bomb)을,)

Doll and roll or home and some.

(인형(doll)과 구르다(roll) 또는 집(home)과 어떤(some)을 생각해 보세요.)

Since pay is rhymed with say   Why not paid with said I pray?

(지불하다(pay)가 말하다(say)와 운이 맞으니)

지불했다(paid)와 말했다(said)는 왜 안 되느냐고 나는 간청합니다)

Think of blood, food and good.

(피(blood), 음식(food), 좋은(good)을 생각해 보세요.)

Mould is not pronounced like could.

디지털 시대, 책 읽는 아이로 키우기

(거푸집(mould)은 할 수 있었다(could)처럼 발음되지 않습니다.)

Wherefore done, but gone and lone

(다 된(done), 가버린(gone)과 외로운(lone)의 'o'는 왜 각기 다른 소리

를 내는지)

Is there any reason known

(어떤 알려진 이유가 있습니까?)

한국어의 경우, 같은 글자인데 다르게 소리를 내어 의미를 구분
하기도 합니다.

눈을 뜨고 창밖을 보렴. 눈이 많이 왔구나.

(앞 문장의 눈은 단음으로 발음해서 얼굴의 눈을 뜻하고, 뒤 문장은 장음으로 발

음해서 겨울에 하늘에서 내리는 눈을 의미합니다.)

소리의 규칙

> ### 예시 1-5) 발음의 불규칙
>
> 영국 극작가 버나드 쇼는 영어 발음이 얼마만큼 불규칙한지를 다음 예로 설명했습니다. fish[fiʃ]를 발음에 따라 "rough"의 'gh', "women"의 'o', "station"의 'ti'를 이어서 'ghoti'로 철자화할 수 있다는 것입니다.

그럼에도 영어 발음은 글자의 전후 관계를 고려해서 보면 좀 더 일관성이 있습니다. 영어 철자법의 무궁무진한 표현 가능성을 드러내는 잘 알려진 예가 신조어 "ghoti"입니다. GH를 "enough"[ɪnʌf]라는 단어에서처럼 발음하고, O를 "women"[wímin]이라는 단어에서처럼 발음하고, TI를 "motion"[moʊʃn]이라는 단어에서처럼 발음하는 조건을 따른 경우입니다. 그러나 대부분의 사람들이 "ghoti"를 GOATEE[goʊti]로 발음하는 데는 이유가 있습니다. 이런 발음에서는 각 글자의 전후 관계가 중요합니다.

"gh"가 단어 처음에 올 때는 경음(硬音) g로 발음합니다.

> ### 예시 1-6) gh가 g로 발음
>
> "GHASTLY" : [gæstli], "GHOST" : [goʊst]

단어 중간에 올 때는 묵음입니다.

"DAUGHTER" : [dɔ:tə(r)], "TAUGHT" : [tɔ:tə(r)]

단어 끝에 올 때만 F로 발음합니다.

"LAUGH": [læf], "TOUGH": [tʌf].

사실 연구자들은 단음절 단어의 시작과 끝에 놓이는 자음의 약 90%가 일관성 있게 발음된다는 것을 알아냈습니다. 단음절 단어 중간에 놓이는 모음은 단 60%만 습관적으로 발음되고 단어의 끝 자음이 종종 단어 전체의 발음을 결정한다는 것도 알아냈습니다. 예를 들어, 모음 열 "oo"은 보통 BOOT에서처럼 [u:]로 발음되지만 가끔 이 모음 열은 BOOK에서처럼 [u]로 발음됩니다. 후자의 경우는 오로지 "k"나 "r"이 "oo" 뒤에 왔을 때만 발음됩니다.

"BOOK": [bʊk] "BROOK": [brʊk], "CROOK": [krʊk] "SHOOK": [ʃrʊk] ",POOR": [pɔ:r] DOOR: [dɔ: r], FLOOR: [flɔ:(r)]

얼핏 보기에 말도 안 되는 영어 단어 발음에 대해 자신감을 갖게 되는 또 다른 이유가 있습니다. 많은 단어가 발음 규칙을 깨는 건 흔한 일입니다.

다음의 단어들은 모두 한 가지 규칙을 위반합니다. 즉 "e"로 끝나는 단어에서 이 모음은 장음입니다. (이런 이유로 "give"는 당연히 HIVE처럼 발음해야 합니다) 비록 이 단어들이 규칙을 깨고는 있지만 너무 흔히 볼 수 있어서 그저 예외로서 기억하면 됩니다.

예시 1-10) **규칙 위반**

"Gone" [gɔːn], "give" [gɪv], "are" [ɑː(r)], "were" [wə́ːr]

그래서 글자와 소리 연결 짓기를 배우는 것은 힘든 도전일 수밖에 없습니다. 하지만 읽기를 배우는 아이들을 더 힘들게 하는 것은 말소리를 제대로 알아듣는 것입니다. 그럼, 왜 이 일이 그토록 힘든지 살펴보도록 합시다.

말소리 알아 듣기

글자 "p"에 해당되는 소리는 어떤 거라고 생각하십니까?

대다수의 부모들은 아이들한테 주로 말하는 것처럼 아마도 PUH 생각할 것입니다. 하지만 "p"는 글자 "p"에 해당하는 소리와 그 뒤를 이은 모음 UH, 두 개의 소리를 가집니다. "p" 소리 자체는 성대가 전혀 울리지 않는 파열음인데 "b" 소리를 낼 때도 마찬가지입니다. 단지 다른 점은 BEE를 말할 때는, 파열음과 모음이 동시에 소리를 내며 성대가 울리는 반면 PEE을 말할 때는, 파열음을 내고 약 0.4초 후에 성대가 울리기 시작합니다. 바로 이것입니다. "p"와 "b"소리의 차이는 전적으로 이 0.4초의 차이에서 비롯된 것입니다. 그래서 글자 "p"는 어떤 소리를 내나요?"라는 질문은 터무니없는 질문입니다. 글자마다 명확한 소리는 주변 글자에 따라 달라지기 때문입니다. 그래서 사실상 p를 주변 글자와 떼어 놓고 혼자서 소리 내기란 불가능한 것입니다.

게다가 말소리를 따로따로 분리하는 것은 매우 어렵습니다. 왜냐하면 각각의 말소리는 주변 상황에 따라 달라지기 때문입니다. 자, 이제 이렇게 해 보세요. 손으로 입을 가리고 POT[pɑːt] 하고 소리 내 보면 p 소리를 낼 때 공기가 뿜어져 나오는 걸 느끼게 되죠?

똑같은 방법으로 SPOT [spɑːt] 하고 소리 내보면 SPOT보다 POT에서 더 강하게 뿜어져 나오는 공기를 느낄 수 있습니다. 그래서 마치 p에 하나의 소리가 있는 것처럼 '글자 "p"가 만드는 소리'에 대해서 얘기하지만 사실 그건 그저 관념이고 생각일 뿐입니다.

더불어, 어디에서 단어가 끝나고 다른 단어가 시작하는지 이해하는 것도 읽기에서 중요합니다. 어떤 소리들이 한 덩어리로 뭉쳐져야만 단어가 되는지 알 필요가 있는 것입니다. 그러나 아이들은 각각의 단어들을 어른들이 들을 수 있는 만큼은 듣지 못합니다. 이런 능력을 평가하기 위한 표준 테스트가 있는데, 아이에게 짧은 문장 "I like yellow bananas."를 말해 주고 외우게 합니다. 그리고 단어 블록이 든 작은 바구니를 주고 블록을 한 줄로 맞추게 하는 겁니다. 블록 하나에 단어 하나씩. 아이가 문장 속 네 개의 단어 블록을 집을 거란 보장은 없습니다. 세 개가 될 수도, 다섯 개 또는 일곱 개가 될 수도 있습니다. 왜냐하면 아이는 단어가 시작하고 끝나는 곳을 확실히 모르기 때문입니다.

예시 1-11) 말소리 구분해 듣는 방법

1. 똑같은 소리로 시작
   "their" [ð er]   "there" [ð er]

2. 똑같은 소리로 끝
   "dye" [dai]   "eye" [ai]

3. 소리를 더하거나 조작해서 단어를 바꿈
   nose: nose - se = no
   how: s + how = show

아이들이 각각의 말소리를 구별해 듣는 능력을 테스트해 볼 수 있는 다른 방법도 있습니다. 단어의 첫음을 말해 보게 할 수도 있고, 두 단어가 같은 소리로 시작하는지 같은 소리로 끝나는지 물어볼 수도 있습니다. 또 소리를 더하거나 빼거나 조작하게 해서 단어를 바꿔 보라고 물어볼 수도 있습니다.

읽기가 글자와 말소리 간의 코드라고 가정할 때, 당신이 소리를 듣지 못한다면 그 코드를 이해하기란 아주 힘듭니다. 수많은 연구가 이 가정이 합리적이라는 걸 보여 줍니다. 읽는 법을 배우는 것이 쉽지 않은 아이들은 대개가 개별 소리를 듣는 것에 어려움을 느낍니다. 그와 달리, 자기 스스로 어느 정도 읽는 법을 터득한 아이들은 개별 소리를 쉽게 들을 수 있습니다. 아이들이 좋은 독서가가 되는 첫걸음은 청각적 민감함을 갖는 것입니다. 우리는 이를 도와줌으로써 보고 듣고 말하는 읽기의 길을 열어줄 수 있습니다.

Chapter 2

지식이 되는 읽기

단어와 문장들을 연결지어 의미 만들기

예시 2-1 단어 순서에 따른 의미의 차이

Dan wished he had sung better.
댄은 그가 노래를 더 잘 불렀으면 좋았을 거라고 생각했다.
He wished Dan had sung better.
그는 댄이 노래를 더 잘 불렀으면 좋았을 거라고 생각했다.
[해설 : 단어들은 똑같아도 순서가 다르면 의미는 상당히 다른 문장이 됩니다.]

　지금까지는 해독(decoding)과 읽기(reading)가 마치 동의어인 것처럼 이야기했습니다. 그러나 분명한 것은 읽기는 단어를 소리로 표현하는 것 그 이상이라는 것입니다. 아이가 문장 "the farmer in the dell"이 노래의 한 구절임을 알아차리고 큰 소리로 읽는다 해도 dell이 작은 골짜기란 걸 모르면 아이는 자기가 읽은 문장을 제

대로 이해한 것이 아닙니다. 마찬가지로 이해를 돕기 위해서 단어와 단어의 관계에 대한 통사론(문장 성분, 어순과 관련된 문법)을 **활용할 수 있어야 합니다.** 단어의 순서가 문장의 의미를 결정하기 때문입니다.

우리는 "famer"나 "in"과 같은 단어의 의미를 이해하는 정신 작용에 대한 논의는 하지 않겠습니다. 각각의 단어를 문장 안에서 어순에 맞게 연결하는 정신 작용도 마찬가지로 논의하지 않겠습니다. 이 정신 작용을 이해하는 것이 흥미로운 과정이긴 하지만, 어린 독자들에게는 거의 문제가 되지 않고, 문제가 있다 해도 그 이유를 쉽게 이해할 수 있기 때문입니다. 예를 들어, 독자가 익숙하지 않은 단어가 나오는 문장을 이해하지 못하거나 (예; "This class needs realia.") 아주 복잡한 문장을 힘들게 해석해야 한다면 (예; "The dog that the man whom the cat saw kicked yelped.") 전자의 경우엔 사전에서 단어를 찾아보면 되고, 후자의 경우엔 엉망인 글 솜씨에 짜증을 내면 되는 일입니다.

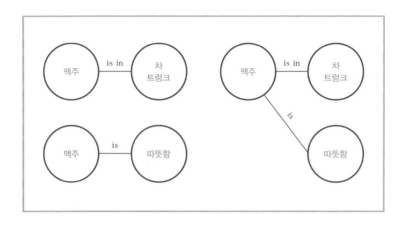

도표 2-1. 도표로 보는 의미 보기

개별 단어와 문장을 고려하지 않는 독해는 정확성이 부족합니다. 문장과 문장이 서로 연결되어 의미를 만들어 내는 방법은 분명히 있습니다. - 통사론에서 단어 간의 의미를 연결하는 것과 유사한 것입니다.

〈예제 1〉의 두 문장을 봅시다.

| 예제 1 |

"80대인 과학자는 박수갈채에 당황하며 고개를 숙인 채 노벨상을 받으러 시상대로 걸어갔다. 그는 살며시 미소를 지었다."

〈예제 1〉의 두 문장을 이해하려면, 우리는 '그'가 앞 문장의 '80대 과학자'와 같은 인물임을 알아야 합니다. 그리고 왜 그가 살며시 미소를 지었는가에 대한 정보는 첫 문장에 직접적으로 나타납니다.

우리는 지금 읽고 있는 문장과 이미 읽은 문장을 어떻게 연결해서 이해할 수 있을까요?

　답은 기존 정보와 새 정보 간의 차이점에 달려 있습니다. 기존 정보는 이미 글에서 얘기됐던 것이고 새 정보는 그렇지 않은 것입니다. 대부분의 쓰기는 이 두 정보를 번갈아 다룹니다. 당신이 이미 알고 있던 걸 떠올리고 새로운 걸 알게 됩니다. 그 후에 다시 읽은 걸 떠올리고 다시 새로운 걸 알게 됩니다.
　〈예제 2〉를 읽어 봅시다.

　| 예제 2 |
　"어떤 맥주는 차 트렁크에 있다. 그 맥주는 미지근하다."
　(Some beer is in the car trunk. The beer is warm.)

　〈예제 2〉의 두 번째 문장에서 언급된 "맥주"는 주어진 정보입니다. 이 주어진 정보는 먼저 나온 문장의 개념으로 당신의 주의를 끌고 '아, 우리는 맥주에 대해 이야기하고 있구나' 라고 생각하게 합니다. 일단 그 개념에 초점을 맞추면 문장의 새 정보는 추가 정보를 제공하고 당신은 기존 정보와 그걸 연결합니다. 그래서 당신은 두 번째 문장의 "미지근하다"를 첫 번째 문장 "맥주"와 연결 지을 것입니다.

　'기존의 것 – 새로운 것의 원칙'은 아주 강력해서 이를 위반하는 글을 읽으면 신경이 거슬릴 정도입니다.

이제 〈예제 3〉을 읽어 봅시다.

| 예제 3 |

"어떤 맥주는 차 트렁크에 있다. 그 맥주는 미지근하다. 그 맥주는 차 갑지 않다."

〈예제 3〉의 세 번째 문장은 맥주에 대한 기존 정보에 어떤 새로운 정보도 추가하지 않았습니다. 맥주가 미지근하다. 차갑지 않다는 건 너무 당연하니까요. 너무 터무니없다 보니 당신은 어쩌면 세 번째 문장에서 새로운 내용을 찾으려고 애를 쓸지도 모릅니다. (아마도 반복이 의미하는 건 그 맥주는 차가웠어야 한다는 암시일지도 모릅니다.) 마찬가지로, 다음의 〈예제 4〉처럼 기존 정보에서 어떤 것도 언급되지 않은 문장을 읽으면 이상한 소리로 들립니다.

| 예제 4 |

"어떤 맥주는 차 트렁크에 있다. 낙엽수는 가을이 오면 잎이 진다."

〈예제 4〉에서는 당신이 처음 읽은 문장과 두 번째 문장의 의미를 연결할 길이 없습니다. 그것은 불합리한 추론이니까요.

문장을 병렬하는 이런 연결 유형은 중요하지만 굉장히 제한적입니다. 제가 맥주에 대해 뭔가를 말하고, 그다음 맥주에 대해 또 하나의 사실을 말하는 식은 어느 정도까지는 괜찮습니다. 경우에 따라 저는 여러분에게 맥주에 대해 (다른 무엇이든) 여러 가지를 알려 주고자 합니다. 그러면 맥주는 주어진 기존 정보가 되고 저는 계속해서 맥주에 관한 새로운 정보를 계속 제공할 것입니다.

그러나 더 흔한 문장 연결 유형은 인과 관계로 연결된 것입니다. 다음 〈예제 5〉의 두 문장을 봅시다.

| 예제 5 |
"트리샤는 커피를 엎질렀다. 댄은 걸레를 가지러 의자에서 벌떡 일어났다."

이번 〈예제 5〉에서는 확실히 두 번째 문장이 전혀 불합리한 추론으로 느껴지지 않을 것입니다. 앞뒤 문장이 쉽게 연결되니까요. 그런데 잠깐 따져 봐야 할 부분이 있습니다. 만약 기존 정보와 새 정보가 있을 때만 문장이 연결된다고 한다면 도대체 두 번째 문장 어디에 '기존' 정보가 있다는 거죠? 앞 문장 중 두 번째 문장에서 반복된 게 있나요? 사실 '기존' 정보는 문장 안에 있는 것이 아닙니다. 그것은 당신의 머릿속에 있었습니다. 당신이 추론한 것입니다. 당신은 그 엎질러진 커피로 엉망진창이 됐을 거란 걸 알고 그럴 때 보통 사람들은 즉각 치우려 한다는 것도 압니다. 그리고 주로 걸레를 사용해서 닦을 거란 것도 알고 있습니다.

작가는 이 모든 정보를 문장 안에 다 넣을 수도 있었습니다.

"트리샤는 커피를 엎질렀다. 커피로 바닥이 엉망진창이 되었다. 댄은 깨끗이 치우길 원했다. 댄은 청소용 걸레를 부엌에 두었었다. 댄은 걸레를 가지러 의자에서 벌떡 일어났다."

〈예제 6〉에서는 기존 정보가 확실히 주어졌습니다. 그러나 작가(또는 화자)가 〈예제 5〉에서 정보를 생략한 이유는 명백합니다. 만약 독자가 어떻게든 아는 것들을 생략하지 않았다면 그 글은 끔찍하게 지루해질 것이기 때문입니다.

작가는 독자가 이미 알고 있는 것들을 말하지 않아도 되기 때문에 자기 글을 이해하는데 필요한 모든 정보를 모조리 글에 담지 않습니다. 그리고 한편으로, 작가는 매 순간 생략할 정보를 선택합니다. 그리고 작가는 생략된 정보를 독자가 기억하고 있다고 가정합니다. 만약에 작가의 예상이 빗나갔다면 어떻게 될까요? 그러면 독자는 문장들을 연관 지을 수 없을 것이고 결국 이해에 실패할 것입니다. 그게 바로 당신이 잘 모르는 전문적 주제를 다루는 글을 읽을 때 나타나는 일입니다. 그와 같은 글은 관련 지식을 많이 갖고 있는 독자를 위해 쓰인 것입니다.

하지만 독자가 생략된 정보를 모른다고 해서 항상 이해에 실패하는 것은 아닙니다. 가끔 문맥을 통해 추론할 수도 있습니다. 읽기 연구가인 월터 킨치가 언급한 〈예제 7〉입니다.

"코너는 약한 바람이 불 거라고 예상했기 때문에 케플러 돛을 이용했다."

케플러에 대해 제가 아는 전부는 천의 일종이라는 것입니다. 그러나 그 천이 돛으로 사용되는 건 몰랐습니다. 그러나 이 사실을 문맥에서 추론해 내는 건 어렵지 않습니다.

그렇지요? 그렇다면 이 문장을 읽을 때 문제점은 뭘까요? 사실 아무 문제가 없습니다. 사실 이 문장은 읽기의 가장 큰 즐거움 중 하나를 제공합니다. 즉, 당신은 케플러 천으로 돛을 만든다는 새로운 사실을 알게 된 것입니다. 이런 방식의 이해는 문제 해결에 해당하며, 문제 해결식 이해는 시간과 정신적 노력이 듭니다. 이건 단지 케플러의 단어 뜻만 생각해야만 하는 게 아니라 그 뜻을 알아 내려는 것이 글의 흐름을 방해하기도 하기 때문입니다. 그래서 종종 당신은 논쟁이나 이야기의 맥락을 놓칠 수도 있습니다. 그럼에도 이런 종류의 문제 해결식 이해는 만족감을 주고 문장 읽기에 즐거움을 줄 수 있습니다. 그러나 지나친 문제 해결식 이해는 읽기를 느리고 어렵게 만듭니다.

글 속에 담긴 새로운 정보가 어느 정도로 많을 때, 독자는 "머리가 터질 것 같아!"라고 소리치기 직전의 상태가 되거나 책 읽기를 그만두게 될까요? 물론 이것은 독자의 읽기 태도나 특정 글을 이해하고자 하는 동기부여에 따라 달라집니다. 그리고 독자들의 생소한 단어에 대한 허용치를 측정하는 연구에서 98% 정도의 단어를 알고 있어야 편하게 독서를 한다고 추산했습니다. 높은 수치로 들리지만 지금 당신이 읽고 있는 이 문단에는 약 75개의 중복되지 않는 단어들이 나온다는 걸 유념하십시오. 따라서 98%의 익숙함이란 모든 이 문단과 다른 모든 문단에 당신이 모르는 단어가 한 두 개만 있다는 뜻입니다.

좋은 독자는 폭넓은 지식을 추구한다

좋은 독자는 많은 것을 아는 사람이란 뜻을 담고 있습니다. 무엇을 많이 안다는 것일까요? 어떤 지식이 당신을 좋은 독자로 만드는 것일까요? 그건 당신이 뭘 읽기를 원하느냐에 달렸습니다. 저자들은 독자가 이미 알고 있으리라 추측한 걸 바탕으로 정보를 생략합니다. 〈나비류 연구 협회 저널〉의 작가는 독자가 이미 알고 있으리라 판단되는 나비에 관한 많은 정보를 생략할 것입니다.

대부분의 부모는 자신의 아이들이 탄탄한 '일반' 독자가 되길 바랍니다. 부모들은 아이들이 나비 수집가를 위한 전문 저널을 읽는 것에 대해 걱정하지 않습니다. 그러나 부모들은 자신의 아이들이 '뉴욕타임즈'나 '내셔널 지오그래픽' 등 사고력 있는 비전문가들을 위한 자료를 읽을 수 있기를 기대합니다. 뉴욕타임즈의 저자는 독자가 우표나 지리학, 엘리자베스 왕조시대 극작가들에 대해 해박한 지식은 없더라도 각각의 주제에 대해 어느 정도의 지식은 가졌으리라 가정할 것입니다. 좋은 '일반' 독자가 필요로 하는 세상에 대한 지식은, 그 폭은 백만 마일이지만 깊이는 일 인치 정도의 것입니다. '몰타의 유대인'과 '베니스의 상인'과 같은 작품의 제목을 알 만큼 지식의 폭은 넓지만 '베니스의 상인'이 '몰타의 유대인'에서 영감을 얻었다는 것을 알 만큼의 깊이는 아니라는 의미입니다. 희귀 우표가 아직 가치 있는 것이라는 것은 충분히 알지만 1918년에 발행된 희귀본인 뒤집힌 제니 우표(Inverted Jenny)ᵀ의 현재 거래 시가는 모르는 것과 같습니다.

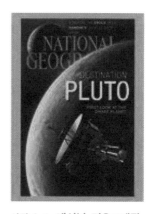

사진 2-1. **내셔널 지오그래픽.**
1888년 '인류의 지리지식 확장을 위하여'라는 기치 아래 설립된 내셔널 지오그래픽 협회(National Geographic Society)는 학술지 형태로 창간된 이래, 뛰어난 사진작품과 사실적인 기사로 널리 알려진 세계적 명성의 다큐멘터리 잡지입니다. (출처-내셔널지오그래픽 홈페이지)

Terms ▶

1918년에 발행된 액면가 24센트짜리 항공배달 전용 우표인데 인쇄상의 실수로 100장에는 비행기의 그림이 상하가 바뀌어 있다. 잘못 인쇄된 제니는 그 어느 것보다 희소성 높은 우표가 되었다. 2005년 297만 달러(약 42억 원)에 낙찰되었다.

"좋은 독자"가 된다는 것이 실제로 "여러 분야에 대해 조금씩 아는 것"이라면, 읽기 능력 평가는 대부분의 사람이 생각하는 방식으로 작동되지 않습니다. 읽기 능력 평가의 목적이 학생들의 읽기 능력을 측정하는 것이라는 주장을 들으면 이 "읽기 능력"이란 것이 마치 하나의 기능처럼 들립니다. 그래서 제가 당신의 읽기 능력을 안다면 제가 보여주는 어떤 글이든 당신이 얼마만큼 이해하고 있는지 대충이라도 예상할 수 있어야 합니다. 그러나 제가 앞서 얘기했듯이 독해력은 전적으로 당신이 그 주제나 글에 대해 얼마나 알고 있느냐에 달려 있습니다. 그것이 작가가 마음 놓고 생략한 정보를 채워서 읽는 능력을 좌우하니까요. 그렇다면 아마도, 독해력 평가는 사실 변형된 지식일 것입니다.

11학년 학생(고2)을 대상으로 하는 한 연구에서, 연구자들은 표준 읽기 능력 시험을 통해 학생들의 읽기 능력을 평가했습니다. 그리고 그들이 "문화 소양"이라 부르는 주류 문화 지식에 대한 평가도 실시했습니다. 예술가, 연예인, 군 지휘관, 음악가, 철학자 그리고 과학자의 이름을 묻는 평가뿐만 아니라 과학, 역사, 문학에 대한 정확한 지식에 대한 별도의 평가도 함께 진행했습니다. 연구자들은 독해력 평가와 다양한 문화 소양 평가 간에 활발한 상관관계를 발견했습니다.

폭넓은 지식을 얻는 방법

폭넓은 지식이 읽기에 중요하다면 어디에서 지식을 얻으면 될까요? 인터넷이 널리 보급되기 전 지식습득에 관한 연구들에 따르면 광범위한 일반상식(바람직한 일반 독자를 만들어내는 종류의 지식)을 가진 사람들은 지식의 대부분을 책 읽기에서 얻었다고 합니다.

독서가일수록 잘 알려진 저자, 책, 잡지 이름을 인지할 가능성이 크다고 합니다. "박식함"을 측정하기 위해서 과학, 역사, 예술 등에 대한 상식을 평가하는 일련의 시험 결과는 실질적인 상관관계가

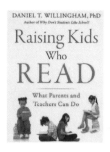

구글   책

사진 2-2. 인터넷 접속이 널리 보급되기 전의 연구에 따르면 광범위한 일반상식(바람직한 일반 독자를 만들어내는 종류의 지식)을 가진 사람들은 지식의 대부분을 책 읽기에서 얻었다고 합니다.

있다는 연구 결과들이 있습니다.

즉 저자와 잡지 이름을 많이 알아본 사람일수록 아주 폭넓은 문화적 지식을 갖고 있었습니다.

그렇다면 독서가와 지능은 관련성이 있을까요? 아마도 똑똑한 사람들이 어릴 때 읽기를 좋아하다 보니 결국 많은 것을 알 수도 있습니다. 일련의 측정 도구들을 이용해서 지능을 파악해 볼 수 있습니다. 예를 들어 고등학교 평균 평점(grade point average)과 표준 지능 검사 점수 같은 지표를 활용한 분석 결과, 실제로 지능은 그들이 얼마나 많이 알고 있느냐와 관련이 있었습니다. 관련이 있었다고 하여 그것이 전부는 아니지만 표준지능지수 외에 또 다른 변수가 있었습니다. 그것은 읽은 양이었고 읽은 양이 "박식함"의 가장 큰 원인이었습니다. 다시 말해서 IQ가 높고 성적이 좋은 똑똑한 사람일지라도 어릴 때 많이 읽지 않은 사람은 성인이 되었을 때 일반적 지식을 많이 갖고 있지 않았습니다. IQ가 낮고 성적이 나쁘고 똑똑하지 않은 사람일지라도 어릴 때 읽은 양이 많으면 일반적 지식을 많이 갖고 있었습니다.

그래서 우리는 다시 원점으로 돌아가게 됩니다. 우리는 어떻게 문장들이 연결되어 더 큰 의미를 만들어 내는가의 과정을 살펴보는 것으로 시작하였습니다. 독자들은 이 과정에서 배경지식을 끌어들여 저자가 생략한 정보를 보완해야 한다는 인식에 도달했습니다. 배경지식이 부족한 독자는 때로는 글의 나머지 부분과 일정한 추론능력을 이용해서 부족한 배경지식을 보완할 수 있다는 것도 알았습니다. 제가 케플러로 돛을 만들 수 있다는 사실을 알아낸 것과 같은 방식입니다.

도표 2-2. 도표로 보는 배경지식, 추론능력, 독서능력의 흐름도

좋은 독자가 되는데 필요한 폭넓은 배경지식을 갖춘 성인을 생략된 정보를 유추하며 읽기가 가능하며, 이러한 읽기를 통해 그 폭넓은 배경지식을 얻었다는 것입니다. 잘 읽기 위해서는 지식이 필요합

니다. 그리고 읽기는 다시 새로운 지식을 제공합니다.

　자, 이제 아이들이 좋은 독자가 되도록 돕는 방법과 관련된 두 번째 열쇠를 찾았습니다.

　아이들은 단어와 세계에 대한 폭넓은 지식 기반이 필요합니다.

Chapter 3

스스로 즐기는 읽기

동기의 역할

Book ▸
'알래스카를 찾아서'는 '잘못은 우리 별에 있어', '종이 도시' 등을 쓴 존 그린의 데뷔작이다. 그린은 미국도 서관협회가 수여하는 마이클 L. 프린츠 상과 에드거 앨런 포 상 등을 수상한 유명 작가다.
'알래스카를 찾아서'는 미국 앨라배마주에 위치한 한 기숙학교를 배경으로 고향을 떠나 전학 간 열여덟 살 소년 마일스와 그 친구들의 이야기를 담았다. 친구의 죽음이라는 충격적인 사건을 중심으로 10대의 눈으로 바라본 삶의 의미가 섬세하게 그려져 있다.

어떤 소년이 〈알래스카를 찾아서〉[B] 라는 책을 읽도록 동기부여하는 것은 어쩌면 한 소녀에게 깊은 인상을 남기고 싶어서일 수도 있고 혹은 학교 과제이기 때문일 수도 있습니다.

하지만 우리가 원하는 동기는 이런 것이 아닙니다. 우리는 이런 일시적인 동기보다 독서에 대한 긍정적 태도에서 비롯된 자발적 선택에 의한 동기이길 원합니다.

그런데 안타깝게도 아이들은 저학년 때는 독서를 좋아하지만(집에서나 학교에서나) 고학년으로 올라갈수록 점점 더 독서에 대한 부정적 태도를 보이게 됩니다. 고등학생이 된 자녀들 대부분이 독서에 대해 부정적입니다. 이런 상황을 바꾸려면 어떻게 해야 할까요?

아이의 읽기에 대한 태도는 주로 감정적일 가능성이 큽니다. 아이의 읽기 태도는 자신의 장래 직업을 위해 독서가 기여할 가치를 논리 정연하게 판단해서 나온 게 아니라 독서가 보람이 있는지, 흥미진진한지, 관심을 불러일으키는지 같은 감정적인 것에 기반을 두고 있습니다. 그렇다면 감정적인 태도는 어디에서 비롯되는 것일까요?

독서하는 긍정적 태도란?

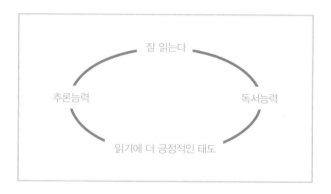

도표 3-1. 긍정적인 독서 태도에 대한 읽기의 선순환.

오프라 윈프리는 읽기에 대해 "나에게 책은 개인적 자유로 가는 통행증이었다. 나는 세 살 때 읽는 법을 배웠고, 덕분에 미시시피에 있는 우리 농장 너머에 정복해야 할 세계가 있다는 걸 알았다."

긍정적인 독서 태도의 한 가지 원천, 아니 어쩌면 주된 원천이 바로 긍정적인 독서 경험입니다. 이런 현상은 왜 사람들이 사과에 대한 긍정적인 태도를 가졌는지 이해하는 것보다 단순합니다. 즉 맛을 보니까 맛있어서 좋아한다는 것처럼 오프라 윈프리는 독서가 선사한 정신적 여정에 대해 맛을 보았으며, 그 맛을 정말 좋아했던 것입니다.

이런 명백한 관계에 대해서는 좀 더 상세한 설명이 가능합니다. 읽기를 좋아하는 아이들을 표준 읽기 평가들로 측정해본 결과, 이들은 유능한 독자로서의 면모도 보입니다. 이 역시 놀랄만한 일은 아닙니다. 사람은 보통 자기가 잘하는 것을 좋아하게 마련이니까요, 이런 상황은 선순환을 만들어 냅니다. 물론 못하는 것을 싫어하는 악순환의 상황도 존재합니다.

좋은 독자는 이야기를 더 좋아할 가능성이 큽니다. 이야기를 읽는 것은 일처럼 느껴지지 않기 때문입니다. 그렇게 느껴지는 즐거움은 읽기에 대해 더 좋은 태도를 갖게 합니다. 즉 읽는다는 것을 즐길 만하고 가치 있는 행위라고 생각하게 됩니다. 더 긍정적인 태도를 갖게 되면 더 자주 읽게 되고, 더 자주 읽게 되면 읽기에 더욱 능숙해집니다. 즉 해독력이 점점 더 좋아지고, 읽고 있는 모든 것이 배경지식에 더해집니다. 그 반대도 참이라는 것 역시 예상이 됩니다. 즉 읽는 게 힘들면 읽기를 즐기지 못합니다. 그러면 읽는다는 행위에 부정적인 태도를 갖게 되고, 그래서 가능한 읽기를 피하게 됩니다. 그리하여 또래들보다 더욱 뒤처지는 결과가 나타납니다. 이런 순환과정을 "마태 효과"(the Matthew effect)라고 합니다. 성경 구절인 "무릇 있는 자는 받아 풍족하게 되고 없는 자는 그 있는 것까지 빼앗기리라."(마태복음 25:29)에서 유래한 표현입니다. 더 단순하게 말하자면 부익부 빈익빈입니다.

자아개념이란?

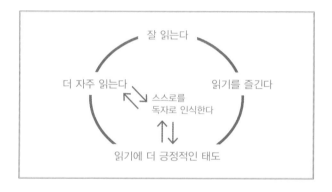

도표 3-2. 긍정적인 태도와 자아개념에 따른 읽기의 선순환 효과 읽기 자체는 긍정의 읽기 자세와 활동에 기여 한다.

아마 알고 있겠지만 트위터는 이용자들이 아주 짧은 메시지를 게시하는 웹사이트입니다. 이용자들은 자기소개를 누구나 볼 수 있는 짧은 프로필로 작성합니다. 이 프로필은 160자로 제한되어 있어서 이용자들은 프로필을 간결하게 작성해야 합니다. 간결함이 얼마나 필요한지에 대해 감을 잡을 수 있게 도와 드리자면 여러분이 현재 읽고 있는 문장은 그보다 더 긴 문장입니다. 트위터 계정이 없는 경우라면 잠깐이라도 어떻게 160자로 자기 자신을 묘사할지 잠깐 생각을 해보세요. 글자를 아끼기 위해 많은 사람들이 일련의 자기 묘사 문구들을 이용합니다. 트위터 프로필은 자신의 자아개념에 대해 생각해보기에 괜찮은 방법입니다. 자아개념이란 자신의 행동양식과 (저의 경우엔 내성적이지만 활동가) 자신이 맡은 역할 (교수이자 아버지)을 일반화한 집합체를 뜻합니다.

(해설: 트위터는 한글로는 140자이며 영어로는 160자로만 제한되게 쓸 수 있었습니다. 현재는 10,000 자까지 늘려서 쓸 수 있게 되었습니다.)

자아개념의 표현으로서의 트위터 약력

A. 온 힘을 다해 사랑을 전파하며 영원히 괴물의 왕국에 헌신하다.

B. 내가 하는 일에 열정적이며 가족을 사랑하고 빛을 전파하는 데 헌신적이다.

C. 나는 뭔가를 만든다. 실제로 나는 뭔가를 짓는다. 주로 이야기, 즉 생각과 꿈과 행위의 공동 작업을 말이다. 그게 바로 나다. 이 페이지는 내 팬들을 위한 것이다.

D. 천체 물리학자

A. 얼리샤 키스   B. 애슈턴 커쳐   C. 레이디 가가   D. 지미 팰런

A. 얼리샤 키스 : 1981년생 미국의 알앤비 아티스트이자 여성 싱어송라이터. 그래미 어워즈를 14 차례나 수상. Alicia Keys

B. 애슈턴 커처 : 1978년생 미국의 배우. 대표작으로는 나비효과, 잡스. Ashton Kutcher

C. 레이디 가가 : 1986년생 미국의 가수, 작곡가, 배우. 세계적으로 2,400만 장의 음반 판매량과 1억 2천 5백만의 싱글 판매량 Lady GaGa

D. 지미 팰런 : 1974년생 미국의 텔레비전 진행자, 희극인, 배우. Jimmy Fallon

사진 3-1. 최대한 간결하게 자기표현해야 할 때, 자기 자신에 대한 기술은 보통 자기가 하는 역할과 성격 묘사를 언급하게 마련입니다. 사진 위의 트위터 약력과 사진 아래에 사람의 약력을 연결해 보세요. 〈출처 : Twitter.com에서 2014년 9월 8일에 입수한 트위터 약력〉

자, 우리는 이제 자아개념의 일부분인 독자로서의 자신에 대해서만 생각하겠습니다. 읽기의 자아개념이란 독자로서 스스로를 어떻게 보는가에 관한 것입니다. 여러분이 가진 독자로서의 자아개념은 아마도 읽기에 대한 자신의 태도와 관련이 있을 것입니다. 그러나 읽기의 자아개념과 태도는 동의어는 아닙니다. 읽기가 유용하다고 생각하는 것은 읽기에 대한 긍정적인 태도를 지니고 스스로를 독자로 꽤 유능하다고 보기 때문입니다. 하지만 독자로서의 자아개념이 현재 자신의 중요한 일부라고는 보지 않는 경우가 있습니다. 그런 까닭에 저는 독자로서의 자아개념이 읽기에 대한 태도보다 중요하다고 생각합니다. 이 책의 목적은 읽기에 대해 긍정적인 태도를 가지기 위한 것입니다.

Terms ▸

르네상스 페어 또는 르네상스 페스
티벌로 불리며 야외 주말 모임을 뜻
한다. 보통 미 전 지역에서 열린다.
르네상스 페어는 휴양지의 공공장소
와 상업지구에서 많이 열리며 어떤
곳은 지속적인 테마로 열리거나 아
주 짧은 기간만 열리기도 한다. 르네
상스 페어의 기원은 영국의 엘리자
베스 여왕 1세때부터 시작된 것으로
본다.

"독자"가 자신의 자아개념의 일부라면 읽
기는 언제라도 실행 가능한 활동으로 여길 것
입니다. "두 시간 기차 여행에서 무엇을 할까?
아이패드를 가져가면 되겠다. 아, 책도 꼭 가
져가야지." 자신이 하고 있는 일과 나 스스로
를 어떻게 생각하는가는 서로서로 강화하는
역할을 합니다. 역으로, "독자"를 자기 자아개
념의 일부로 갖고 있지 않은 아이들은 독자를
하나의 선택지로 여길 일도 없습니다. 이런 아이들의 읽기에 대한
태도는 중립적이거나 약간 긍정일 수는 있어도 읽기를 "내가 행동
하는 것들 중 하나"로 보진 않습니다. 비슷한 맥락으로, 저는 르네
상스[T] 축제에 참석하지 않겠다고 의식적으로 결정을 내리는 게 아
닙니다. 제가 그런 축제를 좋아하지 않는다는 그런 문제가 아닙니
다. 제가 그 축제에 가서 즐길 수 있을지 모르겠다는 생각조차 아예
떠오르지 않는 것입니다.

왜 어떤 4세 아이는 독자로서의 자아개념을 발전시켜가는 반면,
다른 아이는 그러지 못할까요? 자신이 많이 읽는 사람이라면 스스
로를 독자로 인식한다는 것은 분명해 보입니다. 더구나 자신이 다
른 사람들보다 더 많이 읽는다는 인식까지 있다면 더욱 그렇습니
다. 그런 사실은 자신과 또래집단을 구별해 주기 때문입니다. 아주
어린아이들은 이런 비교를 하지 못합니다. 하지만 연배가 위인 아
이들은 가능합니다. 당신은 여전히 아이가 그림을 보는 "읽기"일지

라도 독자로서의 자아개념을 구축할 수 있도록 어린 시절부터 읽기를 원할 것입니다.

두 가지 사실은 읽기에 대한 긍정적인 태도와 독자로서의 자아개념의 인식이 아이의 독서에 대한 의욕을 좌우합니다. 그러나 이런 태도와 인식은 아이가 어느 정도 독서를 해야 형성되며 그게 바로 우리가 해결하려는 문제입니다. 아이가 일상적으로 많이 읽는다면 아이의 태도나 자아개념에 대해 걱정할 필요도 없습니다. 이 난제는 앞에서 강조한 독해력을 향상할 방법으로서 아이의 배경지식을 키우는 것이고, 배경지식을 키우는 방법은 읽는 것이라고 했던 독해력에 대한 논의로 다시 돌아가게 합니다. 그렇다면 독서하는 아이로 키우는 비법이 정말 아이로 하여금 독서를 하게 만들까요?

어쩌면 일상적으로 많이 읽기가 우월한 독해력, 이해, 동기부여를 돕는 최선의 방법이라 해도 과언이 아닙니다. 그렇다 해도 이런 회전문 돌리기[해설: 주요 방법을 돌려가면서 쓰는 것] 에서 벗어날 방법이 필요합니다. 그래서 다음 장들에서 두 가지 전략을 제시할 것입니다.

첫째, 해독과 이해 그리고 동기부여에 도움이 될 수 있는 읽기 외 다른 방법들을 알아봅니다.

둘째, 아이의 읽기에 대한 태도가 그리 긍정적이지 않고 읽기의 자아개념이 약하더라도 읽기를 계속하게 할 방법을 살펴봅시다. 읽기를 촉진하면 선순환이 일어나지 않을까 하는 게 저의 바람입니다.

그럼 시작합니다.

Part II

읽기를 위한
준비

0세부터 취학 전

"The more that you read, the more things you will know.
The more that you learn, the more places you'll go."

_ Dr. Seuss, I Can Read With My Eyes Shut!

◆

더 많이 읽을수록 더 많은 것을 알게 된다.
더 많이 배울수록 더 많은 것을 발견하게 될 것이다.

_ 닥터 수스

| Chapter 4 |

읽기보다 중요한 것들

말소리 들려주기

> **:: 읽지 못하는 아기**
>
> 태어난 지 3개월밖에 안 된 아기들에게 읽기 기술을 가르친다고 주장하는 비디오 시리즈 '아기가 읽을 수 있어요!' (Your Baby Can Read! [6]) 같은 상품을 본 적이 있을지도 모르겠습니다. 사실 아기는 그런 비디오가 있거나 말거나 상관없이 읽을 수가 없습니다.

「Part I. 읽기의 과학이다」에서 각각의 말소리를 구별해서 듣는 능력이 얼마나 중요한지 살펴보았습니다. 이 능력을 제대로 준비해서 학교에 진학한 아이들은

Goods ▸

Your Baby Can Read: 로버트 팃저 박사가 1997년에 설립한 회사가 판매하기 시작한 "Your Baby Can Read!"는 유아 교육용 비디오 상품이다.
몇몇 전문가들에 의해 팃저 박사의 비디오 상품은 의심받아왔다. 제품에 대한 엄격한 과학적인 검증이 부족하고 상업적인 상품으로 교육을 이용했다는 이유로 비판을 받고 있다.

Terms ▸

엄마가 아기에게 하는 말. 아동은 상호 작용을 통해 문법 규칙을 습득하게 되므로 규칙을 학습하기 위한 특정한 경험이나 훈련이 필요하다. 따라서 아동의 언어 발달에서 적절한 언어 경험을 제공하는 엄마 또는 양육자의 역할이 중요하다. 영아기 때부터 엄마는 자녀에게 많은 말을 들려주면서 함께 시간을 보낸다. 이때 엄마가 아이에게 하는 말(child-directed speech : CDS)은 아이의 언어 발달에 많은 영향을 미친다고 본다.

엄마들은 성인에게 말할 때보다 아이에게 말할 때 훨씬 과장된 어조와 단순화된 문장을 사용하는 경향이 있다(실험심리학용어사전, 시그마프레스(주)).

그렇지 못한 아이들에 비해 읽는 법을 배울 때 월등한 위치를 차지합니다. 그러나 이런 능력은 저절로 개발되지 않습니다.

음절이 각각의 소리보다 훨씬 듣기가 쉽습니다. 읽을 줄 모르는 성인이라도 아마 CARROT[kærət]과 DOGGY[dɔ:gi]가 SAT[sæt]보다 음절이 더 많다는 것쯤은 알 수 있습니다. 그러나 이 성인 문맹자들은 CARROT과 SAT이 같은 소리로 끝나며, 이게 DOGGY의 끝소리와 다르다는 건 알지 못합니다. 그렇다면 어떻게 아이가 읽는 법을 배우기 전에 말소리를 알아들을 수 있도록 도울 수 있을까요?

그 첫 번째 방법은 "모성어"에 관한 것입니다. "모성어"란 엄마가 갓난아기에게 하는 말(baby talk)[T]의 다른 표현입니다. 성인이 말하는 것과 비교하면 모성어는 좀 더 느리고 높은 음성으로 말합니다. 문법은 더 단순하고 운율[말의 선율]은 과장되어 있습니다. 운율은 어조와 속도 같은 특징들을 포함합니다. 문장 끝을 높이면 질문하고 있다는 것과 같은 것입니다.

모성어를 사용하는 부모들은 아주 확실한 말하기 모델을 제공함으로써 자녀가 말하는 법을 배우는 데 도움을 줍니다. 그리고 어쩌면 모성어의 느린 속도와 또박또박한 발음이 아이들이 몇 년 후 말소리를 듣는 데 도움을 줄지도 모릅니다.

모성어로 아이에게 말하는 것은 아이가 말하기를 배우는 데 도움을 주려는 것이지 아이를 무시하는 게 아닙니다. 조만간 아이가 성인의 말을 들을 준비가 되는 시기가 올 것입니다.

말놀이(wordplay)하기

두 번째 방법은 과학적으로 증명된 방법인데 각각의 말소리(음절)에 강세를 주는 말놀이입니다. 몇몇 사례들을 보면 아이는 사람들의 말놀이에 귀 기울이는 것을 알 수 있습니다. 따라서 이 게임은 당신이 원하는 만큼 일찍 시작할 수 있습니다. 하지만 다른 언어 게임들은 자녀 스스로 일정한 말놀이를 만들어 낼 줄 알아야만 가능합니다. 여러분은 아마도 자녀가 4세나 5세부터 이 게임을 시작하길 원할 것입니다. 혹시 이미 아이가 이런 게임의 개념을 이해한다면 그보다 더 일찍 시작하고자 할 것입니다. 다음은 아이들이 각각의 말소리를 구분해서 듣는 데 도움이 되는 말놀이 게임의 예시들입니다.

1. 이름 게임 : 아이들에게 노래와 리듬을 말놀이에 맞추게 하기.
   "Dan, Dan, bo-Ban, banana-fanafo-Fan, fee fi-mo-Man.
   Dan!" Apples and Bananas ("I like to eat, eat, eat, eeples and
   baneeness")

2. 고전의 전래동요를 들려주기 : 고전의 전래동요: 이런 종류의 말놀
   이이 많이 사용됩니다. (닥터 수스, 셀 실버스테인의 작품들)
   All ready to put up the tents for my circus.
   I think I will call it the Circus McGurkus.
   And NOW comes an act of Enormous Enormance!
   No former performer's performed this performance!
   〈If I Ran the Circus : Dr. Seuss,〉

3. 첫 글자 바꾸기 : 아이들에게 아는 노래를 부르면서 각 단어의 첫
   글자를 자기가 선택한 글자로 바꾸게 하기
   Mary had a little lamb 메리는 어린 양을 한 마리 키워요.
   Bary Bad a Bittle bamb

4. 두운을 활용하기 : 단어의 앞 단어만 같은 단어를 찾아 다른 단어
   적용하기
   (Great golly! - 굉장해, 와아!)
   (Gobs of grapes! - 포도가 아주 많아!)

5. 두음 전환 : 이 또래의 아이들에게는 굉장히 웃기는 말이 됩니다.
   (mighty fish : 힘센 물고기)가 (fighty mish : 적대적인 임무).

6. 이름 바꿔 부르기 : 자기 이름의 첫 번째 글자를 자기가 태어난 달
   의 첫 번째 글자로 바꾸거나 섞기
   (February. 2월) + (Mike)는 (Fike)가 된다. 그날 내내 아이의 이름
   은 파이크라 불린다.

7. 합성어를 가르치기 : (crow: 까마귀)를 겁주기 (scare: 겁주다) 때문
   에 (scarecrow. 허수아비)라 부릅니다. (I 나)와 (eye - 눈) 같은 동음
   이의어와 동음어도 마찬가지다.〉

예시 4-2) 교육 프로그램의 훈련용 예제

(can)과 (man)은 운이 맞는가?"

"'ssss', 'aaaa', 'tuh'를 한데 섞으면 어떤 단어가 되는지 말하라."

이런 단어 게임들은 아이들이 말소리를 분간해서 듣는 것 이상
으로 도움이 됩니다. 이 게임들은 또한 아이들 스스로가 언어를 배
울 때 흥미로움을 갖게 합니다. 언어는 재미가 있으며, 세심한 관심
을 기울일 만한 가치가 있다는 것을 알게 해줍니다.

이런 게임을 할 때, 아이에게 확실한 "연습"을 시키려고 과도하
게 많이 가르치려고 하면 안 됩니다. 아이들에게 말소리에 대한 인
지력을 높이는 과제 연습용 학교 교육 프로그램들에 대한 연구는
많습니다. 연구자들에 따르면 대부분의 아이들은 대개 각각의 말소
리를 강조하는 과제를 내주고 피드백을 받는 것까지 합쳐서 총 20
시간에서 25시간이면 충분하다고 합니다.

글자놀이

소리를 구분해 듣는 법을 가르치는 데 공을 들인 만큼 4세 아이에게 알파벳 철자들도 가르쳐야만 하는 걸까요? 알파벳 학습은 아이에게는 어려울 것 같아 '보입니다.' 그래서 어쩌면 일찍 시작하는 게 좋을지 모릅니다. Part I의 1장에서 언급했듯이 어려울 것으로 보이는 건 단순하게 문자들이 너무 비슷하게 생겨 헷갈리기 때문입니다. 그래서 아이들이 비슷하게 생긴 문자를 두고 혼동하기도 하지만 대부분의 아이들은 약간의 연습으로 식별할 수 있습니다. 그렇다면 유치원에서 읽기를 배우기 전에 문자를 습득하면 득이 될까요?

(1) 문자 이름 가르치기

이 문제에 대한 연구의 결론은 그리 명쾌하지가 않습니다. 물론 문자를 익힌 상태로 유치원에 들어온 아이들이 결국 나중에도 읽기에 더 능해집니다. 이 연구 결과는 수십 년 동안 널리 알려져 있습니다. 그러나 다른 한편으로는 일찍 문자를 가르친다고 해도 아이들이 읽기에서 그다지 우수한 실력을 가지는 건 아니라고 합니다. 왜 그럴까요? 확실한 답은 문자를 아는 게 실제로는 큰 도움이 되지 않는다는 것입니다. 문자 지식과 성공적인 읽기는 서로 연관이 있습니다. 문자를 알면 읽기에 도움이 되어 다른 지식도 자연히 따라오게 됩니다. 한 가지 가능성은 아이들이 문자 이름Letter name을 통해서 문자와 소리 사이의 연관성을 알면 남보다 유리한 출발 선상에

사진 4-1. 문자와 로고. 아이에게 맥도널드의 "M"처럼 로고에 들어간 문자에 대해 언급하면 아이는 활자에 둘러싸여 있다는 것을 쉽게 의식할 수 있다.

설 수 있다는 것입니다. 하지만 누구도 확실한 건 알지 못합니다. 집에서 미리 글자를 익히게 하는 문제에 대해서라면 지나치게 신경 쓸 필요는 없다는 게 제 생각입니다.

(2) 활자 참조하기| print referencing

여전히 아이가 글자를 배우는 게 좋겠다고 생각하신다면, 직접 설명하는 교수법이 아닌 다른 방법들도 많습니다. 이 중 연구적 근거가 가장 확실한 것은 활자 참조 방법입니다. 즉 아이에게 책을 소리 내서 읽어주는 방법입니다. 아이들은 일반적인 소리 내어 읽기만으로는 글자 이름이나 그 글자와 연결된 소리, 또는 글자가 어떻게 생겼는가를 배우지 못합니다. 왜 그럴까요? 시선 추적 연구들에 따르면 단어를 눈으로 볼 수 있다 해도, 아이들은 소리 내어 읽기를 하는 동안 글자를 보지 않고 그림을 본다고 합니다.

활자 참조 방식은 어른이 아이의 관심을 글자로 유도합니다. 활자 참조 방식의 기술들은 굉장히 구체적입니다. 예를 들어 "내가 어느 페이지부터 읽기 시작해야 하는지 알려 줄래?"와 같은 요청이나 "여기 봐. 이 두 단어는 정확히 똑같네."와 같은 언급을 합니다. 어른은 자기가 읽는 단어들을 손가락으로 가리켜서 은연중에 아이가 글자에 주목하게 만들어야 합니다. 활자 참조 방식으로 읽으면 아이들이 글자를 배운다는 것을 증명하는 근거가 있고 활자 참조 방식이 글자를 배우는 데 효과가 있다는 데이터를 인정하긴 하지만 이 방식에 적극 동의하지는 않습니다. 유아든 성인이든 서로 다른 것들을 동시에 생각할 순 없습니다. 글자에 대해 생각하고 있는 동안에는 글의 내용을 따라가지 않는다는 것입니다. 저라면 오히려 아이에게 내용에 대해 가르치겠습니다. 물론 그게 철자 책이라면 글자가 곧 내용이 될 것입니다. 그리고 언제나 흥미를 우선시하겠습니다. 즉 아이가 활자에 흥미를 보인다면 비로소 그 활자에 대해 이야기하는 식으로 말입니다.

(3) 세상 속 문자들 Letters in the Wild

아이는 활자로 둘러싸인 환경에 있습니다. 도로 위 일단정지 표시판, 시리얼 상자 또는 디즈니나 레고 같은 친숙한 로고 같은 것들입니다. 자녀의 주변 세계에 존재하는 모든 활자를 어떻게 최대한 활용할 수 있을까요? 이때 토대가 되는 개념은 활자에서 정보를 얻을 수 있다는 것입니다. 엄마가 고속도로 진입로를 찾아내는 건 하얀색 모양(글자)들이 있는 초록색 표지판을 읽었기 때문입니다. 아빠가 이 시리얼에 설탕이 많이 들어 있다는 걸 아는 건 상자에 적힌 것을 읽었기 때문입니다. 그것을 본 아이는 의미를 전달하는 게 '글자'라는 것을 알게 될지도 모릅니다. 그 '글자'는 일정한 형태를 가지고 있고 특정한 순서대로 배열되어 있다는 사실을 아이가 혼자 힘으로 추론해 낼 지도 모릅니다. 그리고 마트 계산대에서 긴 줄에 서 있는 동안 자녀에게 글자가 있는 표지를 가리키며 무슨 의미인지 물어보는 것도 나쁘지 않습니다.

일단 아이가 기본적인 개념, 즉 읽기는 문자를 통해 의미를 전달한다는 것을 이해하고 나면 아이와 함께 놀 수 있는 언어 게임은 무궁무진합니다. 계속 아이들에게 글자 블록들, 글자가 적힌 냉장고 자석들, 알파벳 책을 주세요. 그러면서 동시에 글자가 아이의 일상에 슬그머니 파고들 기회가 될 만한 때와 장소도 항상 마련하세요. 예를 들어, 하이킹을 하다 잠깐 쉴 때 진흙에 막대기로 글자를 씁니다. 김 서린 욕실 거울에 배트맨 로고와 '함께' "B"를 그립니다. 모든 사람에게 그 사람 이름의 첫 글자 모양을 한 팬케이크를 하나씩 구워줍니다. 빨간 신호에서 멈춘 후, "우리, 초록 불로 바뀌기 전에 주변 표지판들에서 't'를 몇 개나 찾을 수 있나 볼까?"라고 말합니다. 이런 일상적인 상호 작용을 통해 문자에 대한 흥미를 불러일으키면 아이에게 글을 읽어 주는 동안 아이가 문자에 관심을 보일 가능성도 그만큼 커집니다.

그림 읽기와 글자 보기는 언제 시작할까요?

　문자를 배우는 것과 마찬가지로, 이 문제의 연구 결과 역시 별로 명쾌하진 않습니다. 1장에서 문자와 소리 간의 상응 관계는 겉으로 보이는 것보다 일관성이 있다고 말했습니다. 그렇다고 해서 문자와 소리 간의 상응 관계 규칙을 쉽게 배울 수 있다는 것은 아닙니다. 소리의 비일관성을 설명해 주는 이런 규칙들이 있지만 일관성 있게 언제나 같은 방식으로 발음된다면 아이들은 훨씬 더 쉽게 글자를 배울 수 있을 듯합니다.

　해독(decoding)을 배우는 건 어렵습니다. 따라서 "일찍 시작하라!"고 말하는 것은 어쩌면 당연한 일입니다. 그러나 일찌감치 5세에 시작하나 느지막하게 7세에 시작하나 결국엔 큰 차이가 나지 않는다는 사실을 암시하는 데이터가 일부 존재합니다. 물론 아이들은 일찍 시작할수록 8세 때 더 나은 읽기 실력을 보였지만 11세가 됐을 때는 차이가 상당히 줄어들었습니다. 왜 이런 우위가 그렇게 빨리 사라지는 걸까요? 일찍 시작한 아이들일수록 해독(decoding)도 더 빨리 배우긴 하지만 11세가 되면 일찍 시작한 아이들이나 늦게 시작한 아이들 모두가 해독(decoding)을 잘하게 되기 때문입니다. 그런 이유로 11세 대상 읽기 능력 시험 역시 바뀝니다. 이때의 읽기 능력 평가에서는 「Part Ⅰ. 읽기는 과학이다」에서 살펴보았듯이 배경지식에 따른 이해력이 강조됩니다. 이 때문에 더 어린 나이에 해독을 배운다고 우수한 아이가 되는 것은 아닙니다.

그림 4-2. 유럽 국가들 내 독해 능력. (영국 41% 노르웨이 93% 스웨덴 91% 핀란드 98% 프랑스 88% 스페인 93% 포르투갈 76% 이탈리아 92% 그리스 97% 독일 98% 오스트리아 97% 덴마크 53%) 이상의 수치는 아이들이 1학년을 마칠 때 정확하게 읽을 수 있는 1음절 단어들의 평균 비율입니다. 포르투갈어, 프랑스어, 덴마크어는 영어와 마찬가지로 다른 언어들보다 소리와 문자 간 상관관계에서 일관성이 떨어집니다. 〈출처 Seymour, P.H.K., Aro, M., &Erskine〉

따라서 남들보다 빠른 출발을 위해 4세부터 읽기 지도를 시작한다고 홍보하는 유치원을 찾기보다는 아이의 현재 상태에 민감하고, 아이에게 맞게 학습 내용을 조정하는 유연성을 가진 유치원을 찾는 것이 현명할 것입니다. 아이가 지금 말소리 듣기에 약하다면 그 문제를 개선하는데 좀 더 집중하고, 아이가 읽기를 배우는 것에 흥미를 보인다면 그런 흥미를 뒷받침해 주는 유치원이 유익할 것입니다.

읽기와 유치원 문제를 고민할 때 저는 제 아이가 글자를 배우는 것보다는 세상에 대해 배울 기회들을 가질 수 있는지에 더 관심을 가질 것입니다. 9세 정도가 되면 아이는 해독(decoding) 능력이 능숙해질 가능성이 높습니다. 그렇게 되면 아이가 읽은 것을 이해하는 능력은 아이가 가진 배경지식에 크게 의존하게 될 것입니다. 배경지식을 공부할 시작 시점은 9세가 아닙니다. 영유아기인 지금 바로 시작해야 합니다.

◆ Chapter 4. 돌아보기 ◆

말소리 들려주기
말놀이(word Play)하기
글자놀이
그림 읽기와 글자보기는 언제 시작할까요?

질문은 호기심을 깨운다

어휘력 키우기

> ### :: 어휘를 가르치는 방법
>
> 아주 어린 아이에게 소리 내어 읽기로 어휘를 가르치고 싶다면 가장 확실한 방법은 한 페이지에 물체가 하나씩 나오는 책을 고르는 겁니다. 그 대상을 가리키면서 호칭을 읽으세요. 이때 그냥 "고양이"라고 해야지, "봐, 고양이가 있네. 너도 고양이가 있지, 그렇지? 봐, 이 고양이는 회색인데 네 고양이는 갈색이네?"라고 해선 안 됩니다. 아이가 무언가를 배우게 하는 데 관심이 있다면 아이에게 배우게 할 대상을 명확히 해야 합니다.

앞에서 부모는 자녀가 각각의 말소리를 분간해 들을 수 있는 능력을 키우도록 하여 본격적인 읽기 학습을 준비해야 한다고 했습니다. 이 준비 과정은 몇 달 심지어 몇 년이 걸리기도 합니다. 또한 이 과정이 읽기에 어떻게 영향을 주는지 가시적으로 분명하게 나타나지 않을 수 있다는 것도 알아야 합니다. 하지만 읽기 지도가 시작되면 어느 순간 그 준비 과정이 얼마나 중요했는가를 깨닫게 될 것입니다.

이와 같은 현상은 어휘뿐만 아니라 배경지식에서도 나타납니다. 「Part I. 읽기는 과학이다」에서 배경지식이 이해력에 주된 기여를 한다고 설명해 드린 바 있습니다. 글을 읽을 때 배경지식은 저자가 생략한 정보의 간극을 메우는 데 꼭 필요합니다. 배경지식의 중요성은 초등 3학년 이상부터 핵심적 역할을 합니다. 왜냐하면 유치원에서 초등 2학년까지의 읽기는 주로 해독(decoding)과 관련된 것이지만 3학년 이상부터는 주로 이해력과 관련된 것으로 전환되는 시기이기 때문입니다. 이로 인한 결과 중 대표적인 사례가 배경지식이 그리 풍부하지 못한 저소득 가정 출신의 아이들이 3학년이나 4학년 때부터 읽기에 애를 먹기 시작한다는 것입니다. 다시 말씀드리지만, 3학년 이상부터 읽기는 이해력과 관련된 것으로 전환되는 시기입니다. 이때 학생들이 겪는 현상이 4학년 슬럼프(the fourth-grade slump)입니다.

당연한 얘기지만 배경지식이 절박해지는 4학년이 되어서 배경지식의 필요성을 제기하는 것은 이미 늦습니다. 지식은 천천히 쌓입니다. 따라서 지식습득은 태어났을 때부터 시작하는 게 가장 좋습니다.

영유아는 말을 하기 전에 이미 어휘를 습득하고 있습니다. 한 실험에서, 연구자들은 9개월 된 아기의 머리에 전극들을 장치한 모자를 씌워 아기의 뇌 활동을 분석하는 실험을 진행하였습니다. 이때 모자의 각 전극은 두개골 아래 수백만 뉴런의 활동을 기록하였습니다.

사진 5-1. 뇌 활동 측정 실험에 참가할 준비를 마친 아기. 출처: ⓒ 사진=몬트리올 대학

이 실험에서 아기를 엄마 무릎에 앉히고, 둘 다 화면을 마주 보게 했습니다. 실험 할 때마다 엄마에게 실제로는 아무 것도 보이지 않는데 어떤 대상을 지적하게 했습니다. 예를 들면, 엄마가 "저기 봐, 오리가 있네!"라고 말합니다. 그런 다음 화면이 아래로 내려가고, 엄마가 이름을 말했던 대상인 오리나, 아니면 솔 빗 같은 어떤 다른 대상이 나타납니다. 여러 차례의 실험들에서 "이것은 무언가를 의미한다."라는 뇌 반응이 의미들을 서로 잘못 짝 지웠을 때는 과하게 활성화되는 결과가 나타났습니다. 즉 "오리"(duck)라는 단어를 들은 다음, 머리 빗는 솔을 보게 되면 아기는 의미를 처리하는 뇌 부분을 샅샅이 뒤져 방금 일어난 일을 이해해 보려고 노력합니다. 9개월밖에 안 된 영아가 이런 반응을 보인다는 건 영아들이 이미 몇 가지 단어들의 의미를 익혔다는 강력한 증거가 됩니다.

이 결과는 아기가 단어들의 의미를 익혔다는 것을 당신에게 보여줄 순 없을지라도 적어도 아기가 어휘를 배우고 있을 거라는 걸 말해 줍니다. 그러니 아기에게 말을 거세요. 저녁을 만드는 동안 아기가 의자에 앉아 있을 때 여러분이 무엇을 하고 있는지 아기에게 설명하세요. 식품점에 갔을 때 아기에게 노란 양파를 살까, 하얀 양파를 살까 물어보세요. 물론 이런 질문에 아기의 뚱한 표정만 돌아올 수도 있습니다. 이럴 때 굳이 진지하게 가르치는 어투를 쓸 필요는 없습니다. 그냥 상냥하게 말을 걸어주면 됩니다.

뇌 발달을 연구하는 학자들은 의미 있는 무언가를 인지할 때 일어나는 특정한 뇌 반응을 찾으려 했습니다. 예를 들어 어떤 화면을 보고 있는데 화면에 [yare, pova, book] 이런 일련의 문자들이 한 번에 하나씩 나타났다고 가정해 봅시다.

세 번째 자극이 의미가 있는 단어이기 때문에 특정한 뇌 반응을 일으킵니다. 자기 머리에서 정수리를 손가락으로 짚은 다음, 거기서부터 손가락을 2.5 - 5cm 정도 뒤로 움직여 왼쪽과 오른쪽으로 약 2.5 - 5cm 아래 지점들을 찍어 보세요. 바로 그 지점들에서 "book"이란 단어를 보고 나서 약 0.4초 후에 이런 반응이 일어납니다.

나아가, 만 3세 이상의 아이들은 자기가 듣는 이런 종류의 말을 그대로 따라 하는 것을 보여주는 연구 결과가 많습니다. 자기에게 건넨 말과 어깨너머로 듣게 된 말 모두를 포함합니다. 저는 당시 세 살이던 막내딸이 제게 이렇게 물었던 것을 기억합니다. "아빠, 아빠 노트북 이용 가능해요?" 아이는 유치원에서 학습도구 사용과 관련해서 "이용 가능성"이라는 어휘와 그 개념을 배웠으며 이를 노트북에 적용한 것입니다. 아이들은 이때 배운 어휘를 어떻게든 활용할 것이고 그 과정에서 어휘의 개념이 점점 더 정확해질 것입니다.

아이에게 질문하기

> **질문의 의도**
>
> 관심 끌기: "엄마?"
> 요청하기: "창문 좀 열어주면 안 돼요?"
> 허락 구하기: "닌텐도 해도 돼요?"

2세부터 5세 사이에 아이는 지식 추구 면에서 환상적인 동반자가 됩니다. 이 나이 때는 아이가 끊임없이 질문을 던지는 시기입니다. 아이가 하는 모든 질문이 무언가를 배우려는 목적을 갖지는 않지만 이 시기에 아이가 하는 질문의 약 2/3는 정보를 얻으려는 의도를 갖고 있습니다. 아이들은 자기가 사는 세상에 대해 알고 싶어 합니다. 이들의 질문에서 아이들의 욕망을 알 수 있습니다. 그리고 이들이 하는 질문들의 약 절반은 꼬리에 꼬리를 무는 연속적인 질문입니다. 즉, 아이들이 무언가에 대한 설명을 요구하고 거기에 대한 대답을 아이가 더 깊이 파고 들어가면서 새로운 질문을 유발합니다. 그리고 대답에서 요구한 정보를 얻지 못하면 아이는 다시 질문할 것입니다.

따라서 아이가 지식을 쌓도록 도움을 주려 할 때 가장 확실한 출발점은 아이의 질문에 답하는 것입니다. 부모는 아이 바로 가까이

사진 5-2. 호기심에 대한 엘리너 루스벨트의 말. "아이가 태어날 때 아이 어머니가 요정 대모에게 아이에게 가장 유용한 선물을 해달라고 부탁한다면 그 선물은 호기심이 되어야 하지 않나 싶습니다." 사실 모든 아이들이 그 선물을 받습니다. 그러나 이 선물은 약 7세 무렵에는 대부분의 아이들에게서 사라지기 시작합니다. 부모로서는 어떻게 하면 유년기 내내 이런 호기심이 쇠퇴하지 않게 할 수 있을지가 문제입니다. 답은 부모가 아이 안의 호기심을 존중해서 부모 스스로가 호기심을 귀히 여긴다는 걸 보여주는 것입니다. 〈사진 출처: www.time.com〉

에 있으며 많은 것을 알고 있습니다. 더 의미 있는 것은, 여러분은 아이가 궁금하다고 직접 여러분에게 질문한 것에 대해 정보를 제공하고 있다는 것입니다. 이것은 아이가 자기 질문에 대한 답을 실제로 얻는 중요한 과정이며, 더불어 부모 역시 아이의 질문을 가족이 가치 있게 여긴다는 사실을 아이에게 전해 줄 기회를 얻게 됨을 의미합니다.

아이의 질문에 답하기

많은 부모가 스스로 아이의 질문에 잘 대답하고 있다고 생각합니다. 그러나 가장 호응을 잘하는 부모조차도 질문의 25% 정도는 대답해 주지 않습니다. 아이들이 2세에서 5세 사이에 던지는 질문의 양을 생각하면 쉽게 이해됩니다. 연구자들의 추산에 따르면 이때 질문의 양은 아이에 따라 매주 200개에서 400개 사이에 이릅니다. 제 아이들이 어렸을 때, 저 스스로도 최고의 부모가 되는 것은 아이들의 모든 질문에 차분하고 신중하게 답해 줘야 한다는 걸 잘 알고 있었지만 이렇게 투덜댈 때도 있었습니다. "단지 5분 만이라도 커피 마실 시간을 가질 수 없을까?"

■ **A. 아이가 던진 바로 그 질문 자체에 대해 대답하기.**

▶ 우리는 아이들이 질문할 때, 실제 그들이 궁금한 것을 묻는 게 아니라 우리가 답하기를 불편해하는 것을 묻는다고 가정하는 경향이 있습니다.

예) 당혹스러운 질문들.

3세 아이가 이렇게 물었다고 가정합시다. "아기는 어떻게 생겨요?" 우리는 성행위에 대한 질문을 들었다고 생각하지만 아이가 묻는 건 그게 아닙니다. "아기는 엄마 몸 안에서 자란단다. 엄마 뱃속에 음식이 들어있는 곳 근처지." 라는 말로 이야기해주는 것이 아이가 그 순간 찾던 답이 될 수 있습니다.

■ **B. 간결하게 질문하기**

▶ 이 역시 중요합니다. 아이가 물어본 것 이상을 말해줘야 할 필요는 없습니다.

■ **C. 생각할 시간을 주기**

▶ 아이가 여러분이 해준 짧은 대답에 만족하지 못하고 아직 아이가 알 준비가 되지 않았다고 여겨지는 사실들을 집요하게 요구한다면 이렇게 말하세요. "여기에 대해 몇 가지 정보를 줬으니 그걸 가지고 곰곰이 생각해보면 좋겠구나. 열심히 생각해보고 여전히 의문이 생기면 그때 가서 다시 이야기해보면 되니까." 아이는 그것에 대해 잊

어버릴 확률이 높습니다. 혹시 잊지 않는다 해도 그 문제를 어떻게 논의하면 좋을지 생각해볼 시간은 어느 정도 벌 수 있습니다.

■ D. 질문에 대한 대답, 아이와 함께 찾기

▶ 어디에서? 백과사전에서? 컴퓨터 핸드폰 등의 인터넷에서? 답을 찾을 때도 무엇이 효과적인 방법인지 아이에게서 배우세요. 답을 찾는 방법도 아이와 의논하고 함께 찾아보는 것은 아이를 위해 아주 좋은 방법일 수 있습니다.

아이들은 때로는 질문을 하고 대답에 귀를 기울이지 않거나, 대답하는 중에 또 다른 질문을 던지기도 하고 같은 질문을 반복하기도 합니다. 또 질문을 받은 어른이 당황스러워지거나 설명하기 어려운 것들을 질문하기도 합니다. 아이가 질문 할 때 혹은 질문을 하려는 행동들은 어른이 어떻게 답을 하고 있는가에 따라 달라지는 경우가 많습니다.

아이가 '질문하기' 방법으로 세상에 대한 호기심을 드러낼 때, 이를 더 촉진해줄 수 있는 방법을 '아이들에게' 질문을 해주는 것입니다.

연구자들은 부모들의 유형을 두 가지로 나눕니다.

지시형 부모들은 해야 할 일("자러 가")과 하지 말아야 할 일("그만해")에 대해 주로 말한다고 합니다.

대화형 부모들은 "오늘은 화요일이네. 방과 후에 어디로 가면 좋겠니?" 같이 질문으로 이뤄지는 대화를 훨씬 많이 한다고 합니다.

지시형 부모: "아침 세수하러 화장실에 가야지", "똑바로 앉아"

질문형 부모: "벌써 이렇게 시간이 되었구나. 이제 밥 먹으러 어디로 갈까?"

당연히 모든 부모는 두 가지 유형의 대화를 각각 어느 정도씩 합니다. 그러나 사람들은 두 가지 중 한 가지 유형에 치우치는 경향을 보이며, 그로 인해 아이들은 한 가지 유형에 불과한 그 대화 방식을 의사소통의 기본 방식이라고 생각하게 됩니다.

지시형 부모는 아이에게 언어의 목적은 한 사람이 다른 사람에게 바라는 바를 전달하는 데 있다는 것을 보여줍니다. 그리고 질문형 부모는 아이에게 언어의 목적은 새로운 지식의 습득에 있다는 것을 보여줍니다.

질문형 부모들은 아이들에게 해야 할 일을 말할 때조차 대화를 시도하는 경향이 있습니다. 질문형 부모들은 요구와 함께 이유를 제시합니다. 그리고 때론 그 이유가 반론을 초래하기도 합니다. 예를 들어, 엄마나 아빠가 "이제 잠자리에 드는 게 좋겠다. 안 그러면 너무 피곤해서 아침에 못 일어나 학교에 지각할 수도 있잖니." 그러면 아이는 그 이유에 대해 이렇게 반박할 수 있습니다. "하지만 아시잖아요, 저번 주에 아홉 시 반까지 안 잤는데도 다음 날 아침에 피곤하지 않았어요." 이와 대조적으로, 그냥 "그만 자라."고만 말하는 부모는 더 늦게 자는 것에 대해 아이에게 협상의 여지나 이유를 제공하지 않습니다.

그림책, 말하며 읽기

Book ▶

Hans Augusto Rey and Margret Rey가 지은 어린이를 위한 책의 제목이다. 아프리카에서 온 호기심이 많은 갈색의 원숭이가 주인공이다. 1939년 프랑스에서 출간된 '세실리지와 아홉 마리 원숭이들'이 원제이다.(출처: http://www.curious-george.com/)

아이의 지식을 향상시키기 위해 부모가 할 수 있는 활동을 생각해보라고 하면 아마도 많은 부모들이 소리 내어 읽기를 선택할 것입니다. 실제로, 걸음마를 배우는 영아에게 더 폭 넓은 어휘를 축적하고 더 복잡한 구문을 이해하도록 하는 데 소리 내어 읽기가 도움이 된다고 합니다. 소리 내어 읽기가 지식 향상에 어떻게 도움이 될까요?

배경지식을 쌓는 문제에 대해 이야기하고 있으니, 소리 내어 읽기에 논픽션을 포함시켜 생각해보는 것은 당연한 일입니다. 실제로 이것은 아주 좋은 생각입니다. 이는 아이에게 책에서 단지 대화나 이야기만 읽을 수 있는 게 아니라 훌륭한 논픽션들도 선택할 수 있다는 것을 알게 합니다. 제 입장에서는 언제나 아이가 좋아하는 것에 주목합니다. 만약 연못에 사는 생물에 대한 멋진 책이 있더라도 아이가 〈큐리어스 조지〉[B] 책을 간절히 찾는다면 저는 아이에게 〈큐리어스 조지〉를 읽어 줄 것입니다. 하지만 며칠 후에 다른 논픽션 책을 시도해 보긴 할 것입니다.

소리 내어 읽기가 아이들이 유치원에서 읽는 법을 배우는 데 도움을 주는 건 아닙니다. 물론 우리가 그걸 기대하지도 않습니다. 아이들은 유치원에서 해독(Decoding)을 배웁니다. 소리 내어 읽기의 이점은 아이의 지식과 어휘 면에서 드러납니다. 따라서 소리 내어 읽기의 혜택을 보는 것은 3학년이나 4학년쯤이나 되어서야 가능할 것입니다.

(1) 시작하기

읽기는 신생아 때부터 시작할 수 있습니다. 여기서 "신생아"란 병원에서 막 집에 온 아기를 뜻합니다. 그렇지만 책 읽기가 아기를 따뜻하게 꼭 끌어안을 멋진 계기가 될 수 있을지는 몰라도 아마도 책의 대부분을 아기는 눈으로 볼 수 없다는 것도 알아둬야 합니다. 태어났을 때 아기의 시력은 20/500으로, 즉 좋은 시력을 가진 성인이 약 500피트(약 152.4m) 떨어진 곳에서 보는 것을 아기는 20피트(약 6.1m)에서 볼 수 있다는 뜻입니다. 아기는 또한 3개월이 될 때까지는 일반적인 색감을 가지지 못하기 때문에 색상을 볼 수 없습니다. 그리고 이때부터 아기는 초점을 더 잘 맞추기 시작합니다. 더욱이 아기는 태어난 지 3개월이 되면 생후 3일째 보다 사회성이 훨씬 높아집니다. 따라서 제 생각에는 생후 3개월이 되었을 때가 아기에게 책을 읽어주기 가장 좋은 시기입니다.

제가 우리 젖먹이에게 책을 읽어줄 때 했던 유일한 일은 잠자리 독서를 취침 시간에 치르는 의식으로 확립하는 것이었습니다. 사실 저희 부부는 그 의식을 즐겼습니다. 그리고 이제 긴장을 풀고 자야 할 시간이라는 것을 아이가 납득하게 하는 데에도 도움이 되었습니다. 아이를 내 무릎에 앉히고, 아이가 볼 수 있게 책을 손에 들고, 아이가 별로 집중하지 않고 책을 씹어대기 시작해도 괜찮다고 마음속으로 되새기기만 하면 간단한 문제입니다. 아기에게 책 읽어 주기에 좀 더 야심 찬 목표를 세운다면 아기가 이를 통해 얼마 정도의 어휘를 접하게 될 것이라거나 아이에게 알파벳 원리, 즉 문자가 소리를 나타내며 아빠가 책을 따라서 말하고 있다는 식의 관념의 초석을 마련해 줄 것이고 생각할 수도 있겠습니다.

(2) 읽고 대화하기

소리 내어 읽기에 이어지는 "읽고 대화하기"는 아이가 배울 기
회를 극대화할 수 있습니다. "읽고 대화하기"는 아이들이 새로운
어휘와 좀 더 복잡한 문장을 습득할 가능성을 높여줍니다. "읽고
대화하기"의 단계는 그 첫머리 글자를 따서 PEER로 명명할 수 있
습니다.

　　a. 아이가 책에 대해 뭔가 말하도록 **촉진**하라. Prompt
　　b. 아이의 반응을 **평가**하라. Evaluate
　　c. 아이의 반응을 새로운 정보와 함께 **확장**해라. Expand
　　d. a,b,c를 계속 **반복**하라 Repeat

가령, 그림책을 읽고 있는데 농장의 마당 장면이 나온다고 가정
해봅시다. 트랙터를 가리키면서 묻습니다.

"이게 뭐지?" **(유도)**
아이가 답합니다.
"트럭이야."
그러면 이렇게 말합니다.
"맞아, 이건 일종의 트럭이야." **(평가)**
"이런 종류의 트럭은 트랙터라고 해." **(확장)**
"트랙터라고 말해볼래?" **(반복)**

아이가 답하도록 촉진하는 방법은 많습니다. 그리고 "읽고 대화하기" 과정은 아이가 알고 있는 것을 확인하기 위함이 아닙니다. 책에 나온 것을 아이의 경험과 연관 지어 물어볼 수도 있습니다.

아이에게 책에서 나온 그림에서 무슨 일이 벌어지고 있는지 말해보라고 해도 좋습니다. 책 마지막 부분에서 등장인물들 중 하나에게 무슨 일이 일어났는지 물어봐도 됩니다.

어떤 부모들은 "읽고 대화하기"가 약간 형식적이라고 느끼기도 합니다. 이해합니다. 조금 교사 흉내를 내는 것 같기도 하고, 소리 내어 읽기에서 느끼는 재미를 방해할 수도 있다는 느낌도 듭니다. 그러나 이 방법에 대해 아주 면밀한 연구가 이뤄졌고, 그 결과, 대화체 읽기가 확실히 큰 효과가 있는 것이 밝혀졌다는 걸 아셔야 합니다. 대화체 읽기는 단순히 소리 내어 읽기만 할 때보다 아이의 언어 능력에 도움이 되는 것으로 드러났고 소리 내어 읽기만으로는 긍정적인 효과가 나타나지 않았습니다. 이 연구가 비교적 단기간에 이뤄진 것이긴 하지만 저는 이 연구를 신뢰합니다. 저는 소리 내어 읽기가 비록 약식으로 이루어졌다 해도, 여전히 장기적으로 가치가 있다고 생각합니다. 그러므로 대화체 읽기가 정말 비위에 안 맞는다면 소리 내어 읽기만이 3세 자녀에게 책을 읽어줄 수 있는 유일한 방법이라고 생각할 필요는 없습니다. 아니면 대화체 읽기를 이따금 하면서 효과를 타진해 보세요. 그러다 보면 아이는 부모가 생각하는 것보다 대화체 읽기를 좋아할지 모릅니다.

(3) 소리 내어 읽기

《소리 내어 읽기 전》 준비상황

시간 정하기

정해진 시간에 독서를 하게 하면 실제로 거르지 않고 독서하는 데 도움이 될 것입니다. 취침 전이 자연스럽지만 본인 가족에게는 적절치 않다면 다른 시간을 찾아보세요. 엄마가 저녁을 만드는 동안 아빠가 아이를 위해 소리 내어 읽기를 한다거나 부모가 역할을 바꿔서 한다거나 하는 방식일 수 있습니다.

좋은 책 선정하기

소리 내어 읽기를 할 책을 찾는 데 도움이 될 만한 훌륭한 자료들이 있습니다. 이 중 일부는 책 뒷부분 "참고 도서 목록"란에 정리해 놓았습니다. 그러나 최고의 자원은 어린이 도서관 사서입니다. 사서들은 아동 문학에 대한 광범위한 지식을 갖추고 있을 뿐 아니라, 아이의 관심사와 아이가 과거에 좋아했던 책 종류에 근거해서 책을 고르는 데 도움을 줍니다.

부모의 선호 또한 존중하기

부모 자신의 선호를 무시하지 마세요. 제 딸들은 아멜리아 베델리아 (Amelia Bedelia) [B] 시리즈를 좋아했지만 저는 도저히 견딜 수가 없었습니다. 저는 다른 책들을 읽어줄 때 책 읽어주는 아빠로서 더 훌륭했습니다. 그래서 다른 책들을 골랐습니다.

Book ▸

영어에 익숙하지 않은 주인공 아멜리아 베델리아가 미국의 한 가정에 가정부로 들어가면서 벌어지는 에피소드들을 담은 책이다. 1968년 페기 페리쉬에 의해서 출간된 이후 작가가 1988년에 사망 이후 조카 허먼 패리쉬에 의해서 시리즈가 나오고 있다.(출처:http://www.ameliabedeliabooks.com/)

다양한 책 준비하기

도서관에서 집으로 되도록 '많은' 책을 빌려오세요. 아이가 좋아하지 않는 책은 중간에 그만 읽고 다른 책으로 넘어갈 수 있도록 해야 합니다.

《소리 내어 읽을 때》 준비상황

아이와 마주 앉아서 보기

아이를 꼭 끌어안고 책을 보고 싶으면 아이가 그림을 볼 수 있는 위치에 책을 놓아야 합니다. 아니면 아이를 '마주 보게 해서' 부모가 읽는 책의 그림을 아이가 볼 수 없도록 하는 방법도 고려해 봅니다. 이럴 때는 그 페이지에 나오는 글을 읽은 다음 책을 돌려 아이가 그림을 볼 수 있게 합니다. 이런 식으로 하면 아이는 한 번에 한 가지에 집중할 수 있습니다. 즉 먼저 이야기에 집중하고 그 다음에 그림입니다.

제목과 저자 확인하기

아이가 또는 부모가 어떤 책을 선택했는지 제목과 저자 및 그림 작가의 이름을 지적하세요.

천천히 읽기

여러분이 생각하는 것보다 약간 더 천천히 읽습니다. 단순한 이야기조차도 아마 아이에게는 인지적으로 난도가 높을 거라는 걸 명심합니다. 마찬가지 이유로, 아이가 똑같은 이야기를 되풀이해서 듣고 싶어 하더라도 망설여선 안 됩니다. 아마도 아이로서는 처음, 또는 심지어 세 번째 들었을 때라도, 모든 내용을 자세하게 이해하지 못하는 게 당연합니다. 이런 반복이 괴로워 미치겠으면 아이가 좋아하는 책을 새로운 책과 번갈아 읽자고 제안을 해보세요.

바른 자세 강요하지 않기

완벽한 행동방식을 요구해선 안 됩니다. 유아들은 꼼지락거립니다. 그러나 아이가 듣고 있지 않은 게 너무 표가 난다면 읽기를 멈추세요. "가만 좀 있어!"라거나 "네가 집중하지 않으면 내가 읽을 수가 없잖니."라고 말하지 마세요. 그냥 기다리세요. 읽기를 멈춰도 아이가 개의치 않으면 다른 책을 읽는 게 나을지 물어봅니다. "다른 책을 읽어 볼까?"

꼼지락거림을 이야기 속 동작으로 바꿔주기

아이가 습관적으로 꼼지락댄다면 이야기에 묘사된 행동을 실제로 연기해보는 방법을 고려해 봅니다. 이렇게 하면 움직이고자 하는 욕구를 발산하게 해주는 한편 아이 마음을 이야기에 잡아둘 수 있습니다.

읽기 중 아이의 반응 존중하기

아이가 책을 들거나 페이지를 넘기고 싶어 하면 그렇게 하게 하세요.

그러면 부모가 책을 읽기 힘들어질 수도 있습니다. 아이는 아마도 이 야기보다 페이지를 넘기는 데 더 집중할 것입니다. 그러나 이런 상태 는 일시적일 뿐, 오래 가진 않을 것입니다.

아이에 맞게 내용 조정하기

책을 막상 읽기 시작하고 보니 서술 부분이 너무 길다거나 익숙지 않은 단어가 너무 많다거나 해서 너무 어렵다는 느낌이 들면 읽으면서 수정 을 해 나가세요. 잠깐 읽기를 멈추고 아이를 위해 무언가를 요약해 줘도 좋습니다. 아니면 방금 일어난 일을 아이가 이해했는지 물어 봅니다.

연기자 되어주기

호들갑스러운 목소리를 냅니다. 과장된 연기를 하세요. 부끄러워하지 마세요. 아이는 이상하게 보지 않습니다.

전자책으로 읽으면 소리 내어 읽기가 어떤 식으로든 달라질까 요? 오디오 책을 듣는 아이들과 종이책이나 전자책을 부모와 읽는 아이들의 읽기는 어떻게 다를까요? 이야기에 대한 이해력, 말소리 듣기 능력의 향상, 문자에 대한 더 나은 지식이 차이를 설명해 줄 수 있습니다.

예를 들어, 아이가 화면의 동물 그림을 건드리면 동물 이름이 화 면에 나타나는 걸 상상해보세요. 문자－소리 조합이 "개"(dog)처 럼 단순하다면 문자에 대한 인지력을 높여줄지 모르지만 "재규어" (jaguar)처럼 단순하지가 않다면 그렇지 않습니다. 만약에 아이가 동물 그림에 주목해서 서사 전개 이해에 도움이 되었다면 문자－소리 조합의 쌍방향성은 전체 이야기 이해에 기여할 수도 있습니다. 그렇지 않다면 오히려 정신을 산만하게 만들어 이해에 집중하지 못하게 할 수도 있습니다.

...

소리 내어 읽기에 관한 저의 조언들을 아이가 읽기에 흥미를 보인다는 가정하에 작동한다는 한계가 있습니다. 만약 아이가 흥미를 보이지 않는다면 어떻게 될까요? 이제 우리의 관심을 동기부여라는 문제로 돌릴 때가 왔습니다.

◆ Chapter 5. 돌아보기 ◆

읽기는 일상이다

'디지털 시대, 책 읽는 아이로 키우기'는 동기부여에서 시작해서 동기부여로 끝난다고 해도 과언이 아닙니다. 만약 아이가 이해(comprehension)에 필요한 해독 기술이나 배경지식이 부족하다면 독서를 통해서 이를 얻을 수 있습니다. 물론 동기부여가 되면 스스로 독서를 하게 됩니다.

동기부여는 독서에 대한 긍정적인 태도와 스스로를 독자로 보는 자아개념에 의해 촉발된다고 했습니다. 하지만 문제는 긍정적인 태도와 확고한 독자로서의 자아개념을 기르기 위해서는 아이 스스로가 독서하고 또한 읽기를 즐길 수 있어야 합니다. 그래서, 이번 장에서는 이를 위한 두 가지 전략을 알아보겠습니다. 아이가 읽지 않고서도 독서에 대한 태도와 독자로서의 자아개념을 향상시킬 수 있는 방법과 아이가 독서를 여러 가지 활동 중 하나로 생각하고 선택하게 하는 방법입니다.

사진 6-1. 모범이 되라. 이솝 우화에서는 어미 게가 새끼에게 옆으로 걷지 말고 앞으로 걸으라고 꾸짖습니다. 그러자 새끼 게는 이렇게 응수합니다. "어떻게 하는 건지 보여주시면 따라 할게요." 이런 개념은 250년도 더 지난 지금도 여전히 유효합니다. 부모가 텔레비전을 보거나 인스타그램을 확인하면서 아이에게 책을 읽으라고 해서는 안 되는 것입니다. 〈출처: C Wenceslaus Hollar, via Wikimedia Commons〉

독서하는 태도와 자아개념 형성하기

과일 케이크를 좋아하거나 싫어하는 것 같은 정서적 태도가 경험의 산물인 것은 분명해 보입니다. 어떤 것을 맛보고 반응하면 그지점에서 태도가 발생합니다. 자아개념 역시 경험이 주도합니다. 반복해서 그것을 먹기로 선택하면 "자부심이 강한 과일 케이크 선호자"가 우리 자아개념의 일부가 될지 모릅니다. 자녀가 읽기와 새로운 것을 배우는 것에 대해 가지는 태도 역시 이와 마찬가지로 책과 학습에 대한 직접적 경험으로 형성됩니다. 그러나 태도와 자아개념에 간접적으로 영향을 미치는 것들도 있습니다.

(1) 독서하는 태도를 형성하는 환경들

직접적인 경험만이 정서적 태도의 원천일 수는 없습니다. 만약 제 말이 틀렸다면 코카콜라는 좋아하지만 펩시는 싫다고 하는 사람들의 태도를 어떻게 설명할 수 있을까요? 실제로 코카콜라를 마신 후에 '아, 맛있어!'라고 생각하는 사람이 실수로 펩시를 마시면 "맙소사, 이건 정말 끔찍한데!?" 라고 반드시 생각할까요? 이에 대한 증명이 필요하다면 코카콜라를 펩시 병에 넣고, 또 그 반대로도 했던 실험을 통한 연구가 있습니다. 연구 결과, 사람들은 실제 내용물이 아니라 병 라벨에 근거해서 자기가 "좋아하는" 음료를 고르는 것으로 드러났습니다. 이런 태도에 반영된 정서는 상품에 대한 경험에서 나온 것이 아니라, 그 상품과 결부된 다른 대상들에 대한 정서적 반응에서 생긴 것입니다. 코카콜라 광고에서 강조하는 게 무엇인지 생각해보세요. 물론 코카콜라는 맛있다는 것입니다. 그리고 그보다도 코카콜라 광고는 소비자들이 이미 좋아하는 것을 코카콜라와 연결하려고 더 노력합니다. 풋풋한 사랑, 귀여운 북극곰, 산타클로스, 그리고 당연히 매력적인 사람들을 등장시켜서 말이죠.

이런 광고들 이면에 깔린 심리적 기제를 꼼꼼히 따져보면 좀 소름 끼치기도 합니다. 그것은 유명한 파블로프의 침 흘리는 개 실험에서 나타나는 심리적 기제와 같습니다. 개는 먹을 때 침을 흘립니다. 개에게 먹이를 주기 직전에 종을 울리는 과정을 수십 번 반복하면 개는 종소리가 들리면 으레 침을 흘리게 됩니다. 광고 제작자는 침 흘리기에는 관심이 없지만 긍정적인 감정에는 관심이 있습니다. 멋지고 유쾌한 근육질 남성이 수건을 두르고 나오면 그걸 보는 많은 사람들에게 긍정적인 감정이 발생합니다. 그런 남성을 올드 스파이스와 짝 지어 충분히 반복적으로 보여주면 올드 스파이스는 긍정적인 감정과 결부됩니다. 노골적으로 사람을 조종하는 것처럼 보이기 때문에 저런 방법이 통할 리 없을 거라고들 생각하지만 실제로는 통합니다.

독서에 대한 태도는 부분적으로는 심리적 기제와 같은 연상 작용이 만들어냅니다. 서점에 가서 제가 어릴 때 좋아했던 책을 보면 가슴 속에 따스한 그리움이 밀려듭니다. 〈곰돌이 푸우[B1]〉(Winnie-the-Pooh)나 〈호튼[B2]〉(Horton Hears a who)을 보면 잠자리에서 책을 읽어 주시던 어머니가 떠오릅니다. 〈피글위글 아줌마의 말썽쟁이 길들이기[B3]〉(Mrs. Piggle Wiggle)이나 비벌리 클리어리[B4](Beverly Cleary)의 작품을 보면 도서관에서

Book 1 ▸
A.A.밀른(Alan Alexander Milne)이 1926년에 발표한 동화 《아기곰 푸 Winnie-the-Pooh》

Book 2 ▸
닥터 수스(Theodor Seuss Geisel)가 1954년에 만든 책이다 디즈니가 2008년 극장판 애니메이션으로 만들었다.

Book 3 ▸
베티 맥도날드(Betty MacDonald) 작가가 농장에서 일한 경험과 당시 마을 아이들을 지켜보면서 얻은 인상을 통해 유쾌하고 재치 있는, 상상력이 돋보이는 작품 22개의 언어로 출간되어 세계적인 베스트셀러이다. 1908년에 태어난 작가 베티 데이비스는 농장에서 일한 경험과 당시 마을 아이들을 지켜보면서 얻은 인상을 통해 유쾌하고 재치 있는, 상상력이 돋보이는 작품을 탄생시켰다.

Book 4 ▸
베벌리 클레어리Beverly Cleary 뉴베리작품상 3회수상작 대표작으로는 Ramona 시리즈가 있다

처음으로 대출 카드를 만들어 혼자서 도서관에 출입할 수 있게 되었을 때 느낀 뿌듯한 기분이 생생하게 떠오릅니다. 이럴 때 느껴지는 이 훈훈한 행복함은 파블로프의 개와 같은 반응입니다. 그리고 실제로도 어린 시절 책에 대한 긍정적인 경험이 그 후의 독서와 연관이 있다는 연구 결과가 있습니다.

잠자리에 편안히 누워 있는 것과 독서를 연결 짓는다는 아이디어는 실제로 효과가 있어 보입니다. 아늑한 독서용 자리를 마련하세요. 온 가족이 각자 읽을 책을 가지고 함께 15분 동안 독서를 하는 시간을 따로 만들어 보면 어떨까요? 어쩌면 독서 시간에 계절마다 바뀌는 특별한 음료를 즐겨도 좋을 것 같습니다.

독서와 학습하기를 다져주는 긍정적 태도에 가장 좋은 방법들 중 하나는 가족 내 문화입니다. 가족들 모두가 반드시 하기로 되어 있는 가족 내 문화는 가족이 생활화해서 반복할 만큼 가치 있게 여기는 것이 무엇인지를 보여줍니다. 우리 부모님은 사전을 부엌에 두고, 거기서 몇 걸음 떨어진 곳에는 백과사전을 두셨습니다. 식탁에서 오가는 대화 도중에 사전이나 백과사전 둘 중 하나를 찾아보지 않는 날이 드물었습니다. 제가 십 대였을 때, 꽉 막힌 모범생 같은 부모님께 때로는 이런 말로 짜증을 내곤 했습니다. "동봉하다"(enclose)나 "감싸다"(envelop)나 같은 것 아닌가요? 링컨이 상원의원으로 봉직했든 말든 무슨 상관이란 말인가요? 하지만 결국 저는 단어가 중요하고 지식이 중요하다는 메시지를 얻었습니다. 지금은 저 역시 저희집 부엌에 사전을 갖다 놓았습니다.

| 독서태도를 형성하는 가족문화 |

1. 매년 계절의 첫날, 비가 오든 화창하든, 부득이한 경우라면 아주 짧게라도, 산책하러 나가는 가족
   〈 자연의 변화에 주목하고 이야기하고 음미합니다.〉
2. 매주 일요일 아침 신문을 같이 읽는 가족.
   〈 재미있었던 기사들 중 몇 소절을 소리 내서 읽습니다.〉
3. 가족 '모두'의 생일에, 적어도 책 한 권씩 선물하는 가족.
   〈양장본은 비싸지만 활기 넘치는 중고 아동 도서 시장도 있습니다.〉
4. 매년 새해 첫날 아침에 자녀들에게 올해 가족 여름휴가를 보낼 추천 장소 목록을 제출하게 하는 가족.
   〈목록에 들어가는 모든 도시에는 박물관이 반드시 있어야 한다는 단서가 붙습니다. 〉
5. 도서관으로 주 1회 나들이를 가는 가족.
   〈아이들은 마음껏 책을 읽어도 되며 몇 권이 되든 원하는 만큼 빌려서 집에 가져올 수 있습니다.〉
6. 할아버지 할머니가 손자 손녀의 생일에 책을 녹음해서 오디오 북을 선물해 주는 가족.

(2) "독서하는 나" 자아개념을 형성하는 요소들

3장에서 저는 자아개념은 스스로가 하는 행동에서 나온다고 했

습니다. 인간은 스스로를 관찰해서 다른 사람들과 자신이 어떻게 다른지 유심히 살펴보는 듯합니다. '이런, 내가 아는 대부분의 사람들과 비교하니, 난 독서를 더 많이 해야 할 것 같아.'라는 말로 독서에 대해서 이야기할 수도 있습니다. 하지만 독서를 많이 하는 것만이 독서하는 사람으로서의 자아개념을 구축하는 유일한 방법은 아닙니다. 특히 어린 아이들의 경우가 그렇습니다. 부모는 아이들에게 가족으로서 무엇을 가치 있게 여기는지, 인생에서 무엇이 중요한가를 얘기합니다.

제 생각에 "우리 가족은 '이런 것' 같다." 식의 메시지들은 엄청나게 중요합니다. 아이들은 일찌감치 이런 메시지들을 인지하고 이해합니다. 3세 아이들은 아이와 어른이 어떻게 다른지 알고 싶어합니다. 5세 아이들은 가족들마다 습관과 관례가 다르다는 것을 알고 있습니다. 아이들은 "디저트를 먹기 전에 저녁을 다 먹어야 한다."는 게 어른들이 정한 규칙이 아니라는 걸 깨닫게 됩니다. 즉 그건 자신의 가족 내에서만 통용되는 규칙이며 옆집 로버트네 가족은 그런 규칙을 따르지 않아도 되는 축복을 받았다고 생각하게 됩니다. 규칙의 차이가 비교를 불러옵니다. 즉 우리 집과 다른 집들과의 비교는 아이의 자아개념의 또 다른 원천이 됩니다.

때로는 이런 메시지가 상당히 직설적으로 보입니다. 제가 아마 열 살쯤이었을 때, 친구 집에서 거실의 장식용 접시를 꼼꼼히 살펴보던 일이 기억납니다. 저는 친구에게 접시가 비어 있으니 접시는 반드시 사탕으로 채워 놓아야 한다고 지적했습니다. 그것이 정말 좋은 생각이라 여긴 친구는 자기 어머니에게 말했습니다. 친구 어머니는 그 말을 야멸차게 비웃으며 "우리는 접시에 사탕을 담아 놓는 그런 사람들이 아니란다."라고 했습니다. 이 말에 깔린 메시지는 분명 사탕 자체를 훨씬 넘어서는 것이었습니다. 즉 "우리는 원래 뼈대가 있는 집안이다. 그러니 사탕을 접시에 담아두는 행동은 하지 않는다."라고 말하고 있는 것입니다. 제가 도무지 이해되지 않는 한 가지는 왜 사탕을 눈에 보이게 내놓는 게 상스러운 짓이냐는 것이었습니다. 지금 생각해보니 좋은 집안에서 자란 사람은 그런 질문을 해선 안 된다는 뜻이었던 것 같습니다.

그렇다면 어떻게 아이에게 독서와 새로운 것을 배우는 게 가족적 가치라는 것을 보여줄 수 있을까요? 명백한 점은 부모가 책 읽는 모습을 아이가 봐야만 한다는 것입니다. 자신은 싫어하는 음식을 아이에게 준다고 하면 먹을 리가 없습니다.

다른 방법들로도 독서의 중요성을 암시할 수 있습니다. 책을 집 안에 눈에 잘 띄게 진열해 놓는 것도 좋은 방법입니다. 필요하다면 아이에게 자신만의 책장에 다량의 책을 갖춰줄 수도 있습니다. 그리고 아이가 충분히 나이가 들면 책을 존중해서 다루라고 강하게 요구할 수도 있습니다. 아이에게 좀 더 흥미를 끄는 일이 생겼을 때 가지고 놀던 인형을 바닥에 아무렇게 던져 놓은 것은 참아 주지만 책은 반드시 정리해 놓아야 한다고 요구하세요.

아이에게 부모가 독서를 정말 좋아한다는 것을 보여주는 것 외에 모범이 되는 방법은 부모 자신이 세상에 대해 배우는 것에 흥미를 느끼고 언제나 호기심에 가득 차서 새로운 것을 배우고자 한다는 걸 아이에게 보여주는 것입니다. 저는 아이의 질문에 정성스럽게 대답해 주는 것뿐만 아니라, 부모 스스로 아이에게 질문을 던지는 것도 중요하다는 것을 지적하면서 이 문제를 짧게 다룬 바 있습니다.

그리고 물론, 호기심을 북돋우는 데 효과적인 견학(동물원, 어린이박물관)도 좋은 방법입니다. 어떤 방식으로든 동물원이나 어린이박물관을 꼭 활용하세요. 그리고 동물원, 어린이 박물관에 가서 그냥 동물을 구경하거나 단추를 눌러 번개 표시가 전극들 사이로 튀어 오르는 것만 보지 말고, 정보를 제공하는 표지도 읽게 해서 호기심의 표본을 보여 주세요. 이런 견학도 아주 좋은 방법이긴 하지만 제 생각에는 일상적인 활동들에서 호기심의 모범을 보여주는 게 사실 더 중요합니다. 그랬을 때 아이는 호기심을 가지는 것을 특별한 일로 생각하지 않을 것입니다.

| 호기심을 유발하는 질문들 |

1. 어떤 새로운 과일이 나왔을까?
2. 야구장 갔구나? 어떤 상황이 가장 흥미로웠니?
3. 처음 보는 벌레들도 있을까? 나에게도 보여주고 설명해 줄 수 있는

방법이 있을까?

4. 여행은 어디로 가고 싶니? 그곳에는 어떤 이야깃거리가 있을까?

아이 스스로 독서를 선택하게 하기

지금까지 우리는 아이에게 독서를 하도록 시키는 것이 아닌, 긍정적인 독서 태도와 긍정적인 독자로서의 자아개념을 길러주는 방법들을 알아보았습니다. 하지만 책을 읽기 위한 동기부여는 얼핏 어려운 문제처럼 보입니다. 왜냐하면 긍정적인 독서 경험이 긍정적

사진 6-2. 눈높이는 사람들의 선택을 쉽게 한다. 아시는지 모르겠지만 제조사들은 좀 더 좋은 선반에 자사 상품을 진열하기 위해 식료품점에 돈을 내는데, 사람들 눈높이에 위치한 것보다 더 좋은 선반은 없습니다. 이것이 바로 선택에 영향을 미치는 접근 용이성의 한 가지 예입니다. 믿기 어려울 테지만 시선을 위로 올리거나 내리게 하는 것도 상품을 찾기 위해 치르는 대가에 해당합니다. 아이가 독서 할 가능성을 극대화하려면 아이가 책을 아주 쉽게 손에 넣을 수 있어서 책들이 거의 아이 발에 챌 정도로 만들어야 합니다.

인 태도와 자아개념을 불러온다고 했는데 이미 아이가 긍정적인 독서 태도를 가지고 있지 않다면 애초에 독서를 하지 않을 것이기 때문이죠. 그래서 지금부터는 태도만이 우리가 해야 할 것과 삼가야 할 것을 알려주는 유일한 지침이 아니라는 것을 생각해보겠습니다. 분명 다른 요인들도 있다는 것입니다. 부모는 이런 요인들을 활용해 아이가 독서를 하도록 만들 수 있습니다.

(1) 선택은 어떻게 이뤄지는가?

독서를 영 내켜 하지 않는 아이가 책을 읽도록 만들기 위해서 대부분은 아이에게 딱 맞는 좋은 책을 찾는 데 초점을 맞추게 마련입니다. 사람들은 그런 맞춤형 책의 매력이 아이의 무관심한 태도를 압도할 것이고, 그렇게 되면 아이가 책을 재밌게 읽으면서 독서에 대한 태도 또한 좋게 바뀔 거라고 기대합니다. 그러나 어떤 선택일지라도 "이 책을 꼭 읽어야 할까?"와 같은 질문에는 책 자체가 지닌 매력만이 아닌 여러 가지 요인의 영향을 받습니다. 어떤 요인들이 있는지 여러분들이 감을 잡을 수 있도록 다음 질문들을 드리겠습니다. 살펴보고 읽으면서 각 질문에 마음속으로 답해보세요.

질문 1. 1.5 온스 (약 42.52그램)짜리 초콜릿 바와 3백만 달러 중 하나를 선택할 수 있습니다. 둘 중 어느 것을 선택하겠습니까?

질문 2. 확실하게 받을 수 있는 1.5 온스 (약 42.52그램)짜리 초콜릿 바와 당첨되면 3백만 달러를 받을 수 있는 즉석 복권 중 하나를 선택할 수 있습니다. 복권에 당첨될 확률은 5백만 분의 1입니다.

질문 3. 확실하게 받을 수 있는 1.5 온스 (약 42.52그램)짜리 초콜릿 바와 당첨되면 3백만 달러를 받을 수 있는 즉석 복권 중 하나를 선택할 수 있습니다. 복권에 당첨될 확률은 5백만 분의 1입니다. 즉석 복권을 선택하면 즉시 당첨금을 받을 수 있지만 초콜릿 바를 선택하면 한 달을 기다렸다가 이웃 도시까지 가서 받아야 합니다.

질문 4. 1.5 온스 (약 42.52그램)짜리 초콜릿 바를 주겠습니다. 받겠습니까?

4가지 예제를 적으면서 새로운 요소를 선택 조건에 더할 때마다 여러분의 선택이 초콜릿 바와 복권 사이를 왔다 갔다 할 거라고 생각했습니다.

이 질문의 취지는 선택에 개입되는 네 가지 요인을 예제로 만들어서 확실히 보여주려는 것이었습니다. 결혼식을 위한 출장 요리 업체를 선정하는 것이든, 개를 산책시킬지 TV를 볼지 결정하는 일이든, 책을 읽을지 비디오 게임을 할지 선택하는 일이든 간에 말입니다.

첫 번째 질문 — 초콜릿 바냐, 3백만 달러냐 – 는 얻을 수 있는 결과를 강조하고 있습니다. '둘 중 하나를 선택한다면 내가 얻을 것은 무엇이지?' 하고 생각합니다. 그리고 당연히 내가 원하는 결과를 제공하는 것을 선택합니다. 그와 마찬가지로 우리가 아이를 위한 책을 선택할 때도 아이가 그 책을 좋아하길 바라는 마음으로 선택합니다.

Movie ▶ ─────
2010년 미국 유니버셜 픽쳐스가 제
작한 애니메이션 영화로 주인공 '그
루'가 고아원의 세소녀들과 함께 각
나라를 대표하는 명소들을 훔치는
내용.

그러나 선택을 할 때 사람들은 결과에 대
해서만 생각하는 게 아닙니다. 실제로 자기들
이 예상하는 결과를 얻지 못할 수도 있다는 사
실을 인지하고 있습니다.

두 번째 질문 ─ 3백만 달러를 3백만 달러의 가치인 복권(당첨될 확률
이 미미한)으로 바꾼 질문은 원하는 결과이지만 실제 얻게 될 확률은
극히 적은 원리를 극단적으로 보여주는 사례가 됩니다. 그래서 그리
대단한 것은 아니지만 확실히 가질 수 있는 초콜릿 바가 더 큰 매력
을 갖게 됩니다. 아이가 독서를 선택할 때 그런 확률을 어떻게 고려
할지 생각해 보세요. 영화 〈슈퍼배드^M〉(원제 : Despicable me)를 아주
좋아하는 초등학생을 상상해 봅시다. 이 학생이 아버지와 함께 서점
에 갔는데 아버지가 이 영화에 기초를 둔 초보 독자용 소설을 가리
킵니다. 아이는 이 책이 기본적으로는 아주 재밌을 거라고 상당히
확신합니다. 그러나 이 책을 읽을 능력이 자기에게 있는지에 대한
확신은 없을지 모릅니다. 아이는 이 책을 우리가 두 번째 질문에서
복권을 보는 방식으로 바라보는 것입니다. 즉 원하는 결과지만 얻을
확률이 높지 않은 것에 해당합니다.

세 번째 질문 ─ 즉 한 달을 기다려 초콜릿 바를 받아야 한다고 한
경우도 선택에 개입하는 또 다른 요인을 강조합니다. 즉 때로는 결
과가 바람직해 보이고 그걸 얻을 수 있을 가능성 역시 확실하지만
이 선택을 하면 너무 큰 비용이 발생하는 경우입니다. 저는 기아 차

대신 캐딜락을 선택할 수도 있지만 비용 때문에 그렇게 하지 않습니다. 책 읽는 사람들이 상당히 확실하게 지불해야 하는 비용이 바로 독서할 때 필요한 주의력입니다. 주의력은 독자의 능력 대비 글의 난도와 상관관계가 있는 요소입니다. 대부분의 사람은 자신의 수준에 맞춰 그리 어렵지 않은 책을 읽길 원합니다. 읽는 사람이 치러야 하는 또 다른 대가는 도서 접근성을 극대화시키는 노력입니다.

다소 미묘한 대가가 바로 시간입니다. 아주 좋은 것일지라도 그것을 기다려야 한다면 그 가치는 줄어듭니다. 예를 들어, 정오쯤 당신이 저에게 저녁 식사 후 디저트를 원하는지 물어보면 저로선 "아니. 다이어트 중이라."고 말하기 쉽습니다. 그러나 저녁 식사를 막 마친 다음 제게 케이크를 권하면 거절하기가 훨씬 어려워집니다. '현재'의 케이크는 지금부터 몇 시간 전에 제가 고민하던 케이크보다 더 큰 보상이 되기 때문입니다. 이런 면을 독서에 대입해보면 우리는 책을 즉시 손쉽게 이용하고 싶어 한다는 뜻이 됩니다. 즉 아이가 독서를 하고 싶은 기분이 들면 책을 손에 넣기까지 단 몇 시간조차 기다리게 해선 안 됩니다.

초콜릿 바만 제시한 마지막 질문은, 독서가 개별적으로 선택되는 것이 아니란 것을 강조한 것입니다. 이런 제안은 받아들이든 말든 초콜릿 바의 경우엔 현실적으로 보입니다만 책을 읽는 것은 다른 경우입니다. 아이들은 책을 읽는 것과 아무 것도 하지 않는 것을 놓고 비교하지 않습니다. 하지만 아이들은 〈비밀의 숲 테라비시

아[B])(Bridge to Terabithia)를 읽는 것과 비디오 게임 〈포탈〉(Portal)을 하는 것을 비교하면서 무엇을 할지 고민할 수 있습니다. 따라서 아이가 독서를 하나의 매력적인 선택지로 간주한다는 것만으로는 충분하지 않습니다. 선택의 결정을 내려야 하는 그 순간 가장 매력적인 활동이 독서가 되어야만 합니다. 이는 굉장히 중요하게 고려할 점입니다. 평균적인 고등학생은 독서를 싫어하지 않지만 독서를 절대적으로 선택하지 않습니다. 언제나 더 흥미로운 다른 활동이 존재하기 때문입니다.

아이들이 책 읽는 것을 선택하느냐 안 하느냐는 다음의 네가지 요인이 중요한 고려사항입니다.

(1) 책이 즐거움을 줄 수 있는가?
(2) 책을 읽는다면 그 즐거움을 경험할 수 있는가?
(3) 책을 읽는데 얼마나 힘든 비용을 치러야 하는가?
(4) 책을 읽는 대신 무엇을 하고 싶은가?

이 책 전반에 걸쳐, 우리는 각 요인을 최대한 활용하는 방법에 초점을 맞출 것입니다. 아이가 즐길 수 있는 가능성이 높은 책을 찾아내고, 아이의 독서에 대한 자신감을 높여 주고, 책을 좀 더 쉽게 접하는 방법을 모색해야 합니다.

(2) 독서의 접근성 최대화하기

이번 장은 읽을 줄 모르지만 그림책을 보는 이른바 선행 독서를 하는 아이들에 대한 것입니다. 선행 독서를 하는 아이를 위해서 여러분은 적합한 책을 고르는 문제나 아이 스스로 읽기에 대한 자신감이 부족한 문제에 대해선 고민할 필요가 없습니다. 더욱 중요한 것은 아이를 위해 독서의 접근성을 최대화하는 것입니다.

사진 6-3. 책장을 눈에 잘 띄게 놓으세요.
이런 책장을 이용하면 아이들이 자기가 어떤 책을 읽을 수 있는지 쉽게 볼 수 있습니다.

가장 간단하게 시작하는 방법은 우선 아이가 지루해서 어쩌지 못하는 공간에 책을 비치해서 독서 외에는 할 것이 없도록 만듭니다.

욕실에 책들을 한 바구니 갖다 놓으세요. 또 다른 책 바구니는 부엌에 두세요. 바구니보다 더 좋은 것은 제목이 보이게 책을 꽂아 놓은 책장입니다. 표지가 보이게 놓으면 아이가 어떤 책들을 선호하는지 알 수 있습니다. 특히 3세에서 5세 사이의 연령대에서는 책 표지가 다른 부분보다 더 유혹적으로 작용합니다.

길게 줄을 서서 기다릴 때 볼 수 있도록 언제나 책을 한 권이나 두 권쯤 소지하세요. 책들을 담은 바구니를 차에 두세요. 아이가 어린이용 카 시트에서 손을 뻗으면 닿을 수 있는 곳에 두는 게 이상적입니다. 행사를 보러 가는 장소들 중 하나는 도서관이어야만 합니다. 가능하다면 매주 또는 2주에 한 번씩은 가도록 하세요. 이렇게 정기적으로 도서관을 방문하면 책장을 전혀 돈 들이지 않고 채울 수 있는 데다가 이런 장소는 추운 겨울날에 아늑한 곳이 되어주거나 무더운 여름날 시원하고 조용히 지낼 곳이 되어주니 좋습니다. 게다가 많은 책들이 있는 곳에 자주 가다 보면 자연스럽게 독서를 하게 될 가능성도 높아질 것입니다.

(3) 화면을 보는 시간을 엄격하게 통제하라.

책의 접근성은 중요합니다. 그러나 그걸로 충분하지는 않습니다. 대부분의 아이들은 책을 아무리 쉽게 볼 수 있는 상황이더라도 책보다는 화면을 선택합니다. 이때 "화면"은 동영상이나 게임이나 컴퓨터 애플리케이션을 총칭합니다. 저로선 알 수 없는 이유로 아이들은 화면에서 움직이는 이미지에 넋을 빼앗깁니다. 제가 만난 대부분의 부모들 중 "맞아요, 아이가 텔레비전을 몇 번 보긴 했는데 별로 흥미를 보이진 않더군요."라고 말하는 사람은 단 한 명도 본 적이 없습니다.

2세의 영아들도 독서에 들이는 시간의 두 배를 텔레비전과 비디오를 보는 데 씁니다. 〈하루에 53분(시청) 대 23분(독서)입니다.〉 나이가 많은 5-8세 아이들은 3-4세의 아이들보다 텔레비전을 더 오래 봅니다. 하루에 약 두 시간입니다. 5-8세 아이들이 책을 읽거나 읽어주는 것을 듣는데 보내는 시간은 3-4세의 아이들과 거의 같은 33분에 불과합니다. 5-8세 아이들은 다른 디지털 기기들도 사용하기 시작합니다. 90%가 적어도 한 번은 컴퓨터를 사용한 적이 있고, 22%는 매일 사용합니다. 콘솔 비디오 게임의 경우에는 수치가 이보다 약간 낮아질 뿐입니다. 이런 다른 기기들의 사용과 함께 많이 늘어나는 게 TV 시청 시간입니다. 평균적인 5-8세 아이들은 매일 다양한 미디어에 약 3시간 45분씩 노출됩니다. 아이들이 10대 후반이 됐을 때 평균 미디어 노출은 '하루 11시간'에 육박하게 됩니다.

Terms 1 ▸
방송역사상 가장 오래 방송된 어린이 프로그램이며 취학 이전의 아동들에게 자연스럽게 알파벳을 지도해 주는 교육 프로그램이다. 쿠키 몬스터, 엘모, 머핏 등의 인형들이 세서미 스트리트라는 가상의 마을에서 벌이는 에피소드로 전개된다.

Terms 2 ▸
1940년대 극장용 단편 애니메이션에서 출발하여 1975년 TV 방영을 시작한 이래 오늘날에 이르기까지 변함없는 사랑을 받아 온 애니메이션의 클래식

10대 자녀들이 그렇게 많은 시간을 디지털 기기와 함께 보내는 걸 마음에 들어 하는 부모는 거의 없을 거로 생각합니다. 또 부모들이 자녀가 걸음마를 배우는 아기일 때 그런 일이 닥칠 거라는 걸 알았을 리도 없습니다. 그러나 모든 부모들이 문제가 될 때까지 기다렸다가 방침을 바꾸려고 하는 것보다는 아직 어릴 때 미디어를 제한하는 게 더 쉽다는 것을 압니다. 물론 일부 동영상은 책보다 질적으로 우수하긴 합니다. 〈세서미 스트리트[T1]〉는 〈톰 앤 제리[T2]〉 같은 수준의 만화와는 차원이 다릅니다. 그러나 자녀가 독서하길 원한다면 화면 속 내용을 통제하는 것만으로는 충분치 않을 것입니다. 화면 앞에서 보내는 시간의 양을 통제해야 합니다.

그러나 많은 부모들이 자녀가 아주 어릴 때는 화면을 구세주로

여깁니다. 다음과 같은 상황이 얼마나 자주 벌어지는지 떠올려 보세요. 엄마와 아빠 둘 다 오랜 시간 일을 했습니다. 4세의 아이는 혼자서 긴 하루를 보냈습니다. 아이는 배가 고프고 짜증이 나서 징징거립니다. 비디오를 보여주면 아이가 만족해하기에 부모는 20분간 식탁에 앉아 저녁을 좀 챙겨 먹을 수 있습니다. 사람들은 보통 디지털 기술이 아이들에게 즉각적으로 만족감을 줄 수 있는 것으로 묘사합니다. 그리고 디지털 기술은 부모에게도 즉각적으로 만족감을 줍니다.

물론 어떤 부모라도 텔레비전을 베이비시터로 이용하는 것을 멋쩍어합니다. 그러면서도 대부분이 그렇게 합니다. 이런 상황을 두고 무슨 파국이라도 닥친 양 호들갑을 떨 필요도 없습니다. 고작 20분짜리 영상일 뿐입니다. 하지만 염려되는 것은 부모가 그런 상황에서 아이에게 디지털 콘텐츠 소비 시간을 제공하는 방식입니다. 화면을 보는 시간을 제어하기 위해서는 양면 정책이 필요합니다. 즉 제한을 두는 동시에 자립심을 북돋아 주는 것입니다. 다음은 화면을 보는 시간을 제한하는 방법입니다.

영상을 보는 시간을 엄격하게 통제하는 방법

1. 일일 시청 시간제한은 확고한 방침입니다.
   : (부모가 괜찮다면 아이에게 시청 시간을 정하게 하세요. 그러나 아이가 고른 시간이 부모에게도 적합한 게 아니라면 주저 말고 규제를 하세요.)

---

2. 아이가 비디오 시청이나 컴퓨터 게임을 할 수 있는 규칙적인 시간을 만드는 것에 대해 생각하세요.

: ("일주일에 세 시간씩"같이 정했다간 아이의 시청 시간을 계산하는 일이 마치 회계장부 정리처럼 골치 아파집니다. 그러다 결국에 가면 시청 가능한 시간이 얼마나 남았는지를 두고 아이와 너무 많은 입씨름을 벌이게 됩니다.)

3. 텔레비전이나 컴퓨터를 아이 방에 놓지 마세요.

4. 부모들끼리 만든 아이들 놀이 모임이 있다면 다른 부모들에게 자신이 시청 시간을 제한하려 노력하고 있다고 말해두세요.

: (또 아이들이 비디오를 보거나 컴퓨터 게임을 안 하면 좋겠다고도 덧붙이세요. 이상한 사람처럼 보이지 않을 것입니다. 내 경험상 대부분의 부모들이 친구를 초대해 놓고 그냥 앉아서 텔레비전만 보는 건 바보 같은 일이라는 데 동의하기 때문입니다. 하지만 아무 말도 해두지 않으면 아이들이 DVD를 보기로 할 때 마침 그 집 방침이 "뭐든 허용한다."는 쪽이라면 아이들에게 다른 것을 하도록 유도하지 않습니다.)

5. 절대 뜻을 굽히지 마세요.

: (화면을 보는 시간을 제한할 때 가장 힘든 부분이 아이들이 투덜대는 것입니다.)

6. 아이가 오후 낮잠을 자기엔 너무 나이가 들었다면 "조용한 시간"을 시행하세요.

: (아이를 자기 방에서 한 시간 동안 조용히 놀게 하라는 뜻입니다. 아이가 이때 할 수 있거나 할 수 없는 것에 대한 제약은 없지만 무조건 조용히 있어야만 합니다. 정신없이 바쁜 시끌벅적한 하루를 보내던 중에 이런 평화로운 한 시간은 부모에게는 하늘이 내린 선물과 같습니다. 그뿐 아니라 아이에게도 혼자서 즐겁게 노는 법을 배울 수 있는 좋은 연습이 되기도 합니다.)

아이 스스로 경험하게 하기

혼자 놀 줄 아는 능력을 다양하게 겸비하는 것은 하나의 기술입니다. 아이들은 그 기술을 배워야 하며, 부모는 아이들이 이를 배우도록 적극적으로 도와줄 수 있습니다. 이것이 바로 화면 앞에 앉아 있는 시간을 제한하는 두 번째 전략입니다. 아이들은 화면이나 부모에 의해서가 아니라 혼자 스스로 즐길 수 있다는 것을 알 필요가 있습니다.

사진 6-4. 자립심 키우기. 때로는 부모가 하고 있는 일을 자녀가 돕게 하는 방법. * 부모가 글을 쓰고 있으면 아이에겐 색칠 공부를 시킵니다. * 부모가 정원 손질을 할 때는 아이에게는 식물에 물을 주게 합니다.

기어 다니는 아기와 걸음마를 배운 아기가 있는 집은 안전하고 세심하게 꾸며져 있어야 합니다. 그래야만 부모는 한시도 놓치지 않고 매의 눈으로 아기를 지켜봐야 한다고 느낄 필요가 없게 됩니다. 그러나 한편으로는 아기가 무엇을 흥미로워하는지 알기 위해서는 매처럼 날카롭게 눈여겨봐야 합니다. 아이의 자립심을 길러주려면 아이가 어떤 것에 마음을 빼앗기는지 알아야 합니다. 한번은 어떤 엄마가 12개월 된 아기에게 공작용 점토(Play-Doh)를 갖고 놀게 하는 것을 본 적이 있습니다. 그러나 아이는 점토는 거들떠보지도 않고 계속해서 점토가 들어 있던 통만 가지고 놀았습니다. 아이 엄마는 결국 아이가 뚜껑을 끼우는 데 재미를 느낀다는 것을 깨닫고는 타파웨어 여섯 통을 가져왔고, 아이는 약 30분 동안 즐겁게 뚜껑을 뺐다 끼웠다를 반복하며 놀았습니다.

아이에게 혼자 놀 줄 아는 힘을 길러 주고자 한다면 한 번에 한 가지 활동에만 초점을 맞추도록 하세요. 아이가 하고 싶은 것을 스스로 생각해 낸다면 더 바랄 게 없겠지만 그렇지 않다면 아이를 부모가 하고 있는 작업에 끌어들이세요. 걸음마 단계 유아는 부모가 바닥을 쓰는 동안 쓰레받기를 잡아줄 수 있습니다. 또는 재료를 섞는 동안 그릇을 잡아줄 수도 있습니다. 아이가 자신이 도움이 되고 있다는 생각이 들게 하는 데에는 이런 종류의 일이면 충분합니다. 3세 유아는 샐러드용 상추를 찢거나 책장에 책을 꽂을 수 있습니다. 4세 유아는 책상을 정리하거나 화분에 물을 줄 수 있습니다. 아이가 집안일을 돕고 싶어 하지 않는 날이 금방 오겠지만 이 나이 때 아이들은 아주 열심히 합니다. 물론 어른이 하는 게 더 빠르고 쉽습니다. 어른이라면 실수를 저질러 난장판을 만들어 놓지도 않습니다. 그러나 아이들을 가르치기 위해서는 시도해 볼 만한 가치가 있습니다.

그러기 위해서는 노력뿐 아니라 시간도 듭니다. 아이의 자립 능력을 단계별로 키워나간다고 생각하세요. 처음에는 아이 옆에 딱 붙어서 아이를 어른이 하는 활동에 동참시키는 식이라 생각하면 됩니다. 아이는 질문을 하거나 도움을 요청할 것입니다. 저의 기본 전략은 가능한 한 짧게 답하는 것입니다. 아이가 저와 함께 과제를 하길 바란다면 저는 이렇게 말합니다. "난 지금 다른 일을 하고 있어서 말이야. 내가 보기엔 네가 아주 잘 해내고 있는 것 같은데? 혼자 계속해보다가 몇 분 후에 서로 잘했는지 확인해주면 어떨까?"라고요. 더 명확하게 말하자면 제가 저의 아이들과 전혀 상호작용을 하지 않는다는 말이 아니라 아이의 독립심을 길러 주기 위해 의도적으로 노력한다는 이야기입니다.

자립심을 키워 주는 것은 하나의 과정이기 때문에 아이가 나이가 들어갈수록 아이의 혼자 놀 수 있는 능력에 대한 기대 역시 높게 가져야 합니다. 6세인 제 아이가 "지루해요."라고 말하면 저는 아이가 할 수 있는 서너 가지 일을 제안할 것입니다. 아이가 미끼를 물지 않으면 이렇게 말합니다. "근데 내가 제안해 줄 수 있는 건 그게 다구나." 보통은 아이 스스로 몰입할 뭔가를 찾아내지만 소파에 대자로 누워 "할 게 아아아아아무것도 없어요."라고 칭얼거리면 "네 방에서는 얼마든지 투덜거려도 좋지만 내 앞에서는 안 돼"라고 말해 줍니다.

자립심을 길러주기 위한 마지막 의견은 이것입니다. 대부분의 부모들은 저의 집의 화면 시청 시간 규제에 대해 예민한 반응을 보이지 않습니다. 그러나 가끔 제 친구들 중에 신경질적인 목소리로 "아이들을 평생 보호해줄 순 없어." "알겠지만 다른 애들 집에서 보겠지." 같은 말을 하는 걸 듣게 됩니다. 아이가 화면을 전혀 보지 않는 것이 제 목표가 아닙니다. 저의 목표는 독서를 위한 공간을 만드는 것입니다. 그래서 아이가 열 살이 됐을 때, 독서가 이미 아이의 삶에 단단히 뿌리 내려, 가십성 웹사이트나 최신 비디오 게임 같은 것에 대한 집착으로 인해 흔들리지 않도록 하는 것입니다.

…

유치원은 본격적인 독서 지도가 시작되는 지점입니다.

◆ **Chapter 6. 돌아보기** ◆

독서하는 태도와 자아개념 형성하기
아이 스스로 독서를 선택하게 하기
아이 스스로 경험하게 하기

Part III

독서의
첫 단계

유치원에서 초등저학년

"Books are a uniquely portable magic."

_ Stephen King, On Writing: A Memoir of the Craft

◆

책은 유일하게 휴대가능한 마법이다.

_스티븐 킹

| Chapter 7 |

정확성이 필요하다

읽기는 문자화된 글written text을 보고 그 의미를 이해하는 것이 핵심입니다. Gough와 Tunner(1986)는 읽기의 처리 과정에서 요구되는 여러 가지 복잡한 정신적 기술들은 ① 시각적으로 제시된 글자를 부호화하고, 그것을 말소리로 바꾸는 해독 기술decoding skills, ② 그 말소리에 해당하는 단어를 자신의 심성 어휘집mental lexicon에서 탐색하여 의미와 연결 짓는 어휘 접근 기술lexical access skill, ③ 문장이나 구로 제시된 글을 구문적으로, 의미론적으로, 화용론적으로 분석하여 의미를 재구성(이해)하는 독해 기술reading comprehension skill들이라고 말하고 이것을 다시 요약하여 읽기reading는 해독decoding과 언어 이해lanugage comprehension의 기술로 요약된다고 설명하고 있습니다.

독서하는 자녀에게 유치원부터 초등학교 2학년까지의 기간은 급격한 변화의 시기입니다. 이번 장에서는 학교에서 어떻게 해독하는 법을 배우게 되는지, 또 가정에서 뒷받침해줄 수 있는 지도법은 무엇인지 살펴보겠습니다.

하나. 학교에서의 읽기

읽기 교수법에는 두 가지 논쟁이 있습니다. 발음 중심 교수법과 전체 단어 읽기 교수법. 이 두 가지 전통적 읽기 교수법을 둘러싼 논쟁은 미국에서 시작되어 아직도 진행중입니다. 오늘날 대부분의 아이들은 이 두 가지 교수법을 절충한 방식으로 읽기를 배우고 있습니다.

(1) 전통적 읽기 교수법 – 발음 중심 교수법

발음 중심 교수법(phonics instruction)은 모든 언어의 발음과 표기법 사이의 관계를 말하며 이를 가르치는 일을 의미하기도 하는 언어교육학 용어입니다.

발음 중심 교수법은 모든 음소(더 이상 작게 나눌 수 없는 음운론상의 최소단위)를 문자(한글 또는 알파벳 등)와 연결 짓는 방법을 가르치는 목적을 가지고 있습니다.

: 발음 중심 교수법의 예시

교사가 단자음 d를 가르치고자 한다면 d를 포함한 문장이나 구를 먼저 제시하며 학습자들은 글자 d를 doll [dɑːl] dog [dɔːg] dance [dæns] 의 첫소리로 배우게 됩니다

자·모음 낱자 → 글자 → 단어 → 문장 → 문단 → 텍스트로 나아가
는 계열식 과정으로 볼 수 있습니다.

: 영어 예시

자음 낱자 : D   단어 : Dog Doll Dance

문장 : I like a Dog

모음 낱자 : O   단어 : Of One Other

문장 : I like One Number

: 한글 예시

자음 낱자 : ㄱ   단어 : 가지

문장 : 나는 가지를 좋아한다.

모음 낱자 : ㅇ   단어 : 이름

문장 : 너의 이름은 무엇이니?

읽기에서 필수적인 부분은 부호를 해독하는 과정(시각적 형태를 소
리로 전환)입니다. 읽은 것을 이해하기 위해서도 구어(口語)를 이해하
기 위해 활용했던 것과 똑같은 정신적 장치를 이용합니다. 그런 의
미에서 읽기는 혼잣말을 하는 과정이라 할 수 있습니다.

읽기 교수법은 마치 논란이 없는 이론처럼 들립니다. 아이들에
게 부호 체계를 가르치면 되는 것이니까요. 당신이 할 일은 문자 -
소리 관계를 소개하되 특정한 순서로, 가장 흔한 문자 - 소리 쌍을

먼저 가르치는 읽기 지도안을 짜는 것입니다. 이런 전략을 가리키는 포괄적 용어가 '발음 중심 교수법'(phonics instruction)입니다.

(2) 전통적 읽기 교수법 - 전체 단어 읽기 교수법

한글은 영어와는 달리 Terms(자소 : 한 언어의 문자 체계에서 음소를 표시하는 최소의 변별적 단위로서의 문자 혹은 문자 결합을 말한다.) 음소의 대응이 매우 규칙적이고, 자음과 모음이 결합하여 하나의 글자를 이루는 음절 중심의 독특한 글자 체계를 가지고 있어서 그 지도 방법도 달라야 할지 모릅니다. 다시 말하면, 한글은 자소음소의 대응이 매우 정확하므로 몇 개 안 되는 규칙을 알고 나면 글자 해독이 쉽게 가능하고, 일단 해독된 글자는 정확한 발음에 따라 어휘 접근이 쉽게 이루어지는, 즉 단어 재인이 쉽게 이루어지는 장점이 있다. 이러한 맥락에서 생각해 보면, 한글 지도 방법은 영어 지도 방법을 그대로 따를 것이 아니라 한글지도의 시기나 방법이 영어와는 달라야 할 것입니다.

: 전체 단어 읽기 교수법 예시

Face를 가르친다면 코는 Nose, 입은 Mouth, 눈은 Eyes로 가르친다. 주로 많이 사용하는 방법은 이미지와 문자를 결합한 단어카드를 많이 사용한다.

영어 예시		한글 예시	
giraffe	gorilla	기린	고릴라

그림 7-1. 단어를 통째로 분별하는 연습과 개별적인 단어가 아닌 문장 속 구성요소로서 의미를 지니는 단어로서 강조점을 두는 방식입니다.

(3) 전통적 읽기 교수법에서의 논쟁

단어 전체를 제시하는 '전체 단어 읽기 교수법' 전략은 중대한 약점이 있습니다. 읽는 법을 배우는 건 인간 기억력에 엄청난 업무량을 요구합니다. 왜냐하면 아이들은 각 단어가 어떻게 생겼는지 기억해야 하고 평균적인 고등학생이 알아야만 하는 단어 수가 약 5만 개에 이르기 때문입니다. 심지어 이 단어들 중 다수는 생김새가 비슷합니다. "dog"과 "bog" 같은 것이죠. 이와 다르게 발음 중심 교수법은 훨씬 더 적은 수의 문자-소리 쌍들을 기억하면 된다고 제안합니다.

이에 대해 전체 단어 읽기 교수법 옹호자들은 단어 5만 개 모두를 한 번에 배울 필요는 없으며, 활자화된 단어는 독자가 이용 가능한 몇 가지 단서들 중 하나일 뿐이라고 응수합니다. 보통은 문장 안에 있는 다른 단어의 뜻을 기초로 하여 모르는 단어의 의미를 예측할 수 있습니다. 그러므로 독자들은 활자에만 의존해서 읽지 말아야 합니다. 초보 독자들의 경우, 이야기와 관련된 읽기 자료, 예컨대 삽화 등의 도움을 받아 의미를 파악하는 데 이용할 수 있어야 합니다.

전체 단어 읽기 교수법 옹호자의 입장에서는 아이들에게 풍부하고 확실한 문학적 경험을 제공하고, 낱낱의 글자가 아닌 단어에서 출발하고, 동원 가능한 모든 정보를 이용해서 읽으라고 가르치면 아이들은 앞서 언급한 과정을 거쳐 문자 – 소리의 대응관계를 쉽게 이해하게 된다고 믿습니다.

고양이가 집으로 갔습니다.

새끼 고양이들도 갔습니다.

우리는 말했어요.

"이리 오렴, 고양이야, 이리 와!

이리 오렴, 새끼 고양이야, 이리 와!"

우리는 저녁으로 우유를 주었습니다.

– 릴리언 M. 앨런 (Lillian M. Allen)

사진 7–1. 의미를 나타내는 단서들과 읽기. 한 아이가 "milk"라는 단어를 알지 못한다고 가정합시다. 전체 단어 읽기 교수법 옹호자는 그 문장에 있는 다른 단어들과 그림을 이용해서 milk의 뜻을 알아낼 수 있다고 말합니다. 그러나 발음 중심 교수법 옹호자는 해당 단어가 "milk"가 아닌 "cream"이 될 수 있다고 반박할지 모릅니다. 그래서 그들은 의미를 파악하는 확실한 방법은 오직 단어를 해독하는 것뿐이라고 말합니다. 〈출처: Elson Readers, Primer (Scott, Foresman, 1920)〉

일부 아이들은 문자-소리의 대응관계를 이해하는 데 도움이 좀 더 필요할지 모릅니다. 필요하다면 더 자세하게 풀어서 지도해도 좋습니다. 결국 전체 단어 읽기 교수법 옹호자들이 "무슨 일이 있어도 발음 중심 교수법은 안 된다."고 말하고 있는 것은 아닙니다. 그들이 주장하는 것은 발음을 가르치는 일이 교사의 전체 수업 지도 계획보다 중심이 되어선 안 된다는 것입니다.

전체 단어 읽기 교수법 이론은 기본적인 가정 자체가 거의 확실히 잘못되었습니다. 읽기는 자연스러운 것이 아닙니다. 이 경우, "자연스럽다"는 말은 주어진 과제가 아무리 복잡하더라도 인간 신경계는 이 기술을 배울 수 있도록 사전 준비가 되어 있다는 뜻입니다. 어떤 기술이 유전적으로 이미 사전 준비가 된 "타고난" 것이라면 다음의 세 가지 현상과 관련되어야 합니다. 첫째, 누구나 쉽게 배운다. 누구나 큰 어려움 없이 그 기술을 배울 것이며, 그것도 일반적으로 명백한 지도가 필요 없는 관찰만으로도 배우게 됩니다. 결국 인간은 기술을 배우도록 사전 준비가 되어 있다는 것입니다. 둘째, 모든 문화에서 관찰된다. 배우는 기술이 인간에게 유전된 일부라고 본다면 우리는 이 기술을 전 세계 모든 문화에서 목격할 수 있으리라 예상합니다. 셋째, 진화적으로 오래되었다. 인간 신경계가 이 기술을

• 일부 이론가들을 발끈하게 만들 거라는 건 알지만 저는 "전체 단어"(whole word)와 "전체 언어"(whole language)라는 용어를 호환해서 쓰고 있습니다. 두 용어가 똑같진 않지만 두 용어 모두 최소한의 발음 지도는 필수적이라는 걸 암시합니다. 따라서 이 둘은 서로 다르지 않고 아주 비슷합니다.

배우도록 준비되어 있다는 제안은 이 기술이 진화적으로 오래된 것일 거라는 의미를 내포하고 있습니다. 진화적 적응이 불과 지난 몇천 년 사이에 불쑥 이뤄졌을 개연성은 별로 없습니다.

누구나 쉽게 배운다, 모든 문화에서 관찰된다, 진화적으로 오래되었다는 이 세 가지 현상은 인간 기술 예컨대, 걷기, 말하기, 상호작용을 추구하고 즐기기 같은 것에서 나타납니다. 그러나 이 세 가지 현상 중 어느 것도 독서와 관련해서는 나타나지 않습니다. 대부분의 사람들은 관찰만으로 읽기를 배우지 않으며, 문자 언어가 없는 세상에 사는 사람들도 있습니다. 마지막으로, 쓰기는 진화적으로 오래되지 않았습니다. 불과 5천 5백 년도 되지 않은 문화적 발명입니다.

발음 중심 교수법을 사용했을 때의 이점은 평균적으로 보면 적당한 수준이지만 전체 단어 읽기 교수법으로 배울 때보다 발음 중심 교수법으로 배울 때 모든 아이들이 일률적으로 더 나은 읽기 능력을 보여주는 건 아닙니다. 발음 중심 교수법의 중요성은 읽기 지도가 시작될 때 아이의 이해도에 따라 달라집니다. 학교에 입학했을 때 우수한 음운 인식 능력을 갖추고 있고, 문자가 소리를 나타낸다는 것을 이해하는 아이들에게 발음 중심 교수법의 역할은 크지 않습니다. 그런 아이들은 약간의 도움만으로도 부호 체계를 파악해낼 가능성이 높습니다. 그러나 이런 지식이 부족한 아이들의 경우에는 발음 지도가 아주 중요하게 작용할 가능성이 높습니다. 이 경우 발음 중심 교수법은 반드시 필요한 것이 됩니다.

전체 단어 읽기 교수법이 해독하는 법을 배우는데 결함이 있긴 해도, 교육자들은 아동 문학 읽기에 중점을 두는 것은 언제나 좋은 생각이라 여겼습니다. 아동 문학에 중점을 둔 읽기가 중요하다는 연구의 증거는 1980년대와 1990년대를 거쳐서 축적되었습니다. 그리고 1990년대 말에 이르러 합의된 결론이 나왔습니다. 바로 "균형 잡힌 문해 교수법"(balanced literacy)이 탄생했습니다. 여러분의 자녀가 경험할 가능성이 아주 큰 읽기 교수법이 바로 균형 잡힌 문해 교수법입니다.

(4) 전통적 읽기 교수법의 대안 – 균형 잡힌 문해 교수법

문자 해독을 위한 방법으로 발음 중심 교수법과 전체 단어 읽기 교수법의 활동요소를 통합한 지도프로그램입니다.

발음 중심 교수법이 필수적이라는 입장에서는 발음 중심 교수법 옹호자들이 옳았다고 주장합니다. 그러나 효과가 확실한 문해 활동에 아이를 참여시키는 것이 중요한 입장인 전체 단어 읽기 교수법 옹호자들도 옳았습니다. 그렇게 해서 균형 잡힌 문해 교수법이 두 접근법 간에 격화된 갈등을 해결할 방법으로 제시되었습니다. 균형 잡힌 문해 교수법 옹호자들은 또 다른 매력적인 설명도 제시합니다. 균형이란 것은 아이들마다 다를지 모른다고 제안합니다. 그래서 균형 잡힌 문해 교수법 이론은 아이의 개인차에 민감하게 반응하는 융통성 있는 이론처럼 보입니다. 그러나 균형 잡힌 문해 교수법은 발음을 가르치되, 어디까지나 특히 확실한 문해 경험을 제공하는

일련의 활동들 안에서 실시하는 것이 필요합니다. (반대의 의견 : 학습용

연습 문제지를 채우게 하는 방식)

균형 잡힌 문해 교수법에 대한 교사용 전략

1) 수준별 독서 교육 프로그램(guided reading)
: 교사는 읽기 능력 수준이 거의 같고, 부족한 부분이 비슷한 6명 이하의 소
규모 학생 집단을 데리고 진행합니다. 학생들은 되도록 짧은 글을 발췌한 자
료를 저마다 한 부씩 나눠 갖고, 각자 소리 내어 읽거나 또는 조용히 읽습니
다. 이때 교사가 이들의 독서를 관찰하고 지도하고 평가합니다. 교사는 학생
들이 글에 대해 비판적으로 사고하도록 장려합니다.

2) 함께 읽기(shared reading)
: 학생들이 도움 없이 읽기 어려운 글이라면 교사가 아이들과 함께 읽을 수
있는 속도로 소리 내서 읽습니다. 보통은 아이들이 교사보다 약간씩 늦게 따
라 읽기 마련입니다. 교사는 아이들에게 "이해가 되니?"(의미), "정확하게 들리
니?"(발음), "맞게 썼니?"(문법) 라고 질문으로 자기 생각을 명쾌하게 만들어서,
의미, 발음, 문법이라는 읽기의 세 가지 단서 제공 체계의 모범을 보입니다.

3) 자립적 읽기(independent reading)
: 학생들은 자기 독서 수준에 맞춰 스스로 책을 고르고, 책임지고 혼자 힘으
로 읽어내는 도전을 하도록 합니다.

4) 모범 작문(modeled writing)
: 학생들 앞에서 교사가 자기 생각을 소리 내어 말하는 동시에 작문을 해서
작문 행위를 실제로 보여주며 가르칩니다.

5) 협동 작문(shared writing)
: 반 전체가 참여하거나 소집단을 구성해서 할 수 있습니다. 교사와 학생이
작문 과정을 공유합니다. 교사는 녹음기 역할을 합니다. 반 학생들이 말하고
싶은 것을 받아 적는 방법으로 교사는 인쇄물의 개념들을 강화합니다.

6) 쌍방향 작문(interactive writing)

다. 이야기를 만드는 협동 작문과 비교할 때 쌍방향 작문은 문장을 만드는 방법을 가르치는 데 훨씬 중점을 둡니다.

· 출처 : 뉴욕 교육국(New York City Department of Education)이 간행한 교사용 요람에 실린 K-2 활동 목록

우리는 발음 지도와 아동 문학이 효과가 있다는 것을 압니다. 그러나 균형 잡힌 문해 교수법 연구에 대한 더 확실한 답은 두 가지 이유로 유보해야 할 것 같습니다.

균형 잡힌 문해 교수법에 대한 평가에 대한 유보

첫 번째 이유는 균형 잡힌 문해 교수법 프로그램들은 상대적으로 나온 지 얼마 안 됐다는 것입니다. 알다시피 성공적인 읽기에는 많은 요인들이 영향을 미칩니다. 따라서 개별적인 다른 실험들에서 확고한 결론을 도출해내기가 어렵습니다.

두 번째 이유는 균형 잡힌 문해 교수법 프로그램에서 실제 벌어지는 일은 아주 다양한 양상을 보입니다. 프로그램들이 서로 각기 다를 뿐 아니라, 하나의 프로그램 안에서의 아이들의 경험도 저마다 다양합니다.

게다가 최근 조사에 의하면 교사들은 균형 잡힌 문해 교육 이론 자체는 대체로 인정합니다. 하지만 실제 그들의 교실에서 일어나는 수업은 다양한 방식으로 진행되고 있다고 합니다. 많은 증거들이 여러분들의 직감이 사실이라고 확인해주고 있습니다. 아이들마다

Chapter 7 — **정확성이 필요하다** 131

수업에 대한 열의와 관심도가 다르기 때문에 어떤 아이들에게는 발음 교수법이, 어떤 아이들에게는 전체 단어 읽기 교수법이 더 효과적입니다.

(5) 현재의 읽기 교수법

국가 차원의 연구들을 보면 대부분의 초등학교 저학년 교사들이 일종의 균형 잡힌 문해 교수법을 이용하고 있다는 것을 알 수 있습니다. 발음 중심 교수법만 쓰거나 전체 단어 읽기 교수법만을 쓰는 교사들은 거의 없습니다. 그러나 이 두 가지 교수법이 실제 수업에서 어떻게 활용되고 있는가를 예측하기란 어렵습니다. 어떤 수업 활동들이 가장 좋은 방법인가와 관련된 연구 결과도 없습니다. 그렇다면 어떻게 결론지어야 할까요?

① 학교의 읽기 교수법에서 주요 지침

어떤 수업 활동들이 아이들에게 도움이 될 가능성이 더 큰지에 대해 전혀 알지 못하는 건 아닙니다. 인지 심리학에서 나온 네 가지 원칙을 알려드리겠습니다. 수업 활동에 대한 확실한 연구가 나올 때까지는 이 네 가지를 명심해두는 게 좋겠습니다.

발음 중심 교수법을 잊지 말아야 합니다

: 균형 잡힌 문해 교수법의 핵심은 "발음 중심 교수법 더하기 풍부한 문해 경험입니다. 발음 중심 교수법이 16가지 가능한 활동들 중 하나라도, 중요성에 있어서만큼은 나머지 다른 활동과 같은 비

중으로 생각해선 안 됩니다. 일부 연구자들은 균형 잡힌 문해 교수법 프로그램용 교안 일부가 발음 중심 교육에 시간을 거의 할애하지 않으며, 알파벳 법칙을 가르치는 것을 아예 목표로 상정조차 않았다고 지적했습니다. 영어 과목에 배정된 시간이 저학년의 경우 일반적으로 90분~120분인데 저는 이 중 20%나 25%를 발음 중심 교육에 중점을 두었으면 합니다. 물론 그렇다고 그 시간을 전부 직접적인 지도나 시험에 써야 한다는 의미는 아닙니다. 발음 연습은 다양한 활동들로도 시킬 수 있습니다. 그러나 다시 말하지만 아이들이 발음 연습을 할 때는 집중적으로 시켜야 합니다.

학생들은 한 번에 한 가지 일에만 초점을 맞춥니다

: 일부 균형 잡힌 문해 교수법 활동들은 아이들에게 동시에 두 가지 일을 요구하는 것처럼 보입니다. 예를 들어, 교사가 글을 쓰는 동시에 생각을 소리 내서 말하는 경우, 교사는 작문 과정의 모범을 보이면서 학생들에게 암묵적으로 발음 교육도 하고 있습니다. 그러나 어른들도 마찬가지지만, 아이들이 한 번에 두 가지에 집중할 수 없다는 것은 다른 연구를 통해 알고 있습니다. 특히 배우기 어려운 것에 도전할 때는 더욱 그렇습니다. 한 번에 한 가지 일에만 초점을 맞춘 교육이 성공할 가능성이 더 높습니다.

보는 것보다 하는 것에서 더 많이 배웁니다

: 바테케 족[T] 속담에, "나무를 베는 법은 나무를 베면서 배우게 된다." 누군가를 관찰하라

Terms ▸
중앙아프리카 토착 민족 중 하나

는 지시를 받으면 정신이 딴 데 팔리고 뭔가 다른 생각을 하게 됩니다. 그런 이유로 학생들은 다른 학생들이 책을 읽는 동안 자신은 눈으로 같이 따라 읽는 함께 읽기(shared reading) 같은 활동들은 그렇게 좋아하지 않습니다.

교사의 지속적인 피드백이 중요합니다

: 실수를 고치면 학습에 도움이 되지만 고쳐지지 않은 실수는 습관으로 바뀔 수도 있습니다. 때로는 자기 실수를 스스로 잡아 낼 수도 있습니다. 그러나 아이들은 자기가 무엇을 잘못했는지 알지 못합니다. 아이들이 해독하는 법을 배울 때 혼자 속으로 읽기보다 소리 내어 읽는 것이 훨씬 더 도움이 된다는 교사의 피드백이 필요할 수 있습니다.

해독하는 법을 배우는 학생들에게 교사의 다음과 같은 지도와 피드백이 도움될 수 있습니다.
(1) 문자-소리 조합을 빈도순으로 가르치기
(2) "the", "and", "when"처럼 일단 아주 흔하게 나타나는 소수의 불규칙한 단어들을 시각 단어로서 기억하게 하기
(3) 소리 내어 읽기를 시키고 피드백 주기
(4) 쓰게 하기
(5) 아동문학을 많이 읽게 하기

② 디지털 활용 읽기 교수법

저는 발음 중심 교수법의 이점을 흡수하는 속도가 아이마다 다르기 때문에 지도가 필요한 부분도 달라져야 한다고 주장했습니다. 따라서 우리는 이 미세한 부분을 조정할 줄 아는 능력이 필요합니다. 아이가 이해하는 속도가 빠르다면 좀 더 흥미로운 과제로 옮겨 갈 수 있게 해줘야만 합니다. 그러나 이해하는 속도가 느린 아이라면 부족한 부분을 배울 수 있게 해야 합니다. 대부분의 교사들은 개별적인 지도를 하고 싶어 하지만 성사시키기 어려워 보이며 실제로도 그렇습니다.

디지털 기술은 이런 개별화 지도를 가능하게 해줄 수 있습니다. 컴퓨터 앱은 아이의 성과에 맞춰 수준을 적절히 조정할 수 있습니다. 중요하지만 별로 흥미를 끌지 못하는 자료에 애니메이션과 소리가 어떤 생동감을 더해줄 수도 있습니다. 그리고 음성 인식 기술은 학생이 내놓은 답을 평가하는 부문에서는 장래성을 보입니다. 연습용 문제지로는 이 중 어느 것도 할 수 없으며, 더욱이 한 명의 교사가 학생 전체를 상대로 동시에 읽기를 시킬 수는 없습니다.

많은 연구들이 읽기 성취도에 미치는 교육 공학 기술의 영향을 조사했습니다. 그리고 일부 연구 논문들은 여러 연구들을 종합해서 펴내기도 했습니다. 연구자들은 교육 공학 기술이 읽기 성과에 적당한 수준의 긍정적인 영향을 미친다는 결론을 내렸습니다. "적당한 수준"이라는 것은 기술이 개입할 때 평균적으로 백분위 수 50%인 학생이, 아마도 대략 백분위 수 55%나 65% 정도까지 향상될

Person ▸ ────────
뉴질랜드 티마르 1950년 태생. 맬버
른 대학교의 교육학과 교수이다.

수 있다는 의미입니다. 물론 추정치는 달라
질 수 있습니다.

우리가 기술을 대단한 능력을 가진 것으로 생각하는데 비해 기술의 실제 효과는 상당히 약해 보입니다. 그러나 이런 미미한 영향은 교육 기술 개입 과정에서 나타나는 일반적인 현상입니다. 수학이든 과학이든 역사든, 어떤 과목이든 마찬가지입니다. 더 당혹스러운 것은 연구자 존 해티(John Hattie)[P]의 주장입니다. 교실에서 뭔가 새로운 것을 시도하면 학생의 학습을 촉진하는 면에서 대체로 그저 그런 영향을 미칠 뿐이라는 주장입니다. 왜 그럴까요? 이유는 확실치 않습니다. (제 짐작에는 뭔가 새로운 것을 시도한다는 데서 오는 흥분에 교사들이 한껏 들떠 있으면 그 열정이 학생들에게도 전달되어 어느 정도의 변화를 일으키는 것 같습니다. 즉, 기술의 효과가 아닌 것입니다.)제가 강조하고 싶은 결론은 교육 공학 기술의 개입이 대개, 특히 읽기가 목표인 경우에는 사람들이 기대하는 것보다 성공적이지 못하다는 것입니다.

"기술이 독서능력을 향상시킬까?"라는 질문이 바보 같다는 말에 여러분은 이의를 제기할지도 모릅니다. 물론 기술 앱들은 품질이 다양합니다. 그 점은 분명히 맞습니다. 디지털 기술의 이점이 굉장히 강력해서 사실상 여러분이 개발한 어떤 도구라도 상당히 도움이 됐을 '가능성'은 있습니다. 실제로 사람들이 도움을 받았다고 말하는 걸 들을 수 있습니다. 제가 그랬던 것처럼, 기술의 도움을 받은 사람들은 기술이 자기 진도에 맞추는 자기 보속 학습(self-

paced learning)^{T}을 가능하게 하고, 기술이 소리
와 영상 같은 다른 미디어의 통합을 가능하게
하고, 기술이 개인별 맞춤형 피드백을 가능하
게 한다고 지적합니다. 하지만 이런 이점들이
요란하게 선전되어 마침내 기술이 요긴한 것
이 될 것은 자명하다는 사실을 받아들이도록
우리를 유혹합니다.

그러나 당연히 교육 기술은 제대로 시행
되어야 합니다. 내장된 영상은 강한 호기심
을 불러일으키기보다는 주의를 산만하게 만
들지도 모릅니다. 혹은 학생의 읽기 능력에 맞
춰 조정된다는 알고리즘이 잘못됐을 수도 있
습니다. 그리고 우리가 그럴듯하게 들리는 소

Terms ▸

어린이들에게 놀이 환경과 학습자
료를 마련해 주되 교사나 성인의 지
시에 따라 일률적으로 학습이 이루
어지게 하는 것이 아니라 자신의 흥
미·이해·발달 수준에 맞도록 학습
할 자유를 허용하는 방법. 아동 중심
교육과정이나 개방식 교육에서 사용
되고 있다. 몬테소리(M. Montessori)
의 교육방법에서 처음으로 시도되었
으며, 자유학교 교육, 아동 중심 교
육과정이나 개방식 교육에서 사용되
고 있다. 어린이들이 다른 아동과 경
쟁을 하는 것이 아니라, 자기의 능력
이 과거보다 얼마나 발전했으며 현
재보다 얼마나 더 진보할 수 있는지
자신의 수준에 맞추어 학습 및 평가
하는 것이다.
 자기보속 학습 [自己步速學習, self-
paced learning] (교육학용어사전, 1995.
6. 29 하우동설)

리에 근거해서 주장을 정당화하고 있는 거라면 그럴듯하게 들리는
결함 또한 있다는 것을 명심해야 합니다. 기술은 초기 독서에 중
요하다고 알려진 요인인 학생과 교사와의 관계를 이용하지 않습니
다. 더욱이 기기 고장이나 분실, 자잘한 소프트웨어 결함, 호환성 문
제가 기술에 크게 의존하는 많은 환경들에서 잦은 골칫거리가 되고
있기도 합니다.

여기서 한 가지 배운 게 있습니다. 기술만으로는 별 효과가 없습
니다. 연구자들은 소프트웨어가 읽기 능력에 도움을 주거나 방해가
되거나 효과가 전혀 없는 경우를 가려내는 작업으로 넘어가야 합
니다. 또한 이런 기능들 간에 일어날 거라 예상되는 복잡한 상호작

용 역시 알아낼 필요가 있습니다. 이것은 절대 만만한 작업이 아닙니다.

최근에 나온 싱거운 결론은, 읽기를 가르치는 것을 목적으로 하는 기술 제품들이 일부는 좋고, 일부는 나쁘고, 일부는 그 사이 어디쯤이라는 것입니다. 그러나 적어도 시대에 뒤떨어질 거라는 두려움만으로 허둥지둥 독서 프로그램을 구입해서는 안 된다는 것만큼은 확실합니다. 고작 그런 이유로 독서 프로그램 구입 결정을 내리는 그런 바보 같은 짓이 어디 있냐고 생각할 수 있습니다. 하지만 주위에 물어보세요. 자신의 학교나 학군에서 기술 제품 구입 결정을 할 때 기본 전제가 "우리 아이들을 뒤처지게 하고 싶지 않습니다."라고 말하는 교사들을 의외로 많이 만나게 될 것입니다.

둘. 가정에서의 읽기

아이를 독서의 길로 나아가도록 돕는 과업은 아이가 일단 유치원에 들어가면 훨씬 더 복잡해집니다. 아이의 독서 교육이 전적으로 학교에만 맡겨진 일이 아님을 인식하고 있다 해도 학교에서의 수업과 가정에서 부모가 이끄는 방식 사이에 조화를 이루는 방식을 찾아내야 합니다. 저의 견해는 이렇습니다. 아이에게 도움이 될 거라 생각되는 일을 할 때 주저하지 마세요. 하지만 반드시 아이의 교사와 소통을 해야 합니다. 적어도 교사는 여러분이 하는 행동을 알아야 하며 가능한 모든 부분에서 교사와 협력자가 되어야 합니다.

(1) 아이와 함께 읽기

여러분은 수년 동안 아이에게 책을 읽어 주었습니다. 아이가 해독하는 방식을 배우기 시작하면 부모도 아이와 '함께' 읽기를 시작합니다. 아이는 부모로부터 읽기에 대해서 도움을 받는 것입니다. 부모가 제공하는 도움은 두 가지로 설명할 수 있습니다. 하나는 아이가

사진 7-2. 읽기 연습은 아주 고되다. 아이가 활기찬 태도를 계속 유지할 가능성을 최대한 높이려면 아이가 배고픔과 피곤함이 덜할 때 읽기 연습을 시켜주세요.

도움을 필요로 할 때 단어들을 어떻게 읽는지 상기시켜 줍니다. 또 하나는 정서적 지지와 열의를 보여줍니다. 교사들은 지도해야 하는 학생들이 너무 많기 때문에 수업 중 일 대 일 연습에 많은 시간을 할애하지 못합니다.

| 제안 |

일대일 연습

(2) 아이에게 적합한 책 고르기

아이에게 적합한 책은 아이의 읽기 수준에 달려 있습니다. 이상적인 방법은 아이가 이미 알고 있는 문자-소리 조합들로만 이루어진 책을 고르셔야 합니다. 아이가 새로운 문자-소리 조합들을 배워갈 때는 아이가 읽는 책들 역시 문자-소리 조합이 포함된 것으

Book ▶
밥북스는 미국에서만 년 100만 세
트가 나가는 파닉스 교재이다. 저자
는 Bobby Lynn Maslen은 미국
포틀랜드 오레곤 주에서 아이들을
가르친 유치원 선생이었다.

로 선택하도록 합니다. 문자-소리 쌍들을 반
복적으로 가르치는 발음 중심 교수법 프로그
램을 이용하면 도움이 됩니다. 예를 들어 〈밥
북스〉(Bob Books) [B] 시리즈처럼 이런 반복적인
순서를 준수하는 책 세트들이 있습니다. 〈밥
북스〉와 같은 책들에 나오는 단어들은 모두 당연히 아이가 읽을 수
있는 수준입니다. 가장 확실한 수단은 아이들의 선생님에게 책 추천
을 부탁합니다. 교사는 아이 수준이 어느 정도인지 알고 있기 때문
입니다.

많은 아이들에게는 되풀이해서 다시 읽고 싶은 애독서가 있습니
다. 대개 워낙 많이 보고 들어서 외울 정도가 된 책들입니다. 그래서
아이가 이 책을 부모에게 "읽어줄" 때가 되면 아이가 책을 암송하
다시피 하고 있다는 걸 알 수 있습니다. 하지만 그것은 아이들이 더
어려운 해독이란 과정을 회피하려는 게 아니라 오히려 아이는 진짜
로 책을 읽는 것처럼 보여주면서 즐기는 것입니다. 우리 막내가 제
게 자신이 소리 내어 읽는 것을 들어달라고 부탁했을 때 아이가 "읽
어준" 책의 거의 절반 정도는 "달려라 달려, 개야!"(Go Dog, Go)였
습니다. 다행히도 짧은 버전이었습니다. 그러면 저는 막내에게 보통
이렇게 말하곤 했습니다. "아, 나도 그 책이 정말 좋단다. 하지만 어
제도 그걸 읽어 주었잖니. 오늘은 다른 책을 읽어보자." 라고요.

아이와 함께 소리 내어 읽기를 할 땐, 적어도 매일 1회를 목표로
정하되, 짧게 하세요. 5분이나 10분을 넘기지 마세요. 양이 많지 않

은 것처럼 들리지만 짧아도 한 차례 연습을 정기적으로 하면 실로 성공적인 결과를 낳습니다. 연습 시간 동안 조금씩 좌절을 겪는 건 정상이지만 아이가 그날따라 힘겨워 보인다면 그냥 이렇게 말하세요. "정말 잘했다. 하지만 오늘은 이만 마치는 게 어떨까?" 한번 시작한 책은 반드시 끝내야만 한다고 생각하지 마세요. 물론 아이가 계속 읽자고 하면 계속해야 합니다. 그러나 해독은 처음 배우기 시작할 때는 많은 노력을 요합니다. 따라서 이 과정은 재미있어야 합니다. 이 시간은 웃으면서 긍정적인 말로 마무리하세요. "고맙다! 다음 시간이 벌써 기대되는구나!"

| 제안 |

자신의 아이가 소리 내어 읽기를 할 때는 적어도 매일 1회를 목표로 하되 짧게 하세요. 시간 범위를 5분이나 10분으로 잡고 그 이상을 넘기지 마세요.

(3) 좋은 피드백 제공하기

피드백은 어떤 학습 과정에서나 중요한 부분입니다. 그래서 피드백을 해줄 수 있는 당신이 필요한 것입니다. 그러나 동시에 피드백은 주의를 산만하게 할 수도 있습니다. 그래서 가능한 한 피드백은 적게 하길 제안합니다. 아이는 여러분의 목소리가 아닌 자기 목소리를 들을 필요가 있습니다. 아이를 격려하고, 아이가 잘하고 있을 때는 인정해 주세요. 이 때 "대단해!"라거나 "옳지!" 같은 말이 아니라, 웃으면서 고개를 끄덕이는 마음으로 표현해야 합니다. 같은 이유로, 아이가 읽고 있는 이야기에 대해 대화를 시도하지 마세요. 해독하는 법을 배우는 것은 아이의 모든 주의력을 집중시키는 일입니다. 따라서 아이는 동시에 두 가지에 대해 생각할 수 없습니다. 해독과 의미 사이를 번갈아 왔다 갔다 하는 것은 도움이 되지 않습니다. 그러나 물론 아이의 질문에는 짧게 대답해 주고, 아이가 만드는 논평을 인정해 주세요.

아이가 어떤 단어에서 막히면 너무 빨리 그게 뭔지 말해줘선 안 됩니다. (마찬가지로, 아이가 글을 쓰면서 단어의 철자를 물어볼 때, 부모가 도움을 주기에 앞서 아이 스스로 최선을 다해 짐작해보게 해야 합니다.) 또한 아이에게 어떤 단어가 타당할지 추측해서 맞혀 보라고 제안하지 '마세요.' 여러분은 아이에게 해독 연습을 시키는 겁니다. 사실 대부분의 아이들은 제안을 하지 않더라도 추측을 많이 시도합니다. 아주 단순한 책들의 경우에 상당히 잘 통했던 전략이었으니까요.

이제 여러분은 아이가 수준이 높아진 글을 읽을 수 있도록 해줄 일반적인 기술의 습득을 향해 노력해야 합니다. 아이가 추측을 시도하면 그냥 미소 지으세요. 심지어 아이의 추측이 맞을 때라도 "소리 내서 말해보렴." 이라고 말하세요. 단어의 일부를 가리세요. 아이가 힘들게 생각하는 부분만 보이게 하세요. 아이가 완전히 어찌할 바를 몰라 하면 머리글자(또는 두 글자 조합)만 남기고 모두 가리세요. 아이가 여전히 도움을 필요로 하면 연관된 규칙을 상기시켜 주세요. "맞아. 그 문자는 보통 AW(오)라고 말하지만 둘이 합쳐지면 다른 소리가 나지." 아이가 단어를 잘못 읽는 경우에도 같은 전략을 쓸 수 있습니다. 답을 불쑥 말해 주지 마세요.

놓친 단어를 가리키면서 "아이코!" 같은 말로 대신하거나 간단하게 표현만 해주시면 됩니다. 아이가 알아내는지 살펴보세요. 아니라면 도움을 주세요.

mispelled

그림 7-3. 오타 자동 수정기가 되지 말라. 오타 자동 수정기가 대신해서 고쳐주는 것과 철자가 틀렸으니 다시 맞게 써보라는 말을 듣는 것 중, 어느 쪽이 정확한 철자를 익힐 가능성이 훨씬 클까요? 아이가 단어를 틀리게 읽으면 그 단어를 바로 고쳐서 말하지 마세요. 아이에게 다시 시도해 보라고 하세요. 〈출처: © Daniel Willingham〉

때때로 아이들은 실제 자기 능력보다 더 빨리 읽으려고 하다가 실수를 많이 저지릅니다. 실수를 하나도 하지 않으려고 고통스러울 정도로 느리게 읽는 경우도 있습니다. 어떤 다른 정신적 활동에서와 마찬가지로 속도와 정확성은 맞바꿔질 수 있습니다. 아이에게 속도를 약간 높이거나 늦추라고 권하세요. 이번에도 역시 부드러운 몸짓과 최소한의 말로 하시면 됩니다.

| 제안 |

학습을 하고 난 뒤 아이에게 피드백을 줄 때는 가능한 한 적게 말할 것을 제안합니다. 틀렸을 때도 바로 답해주지 않고 아이가 다시 시도할 수 있게 부드러운 몸짓과 최소한의 말로 대해줍니다.

(4) 좌절감에 대처하기

제가 아이들과 함께 책을 읽을 때 부모는 미소를 지어야 한다든가 즐거워해야 한다든가 등의 말을 계속 언급한다는 사실을 눈치챘을 겁니다. 제게는 (이야기를 나눠본 많은 부모들을 포함) 아이가 책 읽는 소리를 귀 기울여 듣는 순간이야말로 이전부터 꿈꿔왔던 가장 달콤한 부모-자녀 간의 활동이었습니다. 그런데 제 아이가 좌절할 순간이 있을 거라고는 예견했어도 좌절하는 사람이 바로 제가 될 거라고는 예상하지 못했습니다. 우리 아이는 책과 아무 상관 없는 얘기를 하느라 자꾸만 읽기를 멈추곤 했습니다. 더 빨리 읽으라고 다섯 번이나 제안했지만 제 말을 무시했습니다. 아이에게 "ou"가 어떤 소리가 나는지 상기시켰지만 '바로 그다음 단어'에서 바로 잊어버렸습니다. 그렇게 좌절하는 순간들이 생겨도 괴롭다는 표시를 내지 않는 건 아주 중요한 부분입니다. 부모-자녀 간의 상호 작용이 부정적이 되면 그 감정이 그대로 독서로 전달될지도 모릅니다. 그렇게 되지 않더라도 아이는 부모와 같이 읽게 되는 상황을 꺼리게 됩니다.

| 제안 |

스스로 좌절감을 느끼는 아이에게 부모가 해줄 수 있는 4가지 제안

1. 말을 많이 하지 않는 습관은 아이가 책을 읽으면서 주로 자신의 목소리를 들을 수 있어서 아이에게 좋을 뿐 아니라, 어른이 좌절감을 느낄 때 평정을 유지하는 데 도움이 됩니다.

2. 말을 할 때 보통 자기가 전하고자 하는 메시지를 긍정적인 방식으로 전달하는, 좌절감이 표시나지 않는 어조를 찾아내는 게 좋습니다. 저의 막내딸은 똑같은 단어를 가지고 60초 동안 세 번이나 제게 도움을 청했습니다. 저는 "이거 아는 거잖아!"라고 소리를 지르고 싶었습니다. 마음을 애써 가다듬고는 "요 장난꾸러기 강아지 같으니."라 말할 때와 같은 억양으로 "너도 아는 거잖니."라고 말했습니다. 아무것도 말하지 않는 게 맞았을지도 모릅니다. 그러나 저는 최소한 긍정적인 어조를 사용하긴 했습니다.

3. 이런 시간이 1회에 기껏해야 5분이나 10분에 불과하다는 사실을 상기하세요.

4. 도저히 진정이 안 되면 독서를 중단하세요. 아이에게 나중에 같이 읽자고 하세요. 과정을 무리하게 진행을 하면 해독 연습은 약간 했을지 몰라도 동기부여 면에서는 치러야 할 대가가 너무 큽니다.

(5) 즐겁게 가르치기 - 게임 활용하기

매일 짧은 시간 동안 한두 차례씩만 아이와 함께 독서를 하는 걸로 충분할까 궁금할지도 모르겠습니다. 그냥 연습만이 아니라 노골적으로 가르치는 것도 같이하면 어떨까요?

쉬운 사례부터 시작해 보겠습니다. 이 책을 읽기 전까지는 음운 인식에 대해서는 생각해본 적도 없었다가, 현재는 6세 자녀가 각각의 말소리를 잘 구분해 들을 줄 모른다는 걸 깨닫고, 무슨 수를 써서라도 이 문제를 해결하기 위해 애쓰려는 부모가 있습니다. 음운 인식 연습은 사실 기대 이상으로 재밌는데다, 잘못하기가 힘들 정도로 쉽습니다. 이제 4장 말놀이게임의 예시에서 제시한 게임들을 해보세요. 그리고 아이의 선생님이 추천한 게임은 뭐든 해보세요.

| 제안 |

말놀이에서 서술한 게임들을 해보세요. 선생님이 추천한 게임도 뭐든 해보세요.

〈이름 게임〉

– 아이들에게 노래와 리듬을 말놀이에 맞추게 하기.

"Dan, Dan, bo-Ban, banana-fanna-Fan, fee fi-mo-Man. Dan!"

Apples and Bananas("I like to eat, eat, eeples and baneeness")

셋. 발음 중심 교수법에 대한 재고

아이에게 해독을 어떻게 가르칠까요? 앞에서 강조한 발음 중심 교수법의 중요성을 감안할 때, 제가 분명 "누군가는 체계적인 발음 중심 교수법을 제공해야만 하는데 교사가 해주지 못한다면 부모가 해야 한다"라고 말할 거라 생각할 수 있습니다. 그러나 제가 말하려는 건 그것이 아닙니다. 미국에서 발음 중심 교수법을 쓰지 않는 수업은 거의 없습니다. 우선 교사들은 발음 중심 교수법에 대한 연구 문헌을 알고 있으며, 발음 중심 교수법이 중요하다는 것도 알고 있습니다. 게다가 많은 학군들이나 주들에서 아이들의 음운에 대한 지식을 진단하는 시험을 치르도록 공식적으로 명령하고 있습니다. 그리고 제가 발음 중심 교수법을 강조하는 이유는 발음 중심 교수법이 아니면 읽는 법을 배우는 게 '불가능'하기 때문이 아닙니다.

체계적인 발음 중심 교수법이 반 아이들 모두가 빠짐없이 읽는 법을 배울 가능성을 극대화하기 때문입니다. 일부 아이들은 어떤 종류의 교육이든 아주 조금만 교육을 받아도 읽는 법을 배웁니다. 다른 일부 아이들도 비교적 적당한 지원이 있으면 배우게 됩니다. 그래서, 부모에게 선택권이 있다면 저는 자녀를 체계적인 발음 중심 교수법을 이용하는 교실에 집어넣으라고 강력히 권해 드립니다. 하지만 부모들에게 이 같은 선택권이 없을지도 모릅니다. 만약 학교의 발음 중심 교수법이 제대로 시행되고 있지 않다면? 그러면 어떻게 해야 할까요?

저는 가정에서 읽기 교수법을 시행할 때 '매우' 조심하라고 권합니다. 가정에서 시도하는 읽기 교수법이 아이들이 읽는 법을 배우는 데 도움을 줄 수 있다는 연구들이 있습니다. 하지만 이 연구들은 부모가 연구자들에게서 구체적이고 기술적인 기법들을 훈련받은 경우에 한한 것입니다. 연구자들이나 아이의 교사에게 교수법 훈련을 받지 않은 부모의 경우라면 자신의 직감에 따라 아이를 가르치는 위험한 도박을 하거나 아이와 함께 발음 중심 교육을 시도하는 부모를 위한 많은 상품 중 하나를 선택할 것입니다. 시판 중인 상품들 중 대부분이 읽기 지도에 대한 접근 방식이 견실하지 않을 뿐 아니라 끔찍하게 지루합니다. 한 독서 전문가는 제게 이렇게 설명하였습니다. "부모가 아이에게 풀게 하는 발음 교육 연습 문제지들은 컴퓨터 앱으로 위장해서 독서에 대한 의욕을 말살하는 주범입니다." 저는 독서에 대한 동기부여는 견고하지 못해서 일단 사라지고 나면 되찾기 어렵다는 것을 잘 압니다. 부모의 바람직한 역할은 독서에 대한 열정적인 치어리더이자 좋은 모델이 되는 것입니다. 아이들에게 따분한 읽기 과제를 내어주는 존재가 되어서는 안 됩니다.

하지만 자녀가 해독하는 법을 배우는 데 '정말' 곤란을 겪는 매우 심각한 경우라면 앞에서의 제 조언은 잊어버리고 아이가 확실하게 노골적인 발음 중심 지도를 받도록 해야 할 필요가 있습니다.

물론 읽기를 제대로 배우는 과정이 어떤 것인지에 대한 의문도 생길 것입니다.

| 염려를 해야 할 때 |

미국 유치원에서의 몇 가지 전형적인 경험 법칙은 다음과 같을 수 있습니다.

- 할로윈이 됐을 때(10월 말) 문자들을 안다. – 2개월 차
- 크리스마스가 됐을 때(12월 말) 일부 평범한 세 문자로 이루어진 단어들은 안다. – 4개월 차
- 봄방학(3월 초)이 됐을 때 대부분의 세 문자로 이루어진 단어들을 안다. – 7개월 차
- 연말(6월 말)이 됐을 때 더 복잡한 조합으로 된 몇 가지 단어들을

읽는다. — 10개월 차

참고) 미국 학기는 9월에 시작합니다.

그러나 이런 경험 법칙들은 아이들이 배우고 있는 것과 일치할 때만 사실상 효과가 있습니다. 저는 이번 7장을 쓰고 있을 때 교사가 첫 수업부터 9주 동안 문자 네 개를 소개하는 유치원 수업에 관해 들었습니다. 제게는 속도가 상당히 느린 것처럼 들렸습니다. 물론 저는 아이들이 그 외에 어떤 활동을 했는지는 모릅니다.

앞서 많은 미국 학교들이 저학년에서 거의 다른 모든 과목들을 희생시켜가면서까지 영어 과목에 너무 많은 시간을 배정하는 것 같다는 의견을 말한 적이 있습니다. 그래서 제 아이가 읽기 지도 속도는 느려도 수학, 과학, 역사, 음악, 미술 수업이 굉장히 뛰어난 학교에 다니고 있다면 개인적으로는 불만이 없습니다.

…

이 책 전반에서 내내 강조하듯이 읽기의 세 가지 구성요소인 해독, 이해, 동기부여와 관련하여 모든 연령대에서 힘쓸 필요가 있습니다. 아이가 해독하는 법을 배우고 있을 때는 이해 요소에 대해서 간과하기 쉽지만 이해 요소를 간과하지 않는 게 아주 중요합니다. 다음 장에서는 저학년 시기 동안, 지식의 지속적인 구축으로 관심을 돌려보겠습니다.

| Chapter 8 |

읽어야 지식이 된다

아이가 해독하는 법을 배우고 있을 때는 확실히 독해력에 대해서는 큰 기대를 하지 않습니다. 그러나 3학년쯤 되면 아이가 더 길고 더 복잡한 글을 이해할 수 있으며, 이야기 이외 장르에 속하는 글을 읽으면서 생각의 가지를 뻗어 나갈 수 있다는 기대를 하기 시작합니다. 가정과 학교에서 아이들은 통신문과 신문 기사, 백과사전 항목 같은 설명문을 접할 수도 있습니다. 초등학교 고학년이 될 때까지 아이들은 신중하게 글을 읽고 이해하는 수준이 요구되진 않습니다. 하지만 일단 아이들이 확실하게 해독을 할 수 있게 되면 이해력에 대한 기대 수준은 높아지기 시작합니다.

하나. 더 긴 글을 이해하기

더 긴 글을 이해하기 위해서 무엇이 필요한지 생각해 보는 것으로 시작하겠습니다. 제가 1장에서 논의했듯이 문장들을 연결하는 것뿐만 아니라, 글 속의 많은 개념들을 묶어 더 큰 개념으로 연관 짓는 방식도 여기에 포함됩니다. 그런 다음, 우리는 학교가 어떤 식으로 이처럼 훨씬 어려운 독해력 증진에 도움을 줄 수 있는지 생각해 보고자 합니다.

(1) 큰 개념들로 파악하기

독해는 독자가 읽은 문장에서 개념들을 추출해내는 것으로 시작합니다.

| 동일 개념 |

"티슈는 책상 위에 있다. 티슈는 흰색이다."
독자는 이 문장을 동일한 것에 대해 말하고 있는 개념들의 연결로 봅니다.

| 인과관계 개념 |

"낯선 사람이 창문을 톡톡 두드렸다. 개가 짖었다."
독자는 이 문장을 인과관계를 이루는 개념들의 연결로 봅니다.

이러한 연결 관계들이 만들어 낸 결과물이 연관 개념들의 연결

망입니다. 사회망처럼 강도가 다양한 연결 관계들로 이루어진 망을 떠올리면 됩니다. 이것은 독해를 설명하기 위한 좋은 출발점이지만 이것만으로는 충분하지 않습니다. 다음 글을 살펴보겠습니다.

| 예제 1 |

"샐리는 큰 시장이 있는 시내 번화가에 가기로 했다. 이 도심 지역은 최근 개보수되었다. 시장에는 대형 식료품점이 있었다. 식료품점 주인은 카피콜라 햄을 정말 좋아했다. 주인의 아내는 새 차를 사고 싶어 하지만 어떤 종류를 사야 할지 결정을 내리지 못하고 있다. 주인의 아내가 대출을 신청했던 은행에는 금색 카펫이 깔려 있다."

이해라는 것이 단순히 개념들을 연결해서(병렬 관계와 인과 관계처럼), 하나의 망으로 만드는 것이라면 앞 문단의 구절들은 이상해 보이지 않을 것입니다. 그러나 이 글은 실제로 이상한 데다, 왜 그런지 설명하기도 어렵지 않습니다. 큰 그림이 없다는 것이 문제입니다. 즉 각 개념은 서로 연결될 수 있지만 이 문단이 무엇에 대한 것인지에 대한 '종합적인' 개념이 없다는 것입니다.

어떻게든 독자들은 자기가 읽는 것을 큰 그림으로 마음 속에 그릴 필요가 있습니다. 글을 읽는 사람들이 어떻게 이 난제를 푸는가를 알아보는 중요한 실험에 다음과 비슷한 아주 짧은 글을 사용했습니다.

"새 두 마리가 나뭇가지 위에 앉아 있었다. 문이 열린 새장이 새들 아래 땅 위에 놓여 있었다." 그리고 이제 제가 여러분께 이렇게 묻습니다. "나뭇가지가 새장 위에 있었나요?" 여러분의 기억 속에는 제가 말한 문장 이외 다른 어떤 정보도 없기 때문에 자기가 들은 것을 몇 가지 논리적 추론들과 합쳐서 제 질문에 다음과 같이 답할 수 있습니다.

Terms ▸ ────────
일이나 형편이 시간의 경과에 따라 변하는 것을 미루어 생각하는 방식이다.

| 예제 2 |

"나는 새들이 나뭇가지 위에 있다고 들었다.
그러므로 나뭇가지는 새들 아래 있다.

나는 새장이 새들 아래, 땅 위에 있다고 들었다.
추이적(推移的) 추론에^T 의하면 새장은 나뭇가지 아래 있어야만 한다.
그러므로 나뭇가지는 새장 위에 있어야 한다."

그림 8-1. 비언어적 상황 모델. 시각적 심상(心象)은 복합적 관계들을 하나의 기술(記述)로 엮지 않고 표현하는 한 가지 방법입니다. 이런 심상을 참조하는 방법을 통해서도, "새장은 나뭇가지 아래 있다."와 "나뭇가지는 새장 위에 있다."를 자기가 읽은 글에서 이것들의 위치를 어떻게 묘사했는지와 상관없이 쉽게 확인할 수 있습니다.

우리의 직관은 제시된 질문에 추론해서 답하지 말라고 요구하며, 연구 역시 이런 직관을 뒷받침합니다. 하지만 예의 질문에 자기가 읽은 것을 바탕에 두고 대답하는 것 외에 어떤 선택이 가능할까요?

문장들이 묘사하는 전체 상황의 심상을 만들어내는 것이며 이것을 '상황 모델'(situation model)이라 부릅니다.

상황 모델이란 많은 개념이 묘사된 구체적인 문장과 관계없이 연관된 많은 개념들 (이를테면 새, 나뭇가지, 새장의 상대적 위치)을 지속적으로 파악하게 도움을 줍니다. 상황 모델이 말로 표현이 될 수 있지만 반드시 말로 표현될 필요는 없습니다.

(2) 배경지식에 대한 재고(再考)

문장들 사이의 인과 관계들을 만들어 내려면 배경지식이 필요합니다. 상황 모델의 경우에도 마찬가지입니다. 배경지식은 맨 처음 상황 모델을 만들어 내는 능력에 영향을 미치는 동시에, 어떤 글의 전체 메시지를 이해하는 데에도 영향을 미칩니다. 그리고 문장들을 연결 짓게 하는 배경지식의 경우에도 그렇듯이, 저자는 독자가 이미 알고 있다는 가정하에 상황 모델을 만들어 내는 데 필요한 정보를 생략합니다. 다음 〈예제 3〉을 봅시다.

| 예제 3 |

"아날로그 시계는 나침반으로 쓸 수 있다! 손에 시계를 들고 돌려서 시침이 태양을 가리키게 하자. 시침과 12시 방향 사이 가운데 지점을 찾자. 거기가 남쪽이다. 남반구에 사는 경우라면 북쪽이다."

어떤 지식은 개별적인 문장을 해석해서 문장들을 연결하는 데 필요합니다. "시침"과 같은 단어가 그렇습니다. 그리고 저자는 구태여 시침의 뜻을 설명하지 않습니다. 그러나 문장들을 연결 짓는 데 필요한 모든 지식을 갖고 있다 하더라도 상황 모델에는 배경지식과는 다른 다음과 같은 내용들이 포함됩니다.

- 어떤 한 가지 목적을 위해 설계된 도구를 완전히 다른 목적으로 사용하는 것은 드문 일이다.
- 나침반이 없는 상황에서 왜 나침반이 필요하게 되었을까?
- 보통 이와 같이 임시변통한 도구는 정교한 기능을 수행하진 않지만 길을 잃었을 때는 방향에 대한 정보 제공이 대략적이라 해도 아예 없는 것보단 훨씬 낫다.

배경지식은 큰 그림을 강조합니다. 무엇이 글을 유용하고 흥미롭게 만드는지 제대로 인지하는 것은 필수적입니다. 이제 위의 글에 상응하는 〈예제 4〉를 살펴봅시다.

| 예제 4 |

"뇌의 부분들은 두개골을 살펴보기만 해도 어디 있는지 알 수 있다. 포유류의 두개골은 세 개의 큰 뼈 판이 있고, 이 판들은 정수리에서 만난다. 이 지점을 '브레그마 점'(bregma point)이라고 부른다. 브레그마 점을 기준으로 뇌의 각 부분의 위치를 비례적으로 묘사해 놓은 뇌 지도(brain atlas)가 존재한다."

〈예제 4〉의 구절은 〈예제 2〉,〈예제 3〉처럼 무언가를 찾는 법을 설명하고 있긴 하지만, 제 짐작에 〈예제 4〉가 〈예제 2〉,〈예제 3〉과는 다른 느낌으로 읽힐 것입니다. 문장들이 머리에 잘 들어오고, 서로 연결된 방식도 조리가 있습니다. 단지 이 예제에는 글에 대한 더 깊은 이해를 할 수 있는 내용이 빠져 있습니다. 잘 만들어진 상황 모델에는 읽는 사람의 배경지식과는 다른 정보가 들어 있게 마련입니다. 〈예제 4〉를 읽은 사람으로서는 뇌의 부분이 어디 있는지를 왜 두개골을 살펴보는 것만으로 알고자 하는지 납득이 안 될 것입니다. 게다가 이런 위치 측정 방식이(시계 – 나침반 기술과 마찬가지로) 완벽한 게 아니라는 건 짐작하는 반면, 이런 대략적인 정보라도 아예 없는 것보다는 정말 더 나은 건지는 더더욱 판단하기 어렵습니다.

배경지식이 상황 모델에 어떤 차이를 만들어 내는지, 그래서 독해 경험에는 어떤 차이를 가져오는지 쉽게 알아내기는 어렵습니다. 그런 의미에서 〈예제 5〉를 하나 더 봅시다.

| 예제 5 |

"캐럴 해리스는 태어날 때부터 문제아였다. 제멋대로에다 고집불통이고 난폭했다. 캐럴은 여덟 살이 되어서도 여전히 다루기 힘든 아이였다. 캐럴의 부모는 아이의 정신 건강이 매우 염려됐다. 캐럴이 사는 주에는 캐럴의 문제를 해결하는 데 도움을 줄 만한 좋은 기관이 없었다. 부모는 마침내 어떤 조치를 취하기로 했다. 캐럴을 위한 가정교사를 고용한 것이다."

이 글이 잘 이해되고, 읽는 데 거의 문제가 없었을 거라고 장담할 수 있습니다. 그러나 제가 이렇게 말했다고 해봅시다. "그건 그렇고, 저 등장인물 말인데, 캐럴 해리스라고 했나요? 실은 그 사람이 헬렌 켈러랍니다. 이 이야기에선 이름을 바꿨던 거죠." 이렇게 되면 이해하는 것이 달라집니다. 예를 들어, 아이의 사납고 폭력적인 면에 대한 진술은 여러분이 아는 헬렌 켈러의 시각과 청각 장애에 대한 정보와 장애를 유발할 수 있는 좌절감과 절망감이라는 측면에서 해석하게 됩니다.

이 문단을 헬렌 켈러에 대해 전혀 모르는 사람이 읽는다고 상상해보세요. 이 독자는 캐럴 해리스라는 이름으로 쓴 글을 단지 "이해"만 했을 것입니다. 이 글의 모든 문장은 쉽게 이해가 될 뿐 아니라, 문단은 전체적으로 조리가 있습니다. 그럼에도 의미의 중요한 측면이 결여되어 있습니다. 문장들을 연결할 지식을 충분히 가졌다 해도, 도달 가능한 훨씬 더 깊은 수준의 이해는 항상 필요합니다. 그게 바로 상황 모델입니다. 글 속의 개념들을 전체적인 큰 그림으로 통합하는 것만이 전부가 아닙니다. 이 큰 그림은 읽는 사람의 기억 속에서 나온 다른 관련 지식들로도 그려져 있습니다.

둘. 학교에서의 읽기

(1) 배경지식 습득의 중요성

유치원과 1학년 때는 해독하는 법을 배우는 데 초점이 맞춰지기 때문에 이해에 대한 부담이 그다지 크지 않지만 그 이후로는 이해에 대한 부담이 급속히 늘어납니다. 배경지식은 이해를 뒷받침하는 데는 필수적입니다. 따라서 아이들은 저학년 시기에 지식을 습득해야 합니다. 그러나 이 배움의 과정에는 장애물이 있습니다.

초등학교 고학년으로 올라갈수록 상황 모델을 만들어 내는 게 점점 더 중요해집니다. 그 이유는 두 가지로 설명됩니다.

첫째, 교과서 글이 더 복잡해집니다. 글의 처음부터 끝까지 내용을 읽고 의미를 체계화하는 것에 대해 아이들에게 거는 기대가 훨씬 커진다는 뜻이기도 합니다.

전미 핵심 교육 공통과정(Common Core State Standards)[T]은 1학년 권장도서로 〈꼬마 곰〉(Little Bear)[B1]과 〈개구리와 두꺼비가 함께〉(Frog and Toad Together)[B2]같은 책들을 추천하고 있습니다. 이런 책들은 각 페이지마다 큰 그림이 실려 있고 글의 양은 그리 많지 않습니다. 그러나 2, 3학년 권장도서에는 〈샬롯의 거미줄〉(Charlotte'

Terms ▸

미국 각 주 주지사 모임인 주지사협의회와 주교육감협의회란 기관에서 제정한 기준.
(2015년) 미국의 42개 주와 5개의 미국령 초중고에서 기준으로 사용되고 있다.

Book 1 ▸

Maurise Sendak(모리스 샌닥)과 Else Holmelund Minarik Team에 의해 완성된 An I can read book series 중의 하나이다. (내용: 상상력 가득한 아기곰과 아기곰을 이해하고 신뢰해주는 엄마곰의 이야기이다.)

Book 2 ▸

Frog and Toad Together : Arnold Lobel(아놀드 로벨)가 쓴 책이다.
뉴베리 아너 상 수상작이며 An I can read book series이다. (내용:개구리와 두꺼비 두 친구가 벌이는 이야기이다.)

Book 3 ▸ ────────
E.B.white(엘윈 브룩스 화이트)의 대
표작이다. 1952년 출간된 이래 4천
만 부 이상 판매된 아동문학의 고전
이다. (내용: 하찮아 보이는 거미와 돼지
가 서로의 삶을 구원해 주는 이야기는 타
인을 이해하는 마음, 우정과 생명의 소중
함 등 삶에서 중요한 가치가 무엇인지를
진지하게 전한다.)

Book 4 ▸ ────────
Patricia MACLACHLAN (패트리샤
매클라클랜)가 1985년에 자신의 가족
사를 소재로 쓴 책이다.
뉴베리상을 포함한 그해 아동문학
상을 받았다. 한국에서는 2003년도
에 나올 때는 키가 크고 수수한 새
라 아줌마라는 제목으로 나왔지만
2014년도에는 〈엄마라고 불러도 될
까요〉로 바뀌어서 출간되었다. (내
용: 1900년대 캔자스주의 주인공 애나의
동생을 낳다가 돌아가신 엄마를 회상하며
새엄마를 갈구하는 아이들의 심리가 간결
하고 섬세한 문체로 표현된 작품이다.)

s Web)[B3]과 〈키가 크고 수수한 새라 아줌마〉
(Sarah, Plain and Tall)[B4]가 포함됩니다. 책 분량
은 훨씬 늘어나고 글도 훨씬 더 많습니다. 이
책을 읽는 아이들은 더 커다란 의미 덩어리들
을 만들어 내야 하며, 따라서 상황 모델도 더
복잡해집니다.

학생들은 다양한 글들을 넘나들며 의미를
전체적으로 조리 있게 정리해야 합니다. 그
래서 학생들은 새로운 것을 읽을 때면 이전
에 접한 글들에서 얻은 지식을 적용합니다. 어
떤 아이가 나비에 열렬한 관심을 갖고 있다고
가정해 봅니다. 아이는 나비의 생태에 관한 여
러 책들을 읽습니다. '나비 식별 안내서'와 같
은 책들에 있는 등등. 각각의 책들에 있는 상
황 모델은 다른 책에서 다룬 상황 모델과 따
로 분리되어 있지 않습니다.

그러므로 아이는 이런 다양한 출처에서 알게 된 것을 하나로 조
합해야 합니다. 아이들이 학년이 올라감에 따라 이전에 배운 것들
을 기억했다가 새로 읽는 것에 적용하는 능력에 대한 기대는 점점
높아집니다.

둘째, 학생들은 훨씬 더 다양한 장르를 접하기 시작합니다. 학교
에 들어갔을 때 아이들이 읽거나 듣는 글의 대부분은 이야기입니

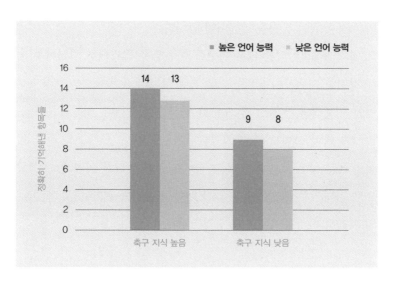

도표 8-1. 지식과 언어 능력. 이 그래프는 학생들이 축구에 관한 글의 내용을 얼마나 많이 기억했는지를 보여줍니다. "높은 언어 능력"을 가진 것으로 밝혀진 아이들은 "낮은 언어 능력"을 가진 아이들보다 조금 더 기억하고 있었습니다. 왼쪽 오른쪽 막대 비교해 보면 알 수 있습니다. 하지만 언어 능력의 영향은 축구 지식이 미친 영향과 비교하면 미미합니다. 〈출처: "영역 특수 지식(특정한 문제 영역에 대한 특수 지식)과 기억 능력: 고- 저- 적성 아동들의 비교〈Journal of Educational Psychology〉, 81, 306-312, 데이터는 Table2, p.309. © American Psychological Association, 1989〉

다. 따라서 대부분의 아이들은 전형적인 서사 구조를 꽤 잘 터득하게 됩니다. 목표를 가진 주인공이 있고, 주인공이 목표를 달성하지 못하게 하는 장애물이 있고, 주인공은 목표를 추구하는 과정에서 몇 가지 모험과 곤란한 사태를 겪은 다음, 목표를 이루면서 이야기가 끝납니다. 이런 기본적인 구조를 알면 아이가 글을 이해하는 데 도움이 됩니다. 아이가 책을 읽을 때, 새로운 등장인물과 사건이 나오더라도 앞서 언급한 익숙한 서사 구조에 잘 들어맞을 수 있습니다. 그러나 아이들이 다른 장르 글을 읽기 시작하면 더 이상 글을 이해하는 데 필요한 익숙해진 구조의 도움을 받지 못합니다. 그래서 다른 장르 글의 특징을 배워야만 합니다.

 과거 30년간 나온 많은 연구들은 특정 주제에 대한 지식이 이해에 강력한 지원군이 된다는 것을 입증합니다. 초등학생을 대상으로 언어 이해력과 추론 기술 표준화 검사를 했습니다. 학생들은 축구 지식에 대한 시험도 함께 치렀습니다. 실험자는 학생들을 축구 지식이 높고 낮은 그룹과 언어 능력이 높고 낮은 그룹 이렇게 네 그룹으로 나눠서 학생들에게 축구에 대한 이야기를 읽게 했고, 아이들의 이해력과 기억 능력을 측정했습니다. (도표 8.1)

 이 실험에서 "언어 능력"은 "지식"에 비하면 별로 큰 의미가 없습니다. 축구경기에서 어떤 일이 어떤 순서로 일어날 가능성 있는지 아는 것은 언어 능력보다 배경지식이 더 결정적입니다. 일반적으로 다른 분야에 대한 이해도 축구 경기의 예와 마찬가지 틀에서 이루어집니다.

 이를 통해 보듯이 우리의 목적이 일반 독자를 위해 쓰인 모든 글을 학생들이 읽을 수 있게 하는 것이라면 학생들이 폭넓은 배경지식을 왜 가져야 하는지의 이유를 알게 됩니다. 그리고 학생들이 반드시 폭넓은 지식을 가지도록 해야 하는 또 다른 이유도 알게 됩니다. 지식은 문장들을 연결할 수 있는 데만 중요한 역할을 하는 것이 아닙니다. 더 길고 더 난해한 글을 이해하는 데도 중요한 역할을 합니다. 어떻게 하면 아이들이 저학년 때 알아두어야 할 지식을 반드시 배우게 할 수 있을까요?

사진 8-1. 최초의 유럽인 식민지 개척자들. 일반적으로 아이들은 초등저학년 시기에 미 국회 의사당 원형 홀 장식에 있는 패널을 통해서 최초의 유럽인 식민지 개척자들에 대해서 배웁니다. 하지만 오래전부터 정착했던 아메리카 원주민에 대해 먼저 배운다면 식민지 개척자들의 도래를 올바르게 이해하기가 더 쉽지 않을까요? 또 농경에 대해 이미 배운 적이 있다면 아메리카 원주민들의 삶과 문화를 이해하기 더 쉽지 않을까요? 그리고 앞서 농작물에 대해 배웠다면 농경을 이해하기 더 쉽지 않을까요? 〈출처:https://commons. wikimedia.org/wiki/File:Flickr_-_USCapitol_-_Landing_of_the_Pilgrims,_1620.jpg 〉

　독서는 역사, 윤리, 과학, 수학, 문학, 연극, 음악 등 광범위한 지식에 의존합니다. 교과 지식을 일정한 순서대로 배열해서 가르치는 것도 이치에 맞습니다. 수학적 개념들은 서로를 발판으로 삼아 그 위에 누적되어 쌓이는 것이므로 적절한 순서로 배열하면 훨씬 배우기 쉽다는 게 보편적 인식입니다. 다른 과목들도 마찬가지입니다. 2차 세계대전에 대해 어느 정도 아는 게 있으면 왜 마지막까지 남아 있던 유럽 식민주의가 1950년대에 붕괴했는지 이해하기 한결 쉬워집니다. 또 대공황에 대해 어느 정도 알게 되면 2차 세계대전을 이해하기가 더 쉬워지는 방식입니다. 따라서 학생들이 저학년 때 배우는 내용은 앞으로 접하게 될 모든 것의 탄탄한 토대가 되기 때문에 엄청나게 중요합니다.

그럼에도 저학년 시절의 "학문적 내용"(academic content)에 대한 논의는 일부 어른들을 우려에 빠뜨립니다. 그러면 이제부터는 흔하게 나타나는 걱정거리들에 대해 이야기해 보도록 하겠습니다.

(2) 개념학습 단계로의 과도기 아이들

사람들은 저학년 시절의 "학문적 내용"(academic content)이라는 말을 듣게 되면 대체로 교사가 아이들에게 많은 것을 가르친 후 연습 문제지들을 풀게 하고, 뒤이어 시험을 치르게 하는 학습 방식을 연상하게 됩니다. 물론 연령대가 더 높은 아이들이 배우는 학문적 내용은 대개 이런 방식이긴 합니다.

그러나 이 책을 여기까지 읽은 분들은 아시겠지만 이러한 형태의 학습과 시험은 제 스타일이 아닙니다. 제 입장에서는 소리 내어 읽기, 프로젝트, 자료를 가지고 하는 자립적인 공부, 현장 학습, 비디오 교육을 선호합니다. 교사, 방문객들, 그리고 서로의 말을 경청하는 활동을 고려합니다.

이상적으로는 아이들이 좀 더 나이가 들어 읽기를 연습해 가면서 풍부한 개념을 배우는 게 원칙입니다. 그러나 유감스럽게도 그렇게 될 가능성은 없습니다. 쉽게 구할 수 있는 기초적인 읽기 교재들은 개념에 큰 비중을 두지 않는 경향이 있으며, 어떤 개념들을 담고 있든 체계적으로 배열해 놓지 않은 경향을 보이기 때문입니다. 따라서 학교가 풍부한 개념 학습의 필요성에 특별한 관심을 기울일 필요가 있습니다.

❶ 발달 과정상 적합한가?

"아이들을 그냥 아이답게 내버려 두면 안 될까?"라는 주장을 다르게 표현하면 유치원 아이들은 특정 개념들을 '배울 수 없다'입니다.

Terms ▸
고대 그리스, 라틴인들이 조각한 돌이나 테라코타로 된 관에 붙인 명칭 – 세계미술용어사전, 월간미술.

유치원 시기 아이들은 특정 개념을 배울 수 없다는 주장을 하는 이들이 일반적으로 쓰는 용어로 설명하자면, "발달 과정상 부적합하다."입니다. 다시 말해서 정신 발달에는 일련의 정해진 수순이 있는데 6세의 아이들은 특정 개념들을 이해할 능력이 인지 체계에 아직 없다는 것입니다. 2013년에 뉴욕 주에서 "석관"(sarcophagus)^{T}과 "설형 문자" 같은 어휘가 나오는 초기 문명에 대한 1학년 교육과정 교과목 단위의 일부를 공표했을 때 이런 우려가 거세게 일었습니다.

수많은 블로거들이 웹으로 몰려들어서 뉴욕 주에서 공표한 수업은 발달 과정상 부적합할 거라는 의견을 제시했습니다. 아이들이 5천 년 된 메소포타미아 문명에 대해 어떻게 이해할 거라 기대할 수 있는가?라고 말입니다. 그들이 제시한 이유는 이렇습니다.

첫째, 아이들에게는 5천 년이라는 시간에 대한 개념이 없다.

둘째, 지구상에 국가들이 어디에 위치해 있는지에 대한 개념이

사진 8-2. 오래된 시체. 아이들이 친숙하지 않고 물리적으로 접할 수 없는 것에 대해 배울 때 전혀 이해를 못 하고 지루해할 거라는 생각은 많은 아이들이 공룡과 고대 이집트에 매료되는 것을 보면 오해라는 게 드러납니다. 〈출처 : 공룡 © Redvodka; 파생 사진, 원본은 Mathnight, via Flickr: https://commons.wikimedia.org/wiki/Dinosaur#mediaviewer/File:TriceratopsTyrrellMuseum1.jpg 미라 © Klaufubra, via Flickr: http://commons.wikimedia.org/wiki/Mummy#mediaviewer/File:Mummy_at_British_Museum.jpg〉

없는데 "현재의 이라크"라는 말은 아이들에게는 아무 의미가 없다.

셋째, 아이들이 속해 있는 현대 문명이 무엇인지도 모르는데 다른 나라의 문명을 어떻게 알겠는가.

제 대답은 간단합니다. 아이들이 이해할 수 있는 것과 없는 것에 대해 개괄적인 결론을 도출하는 건 쓸모가 없습니다. 아이들의 이해력은 그들이 알고자 하는 것에 달려 있습니다. 저는 사람들이 "6세 아이는 추상적 개념을 이해할 수 없다."고 말하는 것을 들은 적이 있습니다. 하지만 "개"라는 단어를 사용하는 것을 배우는 것은 추상적입니다. "개"라는 단어가 한 특정 대상만이 아니라, 생김새가 다르더라도 같은 특징을 지닌 대상의 부류에도 적용된다는 개념도 추상적인 것입니다. 특정한 추상적 개념을 배울 수 있는지 없는지는 아이의 나이에 따라 생물학적으로 미리 정해져 있는 발달 과정보다는 아이가 이미 알고 있는 지식에 더 많이 좌우됩니다.

"발달의 적합성"(Developmental appropriateness)은 정신 작동 원리가 오류일 거라는 가정을 근거로 하고 있습니다. 이 이론은 정신은 개별적 단계들을 거쳐서 발달한다고 설명합니다. 이런 발달의 과정은 1개월 된 아이의 생각이 작동하는 방식이 있고 몇 개월이 지난 후는 다른 방식으로 작동하게 된다는 것입니다. 이것이 바로 "현재는 배울 수 없지만 1년 후에는 대부분이 배울 준비가 될 것이다."라는 사고방식의 배후에 깔린 발상입니다. 그러나 새로운 관념들의 학습은 간헐적으로 이뤄진다는 설명이 더 정확합니다. 그래서 아이는 일부 상황에서는 이해를 하지만 또 다른 상황에서는 이해하지 못합니다. 아이는 화요일에는 이해하는 것처럼 보이다가 목요일에는 똑같은 상황에서도 이해를 못 합니다. 따라서 어떤 문명이 5천 년 동안 존재했다는 게 무슨 의미인지에 대해 어느 정도 이해를 하게 되는 것은 아이 본인에게 달려 있습니다. 아이들이 관념을 이해할 수 있다는 확신이 들 때까지 기다린다면 너무 오래 기다려야 합니다.

아내가 가르치는 수업에서 일어난 사례를 하나 소개하겠습니다. 아내는 7세 아이들에게 우주의 탄생과 인류의 기원에 대해 가르칩니다. 아내는 빅뱅에 대한 설명을 읽습니다. 그리고는 은하, 별, 행성의 순차적 형성과 지구의 형성, 생명의 시작, 다른 종들의 발달, 그리고 마지막으로 인간의 진화에 대한 설명을 읽습니다. 이런 설명은 3쪽에 달하는 분량입니다. 아내가 우주에 관한 내용을 읽는 데 맞춰 조교가 폭이 0.31m에 길이가 13.72m인 검정 펠트 두루마리를 풀어갑니다. 마지막 문장은 인류의 등장을 설명합니다. 이 때 펠트의 끝부분이 마저 펼쳐집니다. 이 부분은 가느다란 붉은색 리본으로 덮여 있습니다. 검정색 펠트는 빅뱅 이후의 시간을 나타내며 붉은 색 리본은 인류가 존재한 기간입니다. 그렇다면 이것을 본 후 7세 아이들이 광대한 시간에 대해 완벽한 개념적 이해를 얻게 될까요? 물론 아닙니다. 그러나 이전보다는 우주와 인류에 대해 좀 더 이해했으리란 것은 분명합니다.

❷ 시간을 내기

더 심각한 문제는 시간입니다. 앞에서 내용적 지식에 더 많은 관심을 기울이라고 제안하고 있는데 관심은 곧 시간을 의미합니다. 저학년 수업들은 교육 시간이 짧습니다. 학생들이 한 활동에서 다른 활동으로 옮기는 시간이 더 오래 걸리기 때문입니다. 그리고 교사가 발음 중심 교육을 약간 하고, 소리 내어 읽기를 약간 하고, 작문을 약간 하고 나면 그날 시간이 얼마나 남을까요? 2000년대 초반에 나온 몇몇 연구에서 연구자들은 미국 전역의 1학년과 3학년 수업 수 백 개를 관찰하여서 무슨 일이 일어났는지 기록했습니다. (도표 8.-2 참조)

따라서 "콘텐츠를 추가할 시간이 없다."는 이의 제기에 대해 저는 "시간을 만들어 내야 한다."고 답하겠습니다. 그리고 최소한 이런 평균치들만 살펴봐도 무슨 시간을 줄여야 할지는 자명합니다. 학생들이 얻을 이득이 가장 적어 보이는 영어 시간 활동을 단축하고, 그 시간을 과학, 역사, 연극, 윤리 등으로 대체해야 합니다. 그러

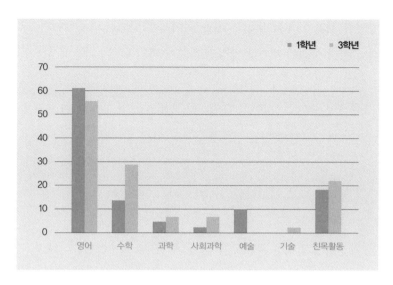

도표 8-2. 수업별 시간. 1학년(왼쪽 막대), 3학년(오른쪽 막대)의 과목별 할당 시간. 숫자를 더하면 100%보다 훨씬 커집니다. 일부 수업은 한 개 이상의 과목들을 합쳤기 때문입니다.

출처: 1학년 데이터는 "전반적인 1학년 수업 환경과 구조적인 수업 특성들과 교사 및 학생 행동의 관계"(The relation of global first-grade classroom environment to structural classroom features and teacher and student behaviors)에서 인용. © The University of Chicago Press, 2002. 3학년 데이터는 "3학년의 하루 : 수업 질과 교사와 학생 행동에 대한 대규모 연구"© The University of Chicago Press, 2005.〉 보다시피 영어와 수학이 거의 모든 교육 시간을 차지합니다. 과학과 사회는 경시됩니다.

지 않으면 이후 학년이 올라가면서 독해력 측면에서 어려움을 겪으리라고 예상할 수 있습니다.

셋. 가정에서의 읽기

바로 전 단락은 학교 수업에서 내용 지식에 할애하는 시간에 대한 꽤나 심각한 일련의 통계 자료로 끝을 맺었습니다. 5장에서 저는 아이가 책을 읽도록 만드는 일은 교사에게 맡기라고 했습니다. 그러나 지식 축적에 대한 문제라면 학교에 의지하거나 낙관해서는 안 됩니다.

이 일은 바로 여러분의 몫입니다. 3장은 지식에 대한 관심을 촉발하는 바람직한 훈련을 설명했습니다. 이런 훈련들은 여전히 중요합니다. 하지만 아이들의 나이가 많아지면 이런 활동들 중 일부는 다른 형태를 띠게 됩니다.

가정에서 필요한 훈련을 좀 더 구체적으로 설명하겠습니다.

(1) 말하기(Talking)

아이가 자라면서 부모들은 좀 더 개방적인 질문들을 던지고, 아이가 좀 더 길게 대답할 거라고 기대하게 됩니다. 가장 자연스럽게 질문할 수 있는 것은 학교에서 있었던 일에 대한 것입니다. 아이들은 수업시간 이외의 쉬는 시간이나 점심시간(친목 생활)에 대해서 이야기를 할 것입니다. 그런 것도 좋습니다. 하지만 그날 하루 중 그 친목생활을 제외한 나머지 시간에 대해서 알 수 있으면 좋습니다. 그로 인해 여러분은 아이가 학교에서 배우는 것에 대한 관심을 보여주는 기회를 얻게 됩니다. (단지 내 아이가 뭔가를 배우기 때문에 관심을 갖는

• 이 데이터는 유감스럽게도 현재 기준으로는 좀 오래된 것입니다. 1학년은 1997-1999년, 3학년은 1999-2001년에 수집한 데이터이기 때문입니다. 그러나 제가 아동 낙오 방지법이 독서와 수학을 덜 중시하게 만들었다고 생각하는 교사나 행정관을 많이 알지는 못하지만 최근의 소규모 연구들은 이런 일반적인 결론을 뒷받침해 주고 있습니다.

게 아니라 아이가 배우는 대상 자체에 흥미를 가질수 있습니다.) "또 무슨 일이 있었니?"라고 물으면 돌아오는 건 아이의 멍한 표정입니다. 구체적인 질문을 하는 것이 최선의 전략입니다. 예를 들어, 매일 5분간 선생님이 제시한 즉석 주제문에 대해 글쓰는 수업이 있다는 걸 안다면 이렇게 묻습니다. "오늘 즉석 작문 주제는 뭐였니?" 그렇게 하면 여러분은 아이의 교실에서 일어나는 구체적인 일을 알게 됩니다. 학급 신문이나 웹사이트 또는 학부모 간담회에서 정보를 얻게 될 지도 모릅니다. 그보다 좋은 방법은 선생님과 직접 상담하는 것입니다.

제 생각에 아이들은 하루 중 일어났던 일을 부모에게 얘기하면서 여러 가지를 배웁니다. 아이들은 이야기를 만들고 자기의 생각을 정리하고 처음, 중간, 끝의 방식으로 이야기를 연결해 말하는 연습을 하게 됩니다. 그러므로 운동장에서 펼쳐지는 1학년 또래 아이들의 이야기가 여러분이 아이에게 '학교에서 무슨 일이 있었니?'라고 물었을 때 듣고자 기대했던 내용이 아닐지라도, 여러분은 인내심을 갖고 들어야 합니다. 왜냐하면 아이는 그렇게 이야기를 하기 시작하면서 조금씩 배워가니까요. 여러분이 좀 더 아이의 이야기에 관심을 기울이고 질문을 해주고, 아이가 조리 있게 이야기를 하지 않을 때 잘 못 알아듣겠다는 시늉을 해준다면 아이는 더 많은 것을 배우게 될 것입니다.

아이에게 피드백을 해 주는 것에 더해 아이에게 어떻게 이야기를 풀어내는지도 보여주세요. 여러분의 이야기를 들려주면 됩니다. 부모도 한때 어렸다는 걸 이해하는 적령기에 해당하는 이 아이들은 여러분의 어린 시절 이야기를 듣는 것을 정신이 빠져버릴 정도로 좋아합니다. 아이들은 여러분의 이야기를 들으면서 이야기의 모델을 얻게 됩니다. 그리고 이야기 속에는 여러분이 생각한 것보다 더 많은 배경지식이 있습니다. 나의 아버지는 나에게 1930년대 조지아주州 롬에서 보낸 그의 소년 시절 이야기를 셀 수 없을 정도로 많이 들려주었습니다. - 시내 빌딩 사이 골목에서 했던 깃발 뺏기 게임 이라든지 침대 시트가 땀으로 흥건히 젖어 잠 못 이루던 7월의 밤, 좌우로 돌아가는 선풍기의 미풍을 기다리던 이야기. 어느 여름, 그 도시를 발칵 뒤집은 이야기도 있습니다. 한 소년이 정육점 칼을 든 겁 많은 식당 점원에게 자기 손가락을 잘라 보라고 부추겼고 식당 점원은 소년이 마지막 순간에 손을 뺄 거로 생각하고 칼을 내리치게 되고 결국 소년의 손가락이 잘려 버린 사건. 이런 이야기를 들으면서 물론 나는 아버지와 더욱 친밀해졌고 어떻게 이야기를 재미있게 짜서 전달할 수 있는지를 배웠습니다. 그리고 나는 alleyways(골목), oscilating fans(흔들이 선풍기), soda jerks(식당 점원)와 같은 새로운 단어도 배웠습니다.

(2) 읽기

당연히 여러분은 자녀에게 계속 책을 읽어줘야 합니다. 아이가 혼자서 읽을 수 있다고 또는 아이가 여러분에게 책을 읽어 줄 수 있게 되었다고 해서 그만두면 안 됩니다. 자녀가 어렸을 때 여러분이 아이에게 책을 읽어 준 이유는 아이가 혼자 읽을 줄 몰라서가 아니라 아이와 함께 즐거운 시간을 보내기 위해서였다는 것을 기억하세요. 이 점은 달라지지 않았습니다. 아이가 해독하는 법을 배우는 데 어느 정도의 어려움이 필연적으로 뒤따른다는 걸 고려하면 소리 내어 읽기는 아이에게 독서의 즐거움을 상기시키는 시간입니다. 게다가 자녀가 좀 더 복잡한 이야기를 이해하고 즐길 수 있는 능력을 기르면 여러분이 재미있게 읽은 책을 아이에게 소개할 수 있는 멋진 기회도 얻게 됩니다.

어린 아이들에게 논픽션을 포함하여 모든 책을 소리 내어 읽으라고 권했습니다. 어떤 아이들은 사실을 다루는 책을 좋아합니다. 어느 일곱 살 아이가 나에게 점잖은 목소리로 "저는 정보로 가득한 책을 좋아해요." 하고 얘기한 적이 있습니다. 물론 모든 아이가 논픽션을 좋아하는 것은 아닙니다. 그러나 이 연령대의 아이에게는 논픽션 책을 다시 권해야 합니다. 아이를 위한 논픽션 책을 선별하는데 지침이 될만한 개인적 관심사를 자녀는 이미 가지기 시작했을 테니 참고해서 책을 권하면 됩니다. 축구, 곤충, 발레 등 뭐든지 간에요. 아동 독자를 대상으로 발간된 그림, 사진이 가득한 책들은 여전히 수없이 많습니다. 하지만 반드시 풍부한 글이 함께 있는 책이어야 합니다.

재미를 일으킬 만한 추천도서

자녀가 징그러운 장난감을 사랑한다면 닉 아놀드의 'Disgusting Digestion'(〈역겨운 소화[B1]〉)가 어떨까요? 아이가 조립 장난감의 추종 자라면 〈목격자: 로봇[B2]〉을 좋아할지도 모릅니다.

Book 1 ▸
소화 기관 위에 대한 과학 그림책이다. 한국에서는 앗, 이렇게 재미있는 과학이! 14 꼬르륵 뱃속 여행 제목으로 출간되었다.

Book 2 ▸
헥스버그라도 알려진 로봇 책이다.
DK Eyewitness Books

이 연령대 논픽션은 동물, 날씨, 역사적 사건과 같은 특정 주제가 장악하고 있습니다. 논픽션을 읽게 하는 또 다른 방법은 비록 아이가 이해하기에 어려운 내용일지라도 아이가 좋아하는 게임과 연관된 그림이 많은 책으로 시도하는 것입니다. 만약 아이가 바비 인형을 좋아한다면 바비 인형 패션 변천사와 같은 글을 읽게 하는 건 어떨까요? 만약 여러분이 도서관에 간다면 이 아이디어들로 아이들의 관심을 조금이라도 끌어내 보세요. 아이가 아직 보지 않은 주제의 책을 빌려서 아무 말 없이 욕실 책 바구니에 넣어두세요. 혹시 모르잖아요(만약 여러분의 자녀가 내 아이와 같다면 그 책들을 여러분의 책 바구니에 넣어두고 당신이 읽으려는 것처럼 하면 아이가 흥미를 더 가질지도 모릅니다).

(3) 놀기

게임 문제에 관해서 얘기하자면, 어떤 보드게임은 유용한 배경 지식을 제공합니다. 전 지금 발음이나 숫자 정보를 반복 훈련하는 게임처럼 보이는 문제에 대해 말하는 것이 아닙니다. 게임을 가장한 이런 연습 문제들은 '초콜릿 바른 브로콜리'라고 경멸적으로 불려야 마땅합니다. 그러나 어떤 게임은 정말 재밌고 또 놀이를 하기 위해서는 지식이 요구됩니다. 저는 지식을 요구하는 게임이 아니라 놀이를 하면서 은연중에 지식을 얻게 되는 게임을 특히 좋아합니다. '도망치는 제우스'는 게임 캐릭터로 그리스 신들이 등장합니다. 게임 '마스터피스'의 핵심은 진귀한 미술품을 수집하는 것이고 그것은 서양화의 명작들입니다. '20세기 시간 여행'게임은 역사 카드 게임('Rummy'같은 카드 게임) 인데 전통 카드 게임 ' Authors'과 다르지 않습니다. 이 게임은 부모의 주의가 필요합니다. 이런 종류의 많은 게임이 교육적인 것이라고 주장하지만 만약 게임에 주사위가 있으면 그것은 숫자놀이고, 분류를 요구하는 것이면 패턴 찾기 게임일 뿐입니다.

각 가정에서 만든 단어 게임은 여전히 재밌고 좋은 게임입니다만 아이들은 자라면서 취향이 변합니다. 같은 운 만들기 같은 음운 인식 게임을 하기엔 너무 자라버렸지만 대신 단어 게임을 할 수 있는 충분한 어휘력을 가집니다. 저의 아이들은 단순한 게임을 좋아합니다. 제가 단어를 말하면 아이들은 내가 생각하는 동의어를 맞추는 것입니다. 예전의 게임 쇼 'Password' 기억하세요? 그와 같은 게임입니다. 때로는 아이들이 단서를 주고 제가 알아맞히기도 하지만 제가 단어를 제공하는 방식이 아이들에게 더 쉽습니다. 고난도 단어는 아이들이 생각해내기는 어렵지만 다른 이가 말할 때

Book 1 ▸
The Scrambed States of America
보드게임용어

Book 2 ▸
apples to apples: Jr. books 보
드게임용어

Book 3 ▸
Scrabble junior 보드게임용어

알기는 쉬우니까요. 좀 더 어려운 게임은 두 단어로 답하는 게임입니다. 나는 같은 운을 가진 두 단어를 생각하고 그에 대해 설명을 합니다. "바지가 왈츠를 추는 것을 뭐라고 불러?"라고 물었을 때, 답은 "팬츠 댄스"가 되는 것이지요.

제 아내는 교실에서 아이들과 "다시 말해줘, 샘"이란 다른 버전의 동의어 게임을 합니다. 다양한 연령대의 아이들이 할 수 있는 게임입니다. 누구나 아무 문장을 말하는 거로 시작하면 됩니다. "이 컵케이크는 분홍 설탕이 발렸어."라고 시작했다고 해봅시다. 다음은 각자 원래 문장을 바꿔 말해야 합니다. 다섯 살 아이는 이렇게 말할지 모릅니다. "이 작은 케이크는 분홍 설탕이 발렸어." 열 살 아이는 좀 더 욕심을 부려 원래 문장을 반복하지 않으려고 이렇게 말할 수도 있겠네요. "내 앞에 있는 이 작은 케이크는 붉은색으로 보이는 설탕과 버터를 섞은 것으로 덮여 있어." 아이들이 이 게임에 빠져들면 놀라울 정도로 창의적이 될 수 있고 놀랍도록 재미있을 수 있습니다.

(4) 스스로 학습하기

여러분은 자녀가 해독하는 법을 배우고 유창성과 자신감을 얻게 되면 지금까지 아이를 위해 부모가 대신해주던 일을 아이 스스로 할 수 있게 되길 원할 것입니다. 게다가 아이 스스로 자기 일은 자기 혼자서 하길 원할 것입니다. 단어의 정확한 의미가 필요하거나 어떤 사실이 논쟁 중이면, 부모가 사전이나 백과사전에서 필요한 정보를 찾곤 했습니다. 그런데 이때야말로 아이가 직접 이용할 수 있는 아동용 참고 도서를 구입할 적기입니다. 그리고 이것만은 명심하세요. 아이들은 이런 사전 종류의 책들을 어떻게 이용하는지 잘 모르는 초보자이므로 부모의 지도가 필요합니다.

여러분이 가족 여행을 계획할 때 아이들에게 초보자 수준의 조사 기술을 연습시킬 수 있습니다. 디즈니 월드로 갈까? 지구본에서 올란도를 찾아보자. 제대로 옷을 챙겨갈 수 있게. 거기 날씨가 어떨 거라는 걸 어떻게 알아낼 수 있을까? 여긴 이렇게 추운데 올란도는 왜 이렇게 덥지? 등등. 비록 당일 여행을 간다 하더라도 지도에서 목적지를 찾아보고, 그곳에 대한 정보도 찾아 읽어 보는 겁니다.

아이의 자립을 확실히 보여주는 또 다른 징표는 아이가 볼 잡지를 스스로 구독할 준비가 된 것입니다. 이는 세 가지 측면에서 흥분되는 일입니다.

(1) 훌륭한 아동용 잡지들이 정말 많이 있습니다.
(2) 스스로 잡지를 구독한다는 건 아이가 한층 성장했다는 증거입니다.

사진 8-3. 지구본을 사세요. 지구본은 이런 웹 시대에는 시대에 뒤떨어진 것으로 보입니다. 게다가 가격이 싸지도 않습니다. 괜찮은 건 50달러가 넘으니까요. 그러나 지구본 구입은 훌륭한 투자입니다. 아이에게 지리적 거리감을 익히게 하는 데는 지구본만 한 게 없습니다. 그리고 아이는 수년 동안 지구본에서 미국이 그렇게 큰 게 아니었잖아? 리히텐슈타인이 나라였어?와 같은 놀라운 발견들을 할 수 있습니다.

(3) 누구나 우편물을 받는 것을 좋아합니다.

〈레이디벅〉〈클릭〉〈하이라이츠〉〈내셔널 지오그래픽 키즈〉(〈레인저 릭〉과 〈레인저 릭, 주니어〉〈니켈로데온〉(〈스포츠 일러스트레이티드 키즈〉(〈아메리칸 걸〉(A〈스톤 수프〉(S〈타임 포 키즈〉 구독을 고려해보세요.

잡지는 지식을 쌓게 해줄 뿐 아니라, 아이들이 글을 읽도록 동기부여를 지속해서 해줄 것입니다. 9장에서는 초등학교 저학년 독자들의 독서 의욕을 유지하기 위해 해줄 수 있는 다른 방안들을 살펴보겠습니다.

스스로 독서하는 아이

평균적인 아이의 독서에 대한 태도는 초등학교 저학년 때는 긍정적이지만 해가 갈수록 점점 더 부정적으로 변해 갑니다. 사춘기가 되면 보통 아이는 독서에 무관심하거나 심지어 약간 부정적이기까지 합니다. 저학년 시기에는 아이들 대부분이 독서에 여전히 긍정적이기 때문에 독서 의욕 감퇴를 막는 법을 시도해 보는 좋은 시기입니다.

하나. 학교에서의 읽기

저학년 아이들은 누가 읽어 주는 것을 듣기만 하는 게 아니라 스스로 읽기를 시작합니다. 그리고 자기와 읽기 능력을 비교해 볼 수 있는 다른 아이들이 한 학급에 있습니다. 이런 것들이 독서에 대한 자아개념과 독서에 대한 태도에 영향을 미치는 새로운 요소들이 됩니다.

(1) 독서를 통한 자아개념

4세, 5세의 아이들은 스스로를 만능 재주꾼이라 여기는 경향이 있습니다. 스스로 똑똑하고 힘이 세고 재주가 많다고 느끼며 입증하고 싶어 안달입니다. 그네를 타고 아주 높이까지 올라갈 수 있다든가, 실제로 전체를 알든 모르든 A B C 노래를 부를 줄 아는 능력을 말합니다.

아이가 7세, 8세가 되면, 자아개념은 점점 더 복잡해집니다. 아이들은 "똑똑하다"는 것이 한두 가지 재주를 가졌다는 의미가 아니라 여러 행동들이 통합되어 드러난다는 것을 이해하게 됩니다. 아이들은 다양한 경험들을 결합한 하나의 이야기로 자기가 누구인지를 설명합니다. 그래서 이 연령대의 자아개념은 더 이상 자화자찬의 대상이 아닙니다. 자신에게 몇 가지 긍정적 자질이 있긴 해도 다른 것들은 부족하다는 걸 알아차립니다. 이런 이해에 도달할 수 있는 건 비교를 통해서입니다. 자기가 빠르고 강하다고 생각했지만 다른 애들이 자기보다 더 높이 그네를 타고 더 빨리 달릴 수 있다는 걸 알게 된 것입니다.

아이들은 독서가 가족이 중요하게 여기는 가치라는 것을 이해하고 부모가 읽어주는 책을 듣고 그것을 즐기는 것만으로도 독자로서의 자신감을 얻습니다. 아이들 자신은 좋은 독자인지 아닌지는 그들의 자아개념과는 무관합니다. 어차피 아직 혼자서 읽지도 못하고 그들 자신에 대한 평가는 그리 현실적이지 않기 때문입니다.

그러나, 저학년 아이들은 자신의 읽기 수준을 다른 학우들의 읽기 수준과 비교하기 시작하는데 그것이 훌륭한 독자인지 아닌지에 대한 독자로서의 자아개념을 형성하는 요인이 될 것입니다. 교사들은 읽기 수준이 비슷한 아이들을 그룹으로 나눠 비슷한 난도의 글을 읽게 하기 때문에 이런 비교는 종종 쉽게 이루어집니다. 교사들이 아이들을 "똘똘이" 또는 "멍충이"로 부르지는 않을 테지만 초등 1학년생도 파랑새 그룹의 아이들이 개똥지빠귀 그룹 아이들보다 더 잘 읽는다는 건 쉽게 눈치챌 수 있습니다.

자신의 읽기 능력이 별로인 걸 분명히 인지한 아이들에게 독서에 대한 동기 부여와 독자로서의 자아개념을 유지하는 일은 간단한 문제가 아닙니다. 최선의 해결책은 다음의 두 가지를 병행하는 것이며 이 두 가지는 읽기를 잘할 수 있다는 충분한 자신감을 가질 수 있게 합니다.

첫째, 먼저 잘 읽었다고 칭찬해 줍니다.

둘째, 지금 너희들이 배우는 것은 어려운 것이라고 인정해 줍니다.

유치원생과 초등학생의 자아개념은 큰 차이가 있습니다. 유치원생은 거의 예외 없이 유치원 생활에 행복해합니다. 물론 유치원생도 이런저런 활동들을 지겨워하거나 좌절을 겪기도 하지만 다음에 할 것이 무엇이든 간에 항상 의욕에 차 있습니다. 하지만 4학년생은 그렇지 않습니다. 거의 모든 4학년 교실에서 10분만 지나면 아이들은 학교를 기회나 기대의 장소로 보지 않고 실패나 창피함을 느끼는 장소로 여긴다는 게 확연히 드러납니다. 이 관찰 결과를 저학년 교사들에게 얘기했을 때, 교사들은 종종 "4학년에서 그걸 발견하셨군요. 우리는 그걸 2학년 심지어 1학년 아이들에게서도 본답니다."라고 말합니다.

여기에는 문해력이 관련되어 있습니다. 해독하는 법을 배우는 것이 어려운 아이가 있습니다. 아이는 다른 학우들과 달리 자신이 읽기를 잘하지 못한다는 것을 알게 됩니다. 당연히 아이는 읽기에 낙담하게 될 것입니다. 그런데 학교에서 대부분의 시간을 언어 교육에만 바치고 있다는 걸 생각해 보면, 읽기 시간이 끔찍한 학생이 학교는 자기와 맞지 않는다는 결론을 내리는 게 이상한가요? 앞서 저는 커리큘럼의 폭을 넓히는 것이 일반적 지식을 쌓는데 아주 중요하다는 의견을 제시했습니다. 그러므로 유치원에서부터 언어 외 다른 과목에 할애하는 시간을 늘리면 동기 부여 측면에서도 유용합니다. 읽기에 어려움을 겪고 있는 아이가 읽기 시간은 두려워할진 몰라도 과학이나 역사, 연극 등이 다음 시간에 있다는 걸 알면 학문적 자아개념은 더욱 긍정적으로 유지될 것입니다.

(2) 긍정적인 태도

아이는 독서에 긍정적 태도를 가지고 학교에 다니기 시작하지만 해가 갈수록 이런 태도가 사라진다면 왜 이런 일이 일어나는지 그 요인을 가능한 한 확실히 알아야 합니다. 독서 지도 방식과 교사 스스로의 독서에 대한 태도, 이 두 가지가 아이의 독서 태도에 영향을 미칠 가능성이 크다는 연구가 많습니다.

❶ 지도와 동기부여

발음 중심 교수법은 정말 재미없어 보입니다. 이는 의미가 없는 기계적 암기라서 아이들이 읽기를 시시한 일로 생각하게 만드는 것 같습니다. 그러나 연구에 의하면 이것은 합리적 추정이 아닙니다. 사실, 아이들이 읽기 시작할 땐 서로 연관이 없는 단어들을 읽는 것조차 어느 정도의 의미가 될 수 있습니다. 또한 아이들은 고학년생과 어른들의 것으로만 여겼던 독서 활동을 자기들도 한다는 것에 신이 날지도 모릅니다. 그리고 전체 단어 교수법에 사용되는 교재는 흥미가 없을 수도 있습니다. 그러므로 발음 중심 교수법이건 전체 단어 교수법이건 해독을 배우는 특정 방식이 아이들의 읽기 태도에 영향을 주는 것은 아닙니다.

아이들이 나이를 먹을수록 독서에 대한 태도가 점점 부정적으로 변해간다고 합니다. 이런 현상은 읽기를 배우는 게 힘든 아이일수록 더 빨리 나타납니다. 더구나 스스로 읽기에 어려움을 겪고 있다는 사실을 자각하게 만드는 일 ('느리게 읽는' 독서그룹에 집어넣는 일)은 문제를 더 악화시킵니다. 그래서 읽기를 잘하는 아이가 독서에 대한 좋은 태도를 갖게 된다는 것이 상식이 되었습니다.

또한 전체 단어 교수법과 발음 중심 교수법을 비교할 때, 광범위한 문해 프로그램 중 단지 한 부분만 비교하고 있다는 것도 유념해

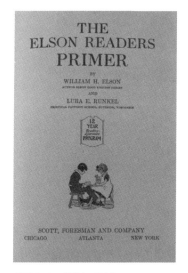

아기 고양이는 검은색이다.

앨리스는 아기 고양이를 좋아한다.

그녀는 아기 고양이에게 우유를 주었다.

아기 고양이는 우유를 좋아한다.

앨리스도 우유를 좋아한다.

아기 고양이가 말했다. "냐옹 냐옹!"

아기 고양이는 잠이 들었다.

사진 9-1. 제인 L. 혹시(Jane L. Hoxie). 전체 단어 교수법용으로 나온 책에서 발췌한 것입니다. 이 책의 의도는 아이들이 흥미진진한 이야기에 빠져들도록 하는 데 있겠지만 아이들이 이제 막 읽기를 시작했을 때는 흥미로운 이야기를 만드는데 필요한 단어들을 충분히 알지 못합니다. 〈출처: 더 엘슨 리더스, 초급 독본 The Elson Readers, Primer, (Scott, Foresman, 1920)〉

야 합니다. 예를 들어, 학생들에게 책을 읽어주는 것처럼, 독서 프로그램에 좋은 아동 문학을 포함하는 것이 좀 더 긍정적인 독서 태도를 만든다고 봅니다. 두 가지 교수법 모두 맞다는 것을 증명하는 데이터는 방대하고 정확합니다. 따라서 발음 중심 교수법이 그다지 재미있지 않을지라도 동기 부여를 제공하기엔 적당합니다.

❷ 교사가 아이의 독서 태도에 미치는 영향

왜 특정 방식의 교수법이 학생들의 읽기 태도에 영향을 주지 않는지에 대한 설득력 있는 또 다른 설명이 있습니다. 정말 중요한 것은 독서 프로그램을 진행하는 교사의 방식입니다. 학생들의 참여를 이끌어내는 것은 프로그램이 아니라 교사의 영향이라는 것을 보여주는 연구는 1960년대까지 거슬러 올라갑니다. 그렇다면 학생들이 읽기에 열의를 가질 수 있도록 교사가 어떻게 해야 할까요?

교사는 학생의 수준에 따라 적합한 시기에 적절한 양의 도움을 주어야 합니다. 그리고 학생들에게 열정과 확신을 가지고 학급에 긍정적인 정서적 분위기를 만들어줘야 합니다. 학생들에게 정서적으로 세심하게 다가가고, 잘하지 못할 때는 위로해 주고 동시에 잘해낼 수 있다는 확신을 표현해 주어야 합니다. 수업이 지루해져서 수업 활동을 바꿔야 할 때, 해당 학습이 충분히 이루어져서 단원을 끝마칠 때, 학생들을 좀 더 열심히 하게 만들어야 할 때, 교사는 수업의 탄력을 유지할 방법을 알고 있어야 합니다. 교사는 때에 따라 학생 중 누구에게 질문을 던져 수업을 이끌지 알아야 하고, 상황에 따라 수업 난도를 조정해서 좌절하지 않을 만큼 도전정신을 북돋울 수 있어야 합니다. 독서 수업 시행 기술을 하나하나 살펴보면 왜 교사의 역할이 중요한지 알게 됩니다.

자녀의 수업 참관 시 얼마나 숙련된 교사인가를 파악하기가 쉽지 않은 것도 사실입니다. 앞 문단을 다시 보고, 교사가 어느 시점에 어떤 결정을 내리는지에 주목해 보세요. 교사는 반 전체 또는 개별 학생을 파악한 후 '행동'해야 합니다. 교사는 하루에 천 번이나 되는 결정을 내릴 거라고 합니다. 교사가 결정을 내리는 순간들은 부지불식간에 나타났다 사라지기 때문에 예리한 안목이 있어야 평가가 가능합니다. 자, 그럼 자녀의 수업을 참관할 때 부모는 무엇을 지켜

봐야 할까요?

(3) 독서하는 태도와 자아개념을 형성하는 교실

첫째, 능률적인 학급은 읽기가 가장 중요하게 여겨지는 곳입니다. 그래서 교실 내에 읽기와 관련된 물품을 중요하게 다루고 있습니다. 이런 교실에는 양과 질에 있어 상당히 잘 갖춘 도서 모음 코너가 있습니다. 교실 도서관이라고 할 수 있습니다. 교실 벽에는 추천 도서 목록이 붙어 있는데 단지 색색의 포스터나 영감을 주는 메메세지일뿐만 아니라 학생들이 실제 계속해서 이용하는 도구들입니다. 제가 방문했던 한 교실에서 본 것을 예로 들면, 벽에 만화로 그린 커다란 남자가 있었습니다. 1학년생이 작문할 때, 자기가 쓴 문장이 완벽한지 확인하는 데 도움을 주기 위해 만들어 놓은 것입니다. 남자의 머리는 문장을 시작할 때의 대문자를, 발은 구두점(문장을 마칠 때 쓰는 문장부호)을, 몸의 다른 부분들은 명사와 동사를 나타냈습니다.

두 번째로, 교사들이 독서에 대한 열정의 본보기가 되어 독서의 혜택을 아이들에게 보여주는 것이 도움이 된다는 연구가 있습니다. 제 아이를 가르치는 교사가 책에 대해 이야기할 때, 교사의 빛나는 눈빛을 보는 건 신나는 일입니다. 유능한 독서 교사들은 학생들에게 신문에서 본 무언가에 대한 자신의 의견을 밝히거나 어떤 책이 자기에게 어떤 영향을 미쳤는지 설명하는 것으로 독서의 즐거움이 일상생활 속에서 일어나고 있음을 말해 줍니다.

훌륭한 독서 교사는 학생들이 스스로를 유능한 독자로 여길 기회를 만들어 냅니다. 그런데 이 점은 알아채기가 좀 어렵습니다. 여러분은 교사가 아이에게 이유 없이 끝없는 칭찬을 하는 것을 보길 원치 않습니다. 독서 수행 능력에 초점을 맞춘 칭찬은 특히 경계해야 합니다. 얼마나 빨리 읽는지, 얼마나 정확하게 읽는지를 칭찬하면 아이가 독서 수행 능력에 중점을 둘 것은 불을 보듯 뻔합니다. 수행 능력을 칭찬하는 것은 결국 아이가 실패를 피하는 데 집중하는 결과를 낳을 수 있습니다. 그보다는 실패를 정상적인 것이라고 느끼게 만드는 편이 낫습니다. 아이들은 실패를 뭔가를 배우는 기회로 보아야 합니다.

여러분도 아이가 수행 능력 대신 배우는 것에 초점을 맞추길 바랍니다. 연구 결과에 따르면 교사가 아이들의 노력을 높이 사고, 난이도 높은 책을 선택해서 더 많은 것을 배우려 하는 것을 칭찬할 때, 아이들은 독서에 대한 동기부여를 훨씬 더 가집니다. 아이들이 독서에 대해 자신감을 잃을 때, 효과적인 훈련법은 이전에도 장애물을 만난 적이 있지만 극복했음을 상기시키는 것입니다. 부모와 교사 모두에게 적용되는 아주 중대한 원칙은 아이가 기대에 부응하리라는 확신과 기대를 갖고 아이가 배워가는 과정 내내 지원하겠다는 다짐입니다. 독서 의욕을 고취하는 수업은 학생에게 선택의 기회를 제공합니다. 학생에게 선택권을 주는 목적은 학생들이 독서에 더 큰 주체 의식을 갖고 헌신하게 만드는 것입니다. 교사가 학생들에게 읽을 장소나 읽을거리를 결정하게 해도 좋습니다. 이 경우 교실 내 도서관이 있으면 큰 도움이 됩니다. 아니면 독서 후 활동을 선택하게 할 수도 있습니다. 리포트를 쓸지, 교사와 토론을 할지 등을 선택하게 하는 것을 말합니다. 학생들이 부적합한 책을 선택하는 경우가 생길 수도 있어서 교사는 항상 이 점에 유의하고 있어야 합니다.

둘. 가정에서의 읽기

초등학교 저학년 시기에는 가정에서 독서 의욕을 북돋우는 것에 대해 간과하기 쉽습니다. 아마도 아이가 피아노나 단체 스포츠처럼 새롭게 도전하는 활동들이 너무 많기 때문일 것입니다. 게다가 학교에서는 학업 부담이 서서히 커져서 거기에 더 많은 집중을 하게 됩니다. 이 과정에서 독서의 중요성이 밀려날 수 있습니다. 더군다나 자녀가 학교에서 읽기를 하고 있고, 학교에서 읽는 걸 좋아할 거라는 판단을 하고 있기 때문입니다. 그러나 독서를 위해 가정에서 해야 할 일은 여전히 많습니다.

이제까지 하던 대로 계속해 나가세요. 아이에게 부모와 형제자매가 독서하는 모습을 보여주는 것, 집에 항상 책들이 있는 것 등은 아이의 동기부여에 여전히 중요합니다. 혹시 당신이 이 책을 이제 막 집어 든 독자고, 6세 아이 자녀에게 낭독과 질문 같은 것을 한 번도 해본 적이 없어서 불안해졌다 해도 걱정할 것 없습니다. 아직 늦지 않습니다. 아이가 저학년일 때 시작해도 아직 늦지 않았다는 증거가 있습니다.

(1) 자아개념을 형성하는 부모

저는 이 연령대 아이들에게 자아개념을 결정하는 중요한 요인은 스스로를 다른 아이들과 비교하기 시작하는 것이라고 말했습니다. 즉, 자아개념은 아직 정립되지 않았습니다. 아이들은 스스로의 행동이 변해서든지, 또래들의 행동이 변해서든지 아니면 새로운 사람들을 비교의 기준으로 골라서든지 새로운 비교를 하게 될 때마다 자신이 누구인가에 대한 생각이 바뀝니다. 따라서 자녀가 부정적인 독서 자아개념을 가졌다고 해서 포기하지는 마십시오.

아이에게는 경험 그 자체보다 그 경험을 어떻게 생각하느냐가 중요합니다. 부모는 아이가 자신의 경험을 어떻게 이해할지 이끌어 줄 수 있습니다. 예를 들어, 초등 2학년 아이가 아빠에게 "전 읽기를 못해요."라고 말했다면 부모로서 우리는 본능적으로 아이의 기분을 좋게 하고 독서 자존감을 지켜주고자 하는 생각 때문에 가장 빠르고 쉬운 방법으로 아이 말을 부정하는 방법을 택합니다. "선생님이 네가 못 읽는다고 하셨니? 아니지? 그것 봐, 넌 잘하고 있는 거야." 부정은 아이가 실제로 잘하고 있을 때만 통합니다. 만약 아이가 잘 못하는 경우라면 부정은 통하지 않습니다. 더군다나 아이가 8살이라면 말이죠. 그보다는 아빠가 아이에게 일어난 상황에 대해 또 다른 해석을 해주는 게 좋습니다. "맞아, 읽기는 너무 힘들지. 아빠 생각에 그건 네가 엄마를 도와주고 어린 동생을 돌보는 데 너무 많은 시간을 보냈기 때문인 것 같아. 네 학급의 다른 친구들은 틀림 없이 읽기 연습을 할 수 있는 시간이 너보다 많았을 거야. 어쩌면 우리도 그래야 할 것 같구나." 그러면 아이가 "난 책 읽는 사람이 아니야."라고 스스로 결론을 내리려 하다가도, 그의 아버지가 제시한 다른 해석이 아이에게 자신의 문제를 해결할 다른 방법을 생각해 보도록 합니다.

부모는 아이의 경험을 해석해 주는 것 이상을 할 수 있습니다. 아이가 읽기에 자신감을 되찾을 수 있는 이야기를 해줄 수 있습니다. "난 독서와 맞지 않아"라고 결론을 내린 아이는 어쩌면 반에서 읽기가 가장 뛰어난 단짝 친구와 스스로를 비교하고 있을 수도 있습니다. 그리고 어쩌면 아이가 읽기를 해독으로만 여기고 있을 수도 있습니다. 그리고 자기가 언제나 책을 사랑한 아이였으며 일단 따분한 해독을 더 이상 하지 않아도 되면 다시 책을 사랑하게 되리라는 것을 상기할 필요가 있을지 모릅니다. 세 살 이전의 아이에 대한 정보를 가진 이는 부모가 유일합니다. 누구도 자신의 유아 시절을 기억하는 사람은 없으니까요. 아이가 아주 어렸을 때, 부모가 잠들기 전 침대 머리맡에서 읽어 준 이야기를 다음 날 인형에게 들려주곤 했다 해도 이 사실을 부모가 말해주지 않는 한 아이는 자기가 책 읽는 아이였다는 기억을 조금도 가질 수가 없습니다.

(2) 독서하는 태도를 형성하는 부모
부모의 믿음이 아이의 독서 능력에 중요하다는 건 분명합니다.

부모는 아이가 지금 당장은 아니더라도 앞으로 유능한 독자가 될 수 있다는 확신을 전달해야 합니다. 그에 비해 독서가 무엇을 위한 것인가에 대한 부모의 신념이 미치는 영향은 뚜렷하지 않습니다. 이 문제에 대해서 생각해 보는 것도 의미 있는 일입니다.

아이의 읽기를 기술로 생각하는 건 당연합니다. 읽기는 특정 종류의 업무를 할 수 있게 하고 연습하면 발전하는 기술의 속성을 많이 갖고 있습니다. 이건 분명한 사실입니다만 독서에 대한 이런 관점은 읽기의 또 다른 중요한 특성을 놓치고 있습니다. 읽는 법을 배우면 즐거움을 누릴 수 있다는 것입니다. 즉, 독서는 '즐거움'이 될 수 있습니다. 제가 아이들에게 가르친 대부분의 '기술'들은 즐거움이 빠져 있습니다. 제가 아이들에게 욕실 청소하는 올바른 방법을 가르칠 때, 욕실 청소일도 재미있는 일일 수 있다는 생각을 갖게 하는 어떤 것도 하지 않았습니다. 일이라는 게 제대로 된 방식으로 할 만한 가치가 있으며 어떤 식으로든 만족감을 주긴 하지만 일을 일이 아니라고 속여선 안 되니까요.

이것은 독서에 대해 우리가 아이에게 전하고자 하는 태도가 아닙니다. 독서는 더 성숙하기 위해서, 학교에서 좋은 성적을 얻기 위해서, 언젠가 직업을 갖기 위해 배우는 것이 아닙니다. 독서는 즐거움입니다. 아이들이 해독하는 법을 배울 때처럼 독서가 일처럼 느껴지는 드문 경우에도 결국엔 즐거움을 선사합니다. 한 연구에서 부모가 독서를 중요한 공부의 기술로 간주할 때보다 독서는 즐거움

사진 9-2. 독서에 대한 공리주의적 관점. 아마도 독서에 대한 공리주의적 관점을 옹호한 최고의 지지자는 스코틀랜드인 철학자 제임스 밀입니다. 그는 아들인 존 스튜어트 밀(위 그림)을 천재라는 구체적 목표를 가지고 키웠습니다. 존은 그리스어를 세 살 때 배웠고, 라틴어는 여덟 살 때 배웠습니다. 이런 노력은 어떤 면에서는 성공적이었습니다. 존은 19세기의 가장 위대한 철학자 중 하나로 알려졌습니다. 그러나 후에 존은 아버지가 강요한 치열한 공부가 자기 정신 건강에는 끔찍한 영향을 미쳤다고 썼습니다.

이라는 태도를 가졌을 때 자녀가 더 높은 독서 의욕을 가질 뿐만 아니라 읽기 성취도 역시 더 높다고 말해 줍니다.

물론 읽기에 대한 태도를 직접 말로 설명할 수도 있습니다. 아이가 읽기에 애를 먹어 좌절한 경우라면 이렇게 말하면 됩니다. "그래, 읽기가 힘들다는 건 나도 안단다. 하지만 누구에게나 힘든 거야. 그건 그저 네가 배워야만 하는 무엇일 뿐이야. 하지만 점점 더 쉬워질 거란다." 혹은 이렇게 말할 수도 있습니다. "이건 꼭 넘어야 할 산이야. 왜냐하면 이것이 지금부터 학교에서 하는 모든 것의 기본이 되거든." 아니면 반대로 〈하늘에서 음식이 내린다면〉을 읽게 된다면 얼마나 멋질지 생각해 봐!" 또는 "다음에 할머니를 찾아뵐 때 얼마나 근사할지 생각해 봐. 네가 '할머니께' 〈파퍼 씨의 12마리 펭귄〉을 읽어드릴 수 있잖니!"라고 말입니다.

부모는 행동으로 독서의 본질을 간접적으로 전달할 수도 있습니다. 부모가 이렇게 말한다고 해봅시다. "책을 적어도 한 장 읽을 때

까진 내 아이패드를 갖고 놀지 못해." 아이가 하고 싶어 하는 것에 독서를 조건으로 내걸면 독서는 일이라는 점을 확실히 알게 하는 셈이 됩니다. 아이가 독서해야 하는 최소 시간을 정하는 것도 마찬가지입니다. 이렇게 말하는 사람은 없습니다. "넌 오늘 나가서 적어도 20분 동안 그네를 타도록 해. 알겠니? 그리고 열심히 그네를 타야 한다."라고 말이죠. 마찬가지로 누구도 즐거운 걸 하는 것에 보상을 기대하진 않습니다. "과자를 정말 잘 먹었으니 1달러를 줄게"라고 말하지 않는 것처럼요. 사람들이 뭔가를 하면서 보상을 기대할 때는 보상이 없는 한 아무도 하지 않을 일을 할 때입니다. 학교 차원에서의 독서에 대한 보상 제도는 아이들이 좀 더 나이가 들었을 때 시작되는 경향이 있습니다. 이 문제에 대해선 12장에서 논하도록 하겠습니다.

(3) 스스로 독서하는 아이를 위한 부모 역할

여러분이 아이에게 독서를 위해 강요하거나 보상하고 싶어 하지 않을 거라 확신하지만 아이가 만약 독서를 하고 싶어 하지 않는다면 어떨까요? 6장에서 저는 독서가 가장 매력적이면서 가능한 활동이 될 수 있도록 집안 환경을 바꾸라고 제안했습니다. 이것은 지속적으로 실행해야 합니다. 그러나 일단 아이가 해독의 기술을 어느 정도 습득했다면 부모에게 독서를 장려할 수 있는 또 다른 선택지가 생겼습니다. 읽기와 쓰기는 실제로 유용하니까요. 자기가 원하는 것을 얻는 데 도움이 되기 때문에 아이 스스로 읽고, 쓰고 싶어 하는 상황을 찾는 것이 부모의 목표입니다.

| 제안 |

1. 아이에게 메모를 남겨라.

   − 도시락 가방 안에, 침대 위에, 장난감 집에 어디라도 좋다.

2. 아이가 누군가에서 용건을 전해 달라고 하면 대신 메모를 써달라고 하세요.

3. 아이에게 읽기를 필요로 하는 일을 도와 달라고 부탁하세요. 그런 게 딱히 없는 경우에는 스스로 만들어 내면 됩니다. 그런 경우라면 분명 아이에게 질문을 던지는 형식이 되어야 합니다. 예를 들어 차 안에서라면 "이 부근 제한 속도가 얼마지?"라든지 "내가 패트릭기를 찾고 있는데 네가 찾는 걸 도와주지 않을래?"라고 말합니다.

4. 아이에게 우편물을 가져와서 수취인에 따라 분류하는 것을 도와 달라고 하세요.

5. 아이에게 파스타 상자든 뭐든 겉에 적힌 요리법을 보여주고, 여러분이 요리할 단계별로 요리법을 읽어서 도와 달라고 하세요.

6. 아이와 함께 형제나 부모에게 보내는 비밀 메모를 쓰도록 해 보세요.

7. 아이가 감사 편지를 쓰는 게 습관화되도록 하세요. 선물을 받았을 때뿐만 아니라, 친구가 당일 여행이나 다른 활동에 데려가 줬을 때도 해당합니다. 처음에는 부모가 쓰고 아이에게는 그냥 서명만 시키지만 아이의 기술이 늘면 아이에게 더 많이 쓰게 하면 됩니다.

8. 아이에게 새 책이 생기면 자기 이름을 겉표지 안쪽에 쓰는 습관을 가지게 합니다.

9. 매력적인 일기장과 필기도구 같은 것들을 보관할 상자를 사서 쓰

기를 장려하세요. 어쩌면 끝이 끌 같은 모양을 한 마커를 가지고, 아이에게 캘리그래피를 그리는 것처럼 다양한 굵기의 선들을 실험하는 법을 보여줘도 좋습니다.

10. 분필이나 흰색 마커는 참신한 방식의 필기도구입니다. 동기 간이나 부모에게 메모를 남기라고 해보세요.

11. 아이들에게 생일과 크리스마스에 직접 카드를 쓰라고 권하세요.

12. 형제나 부모의 생일에 글로 쓴 단서들을 가지고 하는 보물찾기를 만들어 보라고 제안하세요.

13. 냉장고에 식료품 목록용 메모장을 붙여 놓으세요. 아이가 어떤 식품을 사달라고 하면 아이에게 그 목록에 해당 식품을 써넣게 하세요.

14. 일반적인 색칠 공부 책 대신, 미술과 작문 활동이 모두 포함된 것을 사세요. 특정 학년 대상으로 나온 여름 방학용 색칠 공부 교재들을 사세요. 하지만 사전에 유심히 살펴봐야 합니다. 교재마다 질적으로 상당히 차이가 나기 때문입니다. 어떤 책들은 제가 여기서 이야기하고 있는 대로 부수적으로 읽기를 요구하는가 하면 어떤 책들은 페이지마다 계속해서 연습만 반복하게 할 뿐입니다.

15. 분주한 주말 아침에 아이에게 그날 하루 동안 하기로 계획한 모든 것들을 '해야 할 일 목록'으로 작성해 보라고 제안하세요. 특히 여러분도 자기가 할 일에 대한 목록을 동시에 작성합니다.

16. 뭐가 됐든 간에 목적이 있는 읽기나 작문을 할 기회를 시도해 보세요. 약 6개월 동안 우리 막내 아이는 다음의 활동을 자기 방을 청소하는 즐거운 방법으로 여겼습니다. 아내나 제가 "장난감을 치워라"처럼 짧은 지시 사항을 종이에 써 놓습니다. 그러면 아이가

그걸 읽고 뛰쳐나가 그대로 한 다음 다시 돌아와서 또 다른 메모를 보고 다시 가서 지시대로 합니다. 어떤 것에 아이가 반응할지는 알 수 없습니다. 그러나 반발에 부딪힌다면 그 방식은 버리세요. 이런 건 따분한 일로서가 아닌, 어디까지 재미로 하는 겁니다.

해독하는 법을 배움으로써 가져온 변화는 저학년 시절을 아주 멋지고, 이보다 더 근사한 일은 없을 거라고 느끼게 만듭니다. 그러나 앞으로 훨씬 더 큰 변화가 기다리고 있습니다.

◆ Chapter 9. 돌아보기 ◆

하나. 학교에서의 읽기
- ❶ 독서를 통한 자아개념
- ❷ 긍정적인 태도
- ❸ 독서하는 태도와 자아개념을 형성하는 교실

둘. 가정에서의 읽기
- ❶ 자아개념을 형성하는 부모
- ❷ 독서하는 태도를 형성하는 부모
- ❸ 스스로 독서하는 아이를 위한 부모 역할

Part IV

디지털 시대,
책 읽는 아이

초등고학년 이상

"If one cannot enjoy reading a book over and over again,
there is no use in reading it at all."

_ Oscar Wilde

◆

같은 책을 여러 번 되풀이해서 읽지 않는다면
전혀 읽지 않는 것과 다름없다.

_ 오스카 와일드

유창하게 읽기

여러분의 아이가 이제 3학년 또는 그 이상 학년이 되었습니다. 모든 게 거의 계획대로 진행되었다고 가정하면 아이는 해독하는 법을 터득하지 않았을까요? 물론입니다. 그러나 사실 해독은 한 가지가 아닌 '두 가지' 과정으로 이루어집니다. 쉽게 관찰할 수 있는 첫 번째 과정은 유치원에서 진행됩니다. 은밀하게 벌어지는 두 번째 과정은 느리게 전개되며, 고등학교 때가 되어서도 여전히 세밀한 학습이 이루어집니다. 이 두 번째 과정은 유창성의[T] 기반이 되므로 첫 번째 과정과 똑같이 중요합니다. 아이가 빨리, 그리고 힘들이지 않고 읽을 수 있게 해주는 과정이기 때문입니다. 이번 장에서는 철저히 그리고 빠짐없이 이 능력을 발달시킬 방법들을 살펴보겠습니다.

Terms ▶

유창성의 3가지 구성요소: 읽기 속도, 정확성, 운율. 미국 읽기위원회에서는 텍스트를 빠르고, 정확하게 적절한 표현과 함께 읽는 것을 유창성이라고 정의합니다.

하나. 해독의 두 번째 유형: 철자를 통해 읽기

지금까지 저는 해독이란 독자가 인쇄된 글자를 소리로 변환하는 과정이라고 설명하였습니다. 읽기 초보자들은 형태(철자)만으로 단어를 인지하지 '않는다'라고도 말했습니다. 그런데 철자가 중요한 경우들이 있습니다. 읽기를 오직 소리에만 의존한다면 "knight" [naɪt] (기사)와 "night" [naɪt] (밤)의 동음 이의어를 구별할 수 있을까요?

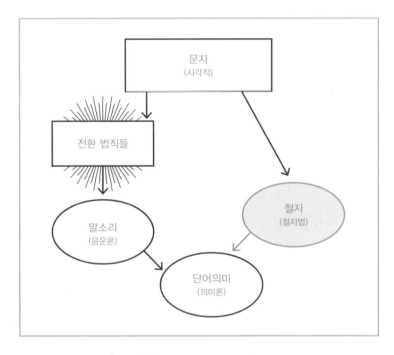

도표 10-1. 두 가지 읽기 경로. 종이 위의 활자가 머릿속의 의미로 전환되는 두 개의 길이 있습니다. 완전한 전체 도식에는 다른 연결 관계들(특정한 의미를 기대할 때 듣기에 영향을 미치는 것)도 포함되어 있습니다. 하지만 여기서는 간략하게 정리했습니다. 〈출처: © Daniel Willingham〉

누군가는 소리를 통해 단어의 의미를 알아챌 수 있다고 주장할 수 있습니다. 하지만 다음 예제는 소리가 아닌 전체 문장의 의미를 통해 단어가 "knight"인지 아니면 "night"인지 알아내게 됩니다. 따라서 샌드버그(Sandburg)의 시에 나오는 "기차 창문 너머로 바라본 밤은 위대하고 어둡고 부드러운 것이다."(Night from a railroad car window is a great, dark, soft thing.)라는 시구를 읽을 때, 이 시가 밤에 대해 이야기하고 있는 걸 아는 이유는 기차의 창문을 통해서 무장한 채 말을 탄 병사가 보일 리 없기 때문입니다. 그리고 주변 맥락을 이용해서 의미를 명확히 판별할 수 있지만, 다음 예제에서는 쉽게 파악되지 않습니다. "제가 제일 좋아하는 비틀스 앨범은 〈A Hard Day's Knight〉입니다." 같은 문구나 "feets of strength"의 차력사에 대한 언급의 경우 틀린 단어가 눈에 띄지 않을 것입니다. 이 경우 철자는 읽기에 분명 중요한 것임을 알 수 있습니다.

(해설 : 실제 비틀스 앨범의 수록 제목은 〈A Hard Day's 'Night'〉)

(해설 : '힘 부리는 재주'를 뜻하는 올바른 표현은 'feats' of strength)

읽기에 능숙한 사람들은 두 가지 방법으로 단어의 의미를 파악하는 것으로 밝혀졌습니다.

첫 번째는 일련의 법칙들을 이용해서 활자들을 소리로 전환한 다음, 그 단어를 속으로 사실상 혼잣말처럼 읽습니다. 그리고 해당 단어의 소리는 의미로 이어집니다.

두 번째는 철자를 이용하는 방법입니다. 단어가 어떤 철자로 이루어져 있는지에 대한 자기 지식을 대응시킵니다. 그 단어의 철자 역시 의미로 이어집니다.

(1) 유창성과 주의집중

> 철자 지식의 능력은 대상을 인지하는 능력과 유사합니다. 머릿속에 존재하는 철자의 심상들은 한 단어의 전형적인 일부일지라도 자주 보는 문자들의 덩어리를 알아볼 수 있습니다.
>
> **예) "fage" : "fajy" 어느 것이 단어처럼 보이나요?**
>
> 해설 : ge로 끝나는 단어들
>
> age, teenage, manage, stage, page, bondage, bandage, vagabondage damage, storage, blind · age, gage, adage, wage, rage, average, acreage

읽기에 사용하는 철자의 지식은 대상을 인지하기 위해 어떻게 생겼는지를 의식적으로 생각하지 않아도 된다는 면에서는 대상을 인지하는 능력과 조금 비슷합니다.

어느 대상을 보고 속으로 "흠, 어디 보자…발이 있고…저건 일종의 주둥이처럼 보이고, 저건 아마 꼬리겠군…점점 개 모양이 되어가고 있네." 식으로 생각하지 않습니다. 보자마자 개로 알아봅니다. 마찬가지로 머릿속에 존재하는 철자의 이미지가 한 단어의 전형적인 일부일지라도 자주 보는 문자들의 덩어리를 알아볼 수 있습니다. "fage"가 "fajy"보다는 단어처럼 보이는 게 이런 이유입니다. 문자 "j" 뒤에 문자 "y"가 오는 경우는 거의 없지만 "ge"는 문자들의 덩어리로서 자주 접하기 때문입니다.

철자로 읽으면 "knight"와 "night"라는 단어를 동음이의어로 구별할 수 있습니다. 철자로 읽을 때 이보다 더 중요한 이점이 있습니다. 글자를 소리로 전환해서 의미를 파악하는 소리 전환 법칙을 이용할 때보다 더 빠르고 더 쉽다는 것입니다. 게다가 소리 전환 법칙은 많은 주의력을 요합니다. 이런 점을 도표 10-1에 나오는 방사상으로 뻗어 나간 선들이 보여 줍니다. 초보 운전자들이 차선을 바꾸려면 핸들을 얼마나 돌려야 하는지, 앞에 가는 차와의 거리가 얼마나 가까운지 등에 대해 의식적으로 생각해야만 하듯이, 초보 독자도 단어를 소리 내서 말하는 것에 주의를 온통 빼앗기게 됩니다. 이렇게 되면 자기가 읽고 있는 것의 의미를 이해하는 데 집중하기는 어려워집니다.

그러나 경험이 쌓이면 운전자가 해야 했던 앞선 생각들(차선변경, 차간거리)은 자취를 감추는 듯합니다. 이제는 자연스럽게 운전할 수 있습니다. 열심히 생각하지 않고도 차선을 지켜가면서 계속 적절한 속도로 운전할 수 있습니다. 그래서 운전 중 공상에 잠기거나 동승자와 대화를 하면서도 운전이 가능합니다. 읽기 연습도 자동차 운전과 같은 방식으로 주의 집중에 대한 부담을 덜어주게 됩니다. 그러나 어디까지나 덜어줄 뿐이지, 완전히 제거되는 것은 아닙니다. 익숙하지 않은 단어를 만나고 소리 내어 말할 때는 주의가 필요하다는 느낌이 들 수 있습니다.

이와 반대로, 철자를 이용해서 읽으면 거의 주의를 기울일 필요가 없어집니다. 개를 보자마자 알아보는 것과 똑같은 방식으로 그냥 보기만 하면 됩니다. 아이에게 읽기 경험이 쌓일수록 철자를 이용해 읽을 수 있는 단어 군의 규모도 점점 커져서 읽기는 더 빨라지고 더 원활해지고 더 정확해집니다. 이를 '유창성'이라 부릅니다.

(2) 유창성과 운율

유창성이 글을 이해하는데 도움이 되리라는 것은 쉽게 알 수 있습니다.

첫 번째, 소리 전환을 할 필요가 없으므로 바로 의미에 집중할 수 있기 때문입니다. 두 번째, 유창성이 이해를 돕는 다소 미묘한 방식이 있습니다. 유창성은 사실상 소리를 통해 이해를 돕게 됩니다. 어떻게 이해를 돕는지 다음을 봅시다. 저는 4장에서 "모성어"를 논의하면서 운율을 언급했습니다. 운율은 일종의 말에서의 선율이라고 했습니다. 사람은 단일한 음으로 말하지 않습니다. 단어를 발음할 때 음의 높이, 속도, 강세는 다양합니다. 운율은 의미를 전달합니다. 제가 "이 파티, 정말 대단한데."라는 말을 들떠서 말하든 비꼬는 투로 말하든 단어들은 똑같지만 운율 체계는 다릅니다. 운율은 단어에 문법적 역할을 부여하여, 이해를 위해 본질적으로는 중요하지만 단조롭고 고된 작업입니다.

소리를 내지 않고 속으로 읽을 때라도 운율적 정보를 더하면 이해를 도울 수 있습니다.

시인 빌리 콜린스는 이를 좀 더 유려하게 표현했습니다.

> Let's eat, Grandma!
> 먹어요, 할머니!
>
> Let's eat Grandma!
> 할머니를 먹자!
>
> – 문장부호는 생명을 구합니다 –

도표 10-2. 페이스북에서 널리 퍼지며 인기를 끈 문법을 이용한 농담입니다. 학교에서는 문법에 근거해서 어디에 쉼표(반점)를 찍어야 하는지 배웁니다. 하지만 사람들은 대부분 읽을 때는 페이스북에 나온 식으로는 쉼표를 사용하지 않습니다. 대신 쉼표의 역할은 청각적 의미를 전달합니다. 즉 쉼표 바로 앞에 강세를 두어야 한다는 것과 쉼표 다음에 잠깐 멈추라는 신호입니다. 따라서 먹어요, 할머니(LET'S EAT. GRANDMA)입니다. 두 번째 경우는 할머니를 먹자,(LET'S EAT GRANDMA)로 들립니다. 〈출처: © Daniel Willingham〉

"소리 내지 않고 읽고 있을 때, 실제로는 그 시를 머릿속으로 듣고 있습니다. 왜냐하면 두개골은 작은 강당과 같기 때문입니다."

유창하게 읽는 사람이라면 각각의 단어들에는 거의 주의를 기울일 필요가 없습니다.

이는 운율을 만들어 내는데 더 많이 몰두할 수 있다는 뜻입니다.

실제 어떤 연구는 유창성과 관련해서 독해를 향상시키는 건 운율적인 측면의 발전이지 읽는 속도 자체는 아니라고 보여 줍니다.

유창성은 읽은 것을 더 잘 이해할 수 있게 해 줍니다. 그리고 유창성은 철자로 읽을 줄 아는 능력에 달려 있습니다. 그러면 철자로 읽는 법을 어떻게 배울 수 있을까요?

사진 10-1. 소리 내지 않고 읽는 사람.(묵독하는 사람) 밀라노의 지우레콘술티 궁(Giureconsulti Palace)에 있는 조각상의 주인공인 성 암브로시우스는 14세기 밀라노 대주교였습니다. 성 아우구스티누스는 암브로시우스가 소리 내지 않고 읽는 것에 대해 유명한 말을 했습니다. "읽을 때면 그의 눈은 페이지를 훑었고 그의 마음은 의미를 찾아냈다. 그러나 그의 음성은 침묵을 지켰으며 그의 혀는 움직이지 않았다." 일부 철학자들은 이 구절을 당시 사람들이 일반적으로 소리 내어 읽기를 했다는 증거로 받아들였습니다. 이런 가설은 당시에는 구두점이 드문드문 쓰였다는 사실과 맞아떨어집니다. 그러다 보니 입으로 소리를 내서 읽는 게 독자가 운율을 듣는 데 도움이 됐을 것입니다. 〈출처: Giovanni Dall-Orto 사진. Wikimedia Commons.〉

둘. 학교에서의 유창성 발달 교육법

유창성 발달을 가져오는 주요 메커니즘은 읽기입니다. 저학년생의 경우 피드백을 받는 소리 내어 읽기가 소리 내지 않고 읽기보다 바람직합니다. 그러나 소리 내어 읽기는 아이들이 나이를 먹어갈수록 많은 교실에서 실행 가능성이 줄어들지도 모릅니다. 아이들 간에 읽기 능력의 격차가 더욱 벌어지기 때문입니다. 다행히 해독하는 법을 배우는 시기와 비교하면 소리 내어 읽기의 중요성은 다소 덜해집니다. 해독에 능숙한 아이들은 자신에게 정확한 피드백을 줄 수 있기 때문입니다.

아이들이 더 빨리 유창해질 수 있다면 좋습니다. 특히 전국적으로 시행되는 시험들을 살펴본 결과, 약 절반의 아이들만이 4학년에 요구되는 목표 수준에 도달한 것으로 나타난 걸 감안하면 더욱 그렇습니다. 이 과정을 촉진할 방법이 있을까요?

(1) 체계적인 철자법 교육하기

읽기에 사용하는 철자 지식은 정확한 철자를 쓸 수 있는 능력과 완전히 일치하지 않더라도 어느 정도는 겹치는 부분이 있습니다. 따라서 누구나 맞춤법 교정기를 탑재한 워드 프로세서를 쓰는데도 불구하고 학교 수업에 철자 교육이 포함되는 이유가 여기에 있습니다.

체계적인 철자법 교육이 유창성을 향상시킵니다.

(2) 교사가 운율을 넣어서 읽기

유창성은 올바른 운율로 읽는 메커니즘에 의해 발달합니다. 또한 유창성이 이해를 돕기 때문에 학생들은 올바른 운율로 읽을 줄 알아야 합니다. 그러므로 교사가 운율을 넣어서 읽는 시범을 보여줄 필요가 있습니다. 이 방식은 부모가 나이가 든 자녀에게 소리 내어 읽기를 해줄 때 역시 얻을 수 있는 이점이라는 데도 주목합니다.

운율을 넣어서 읽어주는 방법으로 아이들에게 가끔 '부정적인 예' (아주 빠르게 읽거나, 로봇 같은 목소리로 읽는 교사) 들을 듣게 하는 것도 도움이 될 수 있습니다.

(3) 반복해서 읽기

반복해서 읽는 것, 즉 아이에게 같은 글을 충분히 여러 번 읽게 해서 아주 유창하게 읽을 수 있도록 합니다. 성인이 운율을 넣어서 소리 내어 읽기에 대한 모범을 보일 때처럼, 유창하게 운율을 살려서 읽으면 어떻게 들리는지 아이가 좀 더 잘 이해할 수 있게 하려는 의도입니다. 운율을 넣어 소리 내어 반복해서 읽기는 아이 스스로가 어떤 방식으로 읽어야 하는지를 깨닫게 합니다.

셋. 가정에서의 유창성 교육법

유창성을 기르기 위해 "아주 많이 읽게 하기"는 아주 당연한 방법으로 보이지만, 연령대가 높은 아이들을 "아주 많이 읽게 하기"는 쉽지 않은 일입니다.

(1) 유창성 여부 판단하기

아마도 학교에서는 저학년 학생들의 읽기 능력은 면밀하게 추적 관찰하겠지만 일단 아이가 해독하는 법을 어느 정도 익히고 나면 이런 추적 관찰은 결국 줄어들게 됩니다. 부모 역시 읽기를 배우는 과정은 거의 끝났으니 자녀가 읽기 위한 모든 준비를 마쳤다고 생각할 수 있습니다. 그리고 아이가 학년이 올라가 주어진 과제로 독서를 하고, 또 교사도 만족하는 것처럼 보이면 아이가 유창한 독자인지 아닌지 의문을 가질 이유도 별로 없습니다.

아이의 독서 유창성은 아이에게 소리 내어 읽기를 시켜보면 감을 잡을 수 있습니다. 유창한 읽기는 표현력이 풍부한 반면, 유창하지 못한 읽기는 표현력이 빈약해 로봇이 읽는 것처럼 들릴 것입니다. 유창하게 읽는 아이는 적절한 곳에서 끊어 읽기 때문에 자연스럽고 대화하는 것처럼 들립니다.

아이가 유창하게 읽지 못하는 것이 곧 난독증이 있다는 의미는 아닙니다. 아이의 유창성을 발달시키시 위한 연습이 충분하지 못했고 다른 아이들보다 더 많은 연습이 필요하다는 의미일 수 있습니다. 그리고 아이로서는 노력을 들여 읽어야 하니 독서에 별로 재미를 느끼지 못하고, 따라서 독서를 꺼리게 됩니다.

(2) 유창성이 부족한 아이에게 필요한 도움 주기

여러분이 만약 읽기 연습을 시키는 부모라면 7장에서 적합한 책을 골라주기에서 제안한 내용을 적용하면 됩니다.

| 7장에서 기술한 제안 |

아이가 소리 내어 읽기를 할 때는 적어도 매일 1회를 목표로 하되 짧게 하세요.

시간 범위를 5분이나 10분으로 잡고 그 이상을 넘기지 마세요.

부모가 아이의 연령대에 맞는 도움을 제공하고 열정을 보여줘야 하는 매일 5분, 10분간의 반복되는 연습과 더불어 연습시간을 반드시 지키는 것에는 상당한 끈기가 필요합니다. 어떤 부모들은 영리한 방법을 써서 연습이 꼭 이뤄지게 합니다. 즉 아이에게 매일 30분 동안 TV 시청시간을 허락하되, 그 시간 외에는 볼륨은 줄이고 자막을 켠 채로 보게 합니다.

이런 경우에는 아이에게 읽기 연습의 필요성에 대해 어떻게 이야기할지를 생각해 보셨으면 합니다. 부모가 읽기의 가치에 대해 논리적으로 주장할 때, 신선한 반응을 보이는 아이는 그리 많지 않습니다. 아이들에게 어떤 식으로 말하든 아이들은 이미 알고 있습니다. 사실 아이들은 읽기가 지능과 관련이 있다는 걸 아주 잘 압니다. 그래서 읽으면서 자꾸 멈칫거리는 게 자기가 그리 똑똑하지 않다는 증거라 여깁니다.

읽기 연습의 핵심은 아이의 결함을 고치려는 것이라기보다 아이의 삶이 풍요로워지길 바라는 것입니다. 독서에 대한 저의 생각은 음식에 대해 생각하는 방식과 거의 비슷합니다. 왜 저는 제 아이가 햄버거와 감자 스틱 같은 정크푸드만 먹게 내버려 두지 않을까요? 아이 스스로는 그렇게 편식을 해도 완전히 만족할 수 있을 거로 생각합니다. 저는 먹는다는 것이 인생에 큰 즐거움 중 하나라고 생각하기에 당연히 제 아이가 더 나은 음식을 누릴 수 있길 원합니다. 이와 같은 맥락에서, 아이가 독서를 통해 역사상 가장 위대한 지성들을 접할 수 있기를 바라는 것입니다. 독서에 오랫동안 무관심했던 아이라면 제 말에 동의하지 않겠지만 이런 동기를 설명한다면 적어도 아이는 부모가 자기의 부족함을 비난하려는 것이 아니라는 것은 이해할 것입니다. 우리의 목표는 아이의 읽기 능력을 뛰어나게 만드는 게 아닙니다. 아이가 독서를 즐기게 하려는 것입니다.

10대 자녀에게 독서 훈련을 시키려 노력하는 과정을 불편하게 생각하는 부모들이 있다는 것을 압니다. 이 노력이 얼마나 효과가 있을지는 부모와 자녀의 관계에 달려 있습니다. 아이에게 부담이 덜 되고, 비교적 싫다고 말하기 어려운 독서 활동 같은 우회적인 방법을 시도해 볼 수도 있습니다. 이런 아이디어들이 모든 가정에서 성공적이진 않겠지만 한두 가지 정도는 여러분 가정에 적용할 수 있을 것입니다.

가족 독서 시간 활용하기

우선 일주일에 한 번씩 가족 독서를 시도해볼 수 있습니다. 이때, 가족이 함께 모여 각자 자기가 고른 책으로 이른바 소리 내지 않고 읽기를 합니다. 일주일에 한 번 텔레비전을 보지 않고 함께 어울리는 시간으로 정해 두는 것입니다. 만약에 자녀가 아기용 책이나 카탈로그 같은 쉬운 책을 골라서 자기는 가족 독서 모임에 참여할 이유가 없다는 걸 행동으로 보여 주려 시도한다면 무시하세요. 하지만 아이는 자신이 어릴 때부터 읽던 책들을 아주 애틋하게 기억하고 있는 데다가 읽기도 쉽다는 이유로 그런 책을 선택하기도 합니다. 그런 까닭에, 아이가 자라서 더 이상 찾지 않는 책들도 너무 빨리 버려선 안 됩니다.

오디오북 활용하기

이와 관련이 있는 방법으로 가족의 공통 관심사에 속하는 오디오북을 듣는 것입니다. 혹은 공통 관심사의 책을 선정해 가족 중 한 명이 책을 읽어줄 수도 있습니다. 물론 정해진 목표는 읽기 연습이 아닙니다. 독서는 즐겁다는 것과 가족이 함께 시간을 보내는 건 즐거운 일이라는 두 가지 동기부여를 모두 충족하는 방법입니다. 하지만 언제나 문제는 시간입니다. 하지만 매주 고작 15분으로 시작한다 하더라도 아예 안 하는 것보다는 나으며, 책이 흥미로운 경우엔 독서 시간은 더 길어질 거란 예상도 가능합니다. 말할 필요도 없이, 가장 매력적인 책으로 시작하는 게 좋은 생각입니다. 여기에 대해서는 다음 장에서 더 자세히 다루겠습니다.

도서관 활용하기

이전에 도서관을 가는 습관이 없다 하더라도 도서관 방문을 시작해 보는 것이 좋습니다. 아이가 가고 싶어 하지 않으면 아이에게 '나는' 가야만 한다고 말해 보세요. 그리고 아이가 가고자 하는 곳으로 데려다주는 그 시간이 도서관에 들르기가 가장 편한 시간이라고 말해 주세요.

독서를 위한 이런 시도가 꽤나 부자연스러운 건 사실입니다. 그래서 아이가 독서를 하기 편리한 시간들을 세심히 찾아볼 필요도 있습니다. 집에 아이보다 더 어린 동생이 있다면 그 아이에게도 책을 읽어줘야 합니다. 그리고 그 책임을 나이가 더 위인 아이에게 맡겨도 좋습니다. 아이가 집에 놀러 온 친구들에게 책을 읽어줄 수도 있습니다. 그런 독서는 아이가 어린 시절에 좋아했던 것들을 되돌아보게 하고, 지금보다 훨씬 즐겁게 책을 읽었던 기억을 떠올리게 해줄 아주 좋은 기회입니다.

아이가 원하는 활동으로 동기 부여하기

저는 우리 애들 중 한 명이 뭔가를 하고 싶어할 때를 책을 읽힐 좋은 기회로 이용합니다. 딸아이가 수족관에 가고 싶어 했을 때 아내와 저는 이렇게 말했습니다. "그래, 좋다, 수족관을 제대로 보려면 거기에 관해 공부를 해야만 해." 그래서 아이는 수족관에 대한 책을 구해서 독파했습니다. 다른 경우(예: 나무 위에 집 짓기를 하려고 할 때, 태권도의 초록띠를 따려고 할 때, 운전면허증을 따려고 할 때)에도 적용해 볼 수 있습니다.

다른 동기부여 방법은 암묵적 협상입니다. "아이가 독서하고 있을 땐 방해하지 않기 위해 최선을 다하겠습니다." 이 말은 당연하게 들리지만 통상적으로 여러분이 아이에게 집안일을 도와달라고 하는 상황까지 이 원칙을 적용하면 이 방법은 유용한 동기부여가 될 수 있습니다. 이런 제안은 노골적으로 하지 않는 것이 필수입니다. 그렇지 않으면 아이가 거부할 수도 있고, 어떤 종류의 읽을거리를 독서한 걸로 쳐주는지, 책을 읽게 하려고 부모가 잡다한 일을 일부러 만들어낸 건 아닌지를 두고 옥신각신하는 상황에 처하게 될 것입니다. 만약 여러분이 말로 요구하지 않고 내버려 두면 아이가 상황을 이해할 때까지 시간이 걸릴 테지만 그사이 여러분은 더 나은 실행 방법을 찾아낼 수도 있습니다.

어떤 학생들의 경우는 독서 능력을 향상시킬 수 있는 효과적인 동기부여 방법이 외부에서 갑자기 등장하기도 합니다. 한번은 열성적인 야구 선수였던 고등학생을 만난 적이 있습니다. 2학년 때 그는 고등학교 대표 선수가 되었지만 1군은 아니어서 자기는 직업 선수로서 먹고살 순 없을 거라는 결론을 내렸습니다. 그는 코치가 되거나 마이너리그 팀의 운영 본부 같은 데서 일하는 것을 고려하기 시작했습니다. 마침내 그는 스포츠 매니지먼트 분야에서 학위를 따면 직장을 잡을 가능성이 훨씬 크다는 걸 알게 되었습니다. 거의 하룻밤만에 그는 학업에 강한 관심을 갖게 되었습니다. 공부를 하게 되면 대학에 갈 수 있기 때문입니다. 그는 자기가 고군분투해야 할 것들 중 일부가 교과서를 이해하는 것이란 걸 깨닫고 읽기에 공을 들이기 시작했습니다.

디지털 미디어 활용하기

아이가 읽기에 자신 없어 하는 경우, 디지털 미디어로 광범위한 경험을 하는 게 독서능력을 다소 떨어뜨리는 건 아닌지 궁금하실 것입니다. 화면으로 읽는 게 종이로 읽는 것과 실질적으로 다르다는 견해는 거의 없습니다.

책이 화면에 띄워지는 방식이 이해에 영향을 미칠 수 있다는 게 연구로 입증되긴 했어도 그 영향은 비교적 크지 않습니다. 예를 들어 종이 페이지들을 넘겨가며 책을 보는 게 스크롤 바를 내려가며 읽는 것보다 이해가 더 잘 됩니다. 게다가 클릭이 가능한 링크, 즉 하이퍼링크는 클릭하지 않더라도 이해를 방해합니다. 클릭이 가능한 링크가 눈에 보이기 때문에 클릭을 할지 말지 결정을 내릴 필요가 여전히 생기기 때문입니다. 거기에 주의를 빼앗겨 이해에 방해가 됩니다. 그러나 이런 영향들은 대부분 미미합니다. 따라서 아이에게 전자책 리더기로 독서를 하게 하면 독서를 더 즐길지, 아니면 그런 도구로 독서를 시키는 게 아이를 망칠지 궁금하다면 답은 "아마 아닐 겁니다."가 될 것입니다.

이런 결론에는 한 가지 조건이 붙습니다. 아이가 다니는 학교에서 전자 교과서로의 전환을 고려하고 있다면 적어도 조금은 신중해야 합니다. 출판사들이 전자 교과서의 질을 개선하기 위해 노력하고는 있지만 최근에 나온 이런 교과서들을 대상으로 한 연구는 부정적인 결과를 상당히 일관되게 보여 주고 있습니다. 이해도는 종이에 쓰인 것을 읽을 때와 거의 똑같습니다. 그러나 읽기에서 효율성이 떨어집니다. 전자 교재를 읽는 경우, 시간이 더 오래 걸리다 보니 더 수고가 들어가는 것처럼 느껴집니다. 전자 교재를 이용한 학생들 대다수가 종이로 된 교재를 사용하고 싶다고 아주 일관성 있게 밝히고 있습니다. 전자책을 해독하기가 훨씬 더 어렵기 때문은 아닐 것입니다. 재미로 하는 독서는 학업 때문에 하는 독서와 다르다는 게 문제입니다. 교과서는 정보가 다르게 조직되고, 더 복잡하며, 배우고 외우기 위해 읽는 것이지, 그냥 즐기려고 읽는 게 아닌 것입니다.

◆ **Chapter 10. 돌아보기** ◆

하나. 해독의 두 번째 유형
- ❶ 유창성과 주의 집중
- ❷ 유창성과 운율

둘. 학교에서의 유창성 발달 교육법
- ❶ 체계적인 철자법 교육하기
- ❷ 교사가 운율을 넣어서 읽기
- ❸ 반복해서 읽기

셋. 가정에서의 유창성 교육법
- ❶ 유창성 여부 판단하기
- ❷ 유창성이 부족한 아이에게 필요한 도움 주기

Chapter 11

독해를 위해 읽어야 한다

당연한 소리지만 아이들은 "먼저 읽기를 배우고, 그런 다음 이해하기 위해 읽어야 한다."는 주장이 있습니다. 여러분의 3학년생 자녀는 해독이 가능합니다. 그렇다면 짐작건대 "독해하기 위해 읽어야 한다."의 단계일 것입니다. 저 문구는 오해의 소지가 있는데 실제로 상당히 증가하는 이해 수준에 대한 기대를 단순화해 버리기 때문입니다.

하나. 학교에서의 읽기

"독해를 위해 읽어야 한다."라는 말은 아주 쉽게 이해될 수 있는 듯 보입니다. 그러나 이 단계에서 독해는 세 가지 전제가 충족되어야 한다는 것을 알아야 합니다.

이 세 가지는 모두 글 또는 독자와 관련된 특징이란 것에 유의합

독해의 세 가지 전제

1. 독자는 글에서 사용하는 단어들 대부분의 정의를 알아야 한다.

2. 독자는 문장 속 단어마다 통사적 역할(주어, 서술어, 목적어 등의 문장 성분)을 배정할 수 있어야 한다. 문장이 길거나 구문이 대단히 복잡하면 어려울 수 있다.

3. 저자는 문장을 다른 문장과 연관 짓는 데 필요한 일부 정보를 불가피하게 누락시킨다. 읽는 사람은 누락된 정보에 관련된 배경지식을 가지고 이런 빈자리를 채울 수 있어야 한다.

니다. 저자는 단순한 어휘와 간단한 구문을 이용하고, 독자 측에 배경지식이 거의 없을 거라는 가정하에 글을 이해하기 쉽게 쓸 수 있습니다. 한편, 저자가 어렵게 썼다 해도 독자가 글을 이해할 수도 있습니다. 독자는 모르는 단어를 찾아볼 수 있고, 어려운 구문을 풀어내는 데 많은 정신적 노력을 쏟을 수도 있고, 또 독자가 적절한 추론을 하는데 필수적인 지식을 찾아내려고 노력할 수 있습니다. 그러나 독자는 이런 여타의 노력을 하기에 앞서 "저런, 내가 이해하지 못하고 있구나."라고 인정해야 합니다.

(1) 독해에 실패할 때 알아차리기

자기가 읽고 있는 것을 이해하지 못한다는 사실을 인지하는 건 얼마나 어려울까요? 아이들은 여러분이 생각하는 것보다 읽고 있는 것을 이해하지 못한다는 사실을 인지하는 데 능숙하지 못합니다.

사진 11-1. 영화는 복잡한 추론을 요구합니다. 복잡한 영화 플롯을 좇아갈 수 있는 초등학생이 해독 능력도 우수하다면 비슷한 수준의 복잡한 글도 읽을 수 있어야 합니다.〈출처: 해리포터 영화 상영 당시 극장 간판 사진〉

아이들은 자기가 모르는 단어가 나오거나 어떤 문장의 구문을 이해하지 못하면 바로 알아차립니다. 그러나 아이들이 항상 문맥의 의미를 잘 파악하는 것은 아니며 심지어 문맥을 제대로 파악하지 못한 것을 깨닫지 못하기도 합니다. 특히 읽기에 서툰 사람이 그렇습니다. 읽기에 서툰 사람들은 글을 아주 약간만 이해하는 것으로도 만족합니다. 그래서 자기가 이해한 게 뭔가 잘못되어도 보통은 그 문제를 해결하려고 하지 않습니다. 읽기에 서툰 사람들은 적절한 추론을 하기 어려워한다는 이야기가 아닙니다. 예를 들어, 보통 사람들에게 마음을 사로잡는 영화를 보여주면 각 장면을 이해하기 위해 추론할 것이며, 장면들이 어떻게 서로 맞물리는지에 대해 생각해서 플롯을 따라갈 것입니다. 그래서 글을 읽을 때도 단어들 대부분을 알고 각각의 문장을 이해하면 모든 게 저절로 알아서 굴러

갈 거라고 판단해버립니다.

예를 들어, 한 실험에서 6학년생들에게 에세이란 어린이들이 더 명쾌하게 이해할 수 있게 만드는 데 도움이 된다고 말한 후, 바로 에세이를 읽게 합니다. 하지만 이 에세이는 서로 모순되는 견해들이 담겨 있습니다. 때론 에세이에 담긴 모순된 견해들은 미묘해서 감지하기 힘들 수도 있습니다.

예제를 들어보겠습니다.

| 예제 1 |

"바다 밑바닥에는 빛이 전혀 없다. 바다 밑바닥에 사는 어떤 물고기들은 먹이를 색깔로 알아본다. 그들은 붉은 균류만 먹을 것이다."

| 예제 2 |

"물고기는 보려면 빛이 있어야 한다. 바다 밑바닥에는 빛이 전혀 없다. 저 아래는 칠흑같이 깜깜하다. 그렇게 어두우면 물고기는 아무것도 볼 수 없다. 그들은 색깔조차 볼 수 없다. 바다 밑바닥에 사는 어떤 물고기들은 먹이의 색깔을 볼 수 있다. 이런 방법으로 그들은 무엇을 먹을지 알아본다."

어떤 에세이에는 이런 모순이 아주 노골적으로 드러나 있었습니다.

놀랍게도 예제 1과 같이 미묘한 오류가 있을 때는 6학년생들 중

10%만이 그 사실을 알아차렸습니다. 또한 예제 2와 같이 오류가 매우 명백한 경우라도 오류를 인지한 아이들은 절반에 지나지 않았습니다.

(2) 독해전략 습득하기

학생들에게 "얘들아, 문장 간의 연결 관계를 잘 파악해야 한다."라고 말한다면 어떤 일이 생길까요?

무작정 아이들에게 "문장간의 의미를 연결해"라고 말해선 안 됩니다. 그건 그저 모호하게 들릴 뿐입니다. 대신에 구체적인 과제를 내 주세요. 문장들을 하나의 맥락으로 연결하지 않으면 완전한 글이 될 수 없는 문장들을 분석해 보는 과제를 내셔야 합니다.

사진 11-2. 성인도 읽기 전략을 쓸까? 아침 식사 자리에서 "아, 여기 우크라이나에 대한 헤드라인이 있군. 이 기사를 읽기 위한 준비로 동유럽에 대한 내 배경지식을 작동시켜볼까"라고 생각하는 사람이 있을까요? 다년간 읽기 경험이 쌓이고 나면 이런 전략들은 자동적으로 작동하기 때문에 이미 그 전략을 사용한다는 걸 알아차리지도 못하게 됩니다. 〈출처 : 드라마 시크릿 가든의 장면〉

더불어 논리적으로 문장과 문장을 연결해서 문맥을 잘 파악했는지 스스로 평가해야 한다고 알려주세요. 그리고 배경지식이 문맥 파악에 도움을 준다고 설명해 주세요. 이것이 고학년 아이들의 읽기 교육의 주축인 독해전략의 핵심 개념입니다.

다음은 일반적인 독해전략들입니다.

첫 번째 전략은 학생들이 스스로의 이해력을 관찰하게 하는 것입니다.

> ■ 이해도 점검하기
> : 글을 읽은 후, 이해하지 못했을 때 자신이 이해하지 못하고 있다는 것을 자각할 수 있도록 지도합니다. 정확히 무엇이 이해가 안 되는지 스스로 설명하게 합니다.
> ■ 적극적으로 경청하기
> : 듣기는 화자의 메시지를 이해하는 과정에서 반드시 필요하며, 들을 때는 비판적으로 사고하며 적극적으로 경청하도록 지도합니다.

두 번째 전략은 학생들에게 자기가 읽은 것과 자기가 가진 배경지식을 연결하게 하는 것입니다.

> ■ 배경지식 확인하기
> : 읽기 전에 글의 주제에 대해서 생각해 보거나, 주제와 관련해서 자신이 이미 알고 있는 배경지식을 읽기 과정에 적용해 보라고 권합니다.
> ■ 어려운 어휘 파악하기
> : 본문 속 단서뿐 아니라 자신의 배경지식에 근거해서 낯선 단어의 의미를 추측해 보라고 권합니다.

세 번째 전략은 본문 속 문장들을 서로 연관 지어 보게 하는 것들입니다.

■ 도표 정리

: 읽은 글을 정리하는 방법으로 이야기 지도(story map) 같은 도표를 활용하도록 권합니다.

■ 질문에 답하기

: 글을 읽게 한 후 그 글에서 얻어야 하는 정보를 강조하는 질문을 던집니다.

■ 질문 만들기

: 글의 핵심 내용을 요약할 수 있도록 읽으면서 스스로 질문을 만들어내도록 합니다.

■ 요약하기

: 불필요한 과잉 정보를 삭제하는 등의 요약을 통해 주제문을 고르게 합니다.

■ 심상 만들어내기

: 글에 기초해서 머릿속으로 시각적 형상을 만들어 내도록 합니다.

■ 협동학습

: 학생들끼리 소그룹을 이루어 요약하기, 심상 만들기 등 이해 전략들을 실행해 보도록 합니다.

능숙한 독자에게는 이런 전략들이 오히려 문장 독해를 더 어렵게 만드는 것으로 보일지 모릅니다. 그렇지만 이 전략을 가르쳤을

때 학생들이 얻는 효과는 실험연구가 입증하고 있습니다.

4학년생들에게 읽기 평가를 실시합니다. 그런 다음 이들에게 독해전략을 가르칩니다. 대부분은 한 가지 전략만 가르치진 않습니다. 아마도 세 가지를 조합해서 가르칠 것입니다. 몇 주 동안 10회 정도의 적은 횟수부터 50회 이상의 많은 횟수에 이르는 다수의 훈련 과정을 거칩니다. 이 기간에 읽기 전략 사용법을 가르쳐주고 학생들은 매일 또는 일주일에 몇 회씩 연습 시간을 가집니다. 실험 막판에 읽기 평가를 다시 실시한 후, 이해력이 향상됐는지 알아봅니다. 그리고 이 전략을 배우지 않은 학생들로 이루어진 통제 집단과 향상 수준을 비교합니다.

많은 연구들이 독해전략을 가르치면 독해력이 향상되고, 그것이 결코 사소한 게 아니라는 것을 입증합니다. 정확히 얼마나 독해력을 신장시키는지는 추산하기 복잡하지만 추정치가 낮은 경우라도 몇 주밖에 안 되는 비교적 단기간의 연습으로도 아이의 독해력은 50번째 백분위수 에서 64번째 백분위수까지 상승합니다.

연구로 입증된 독해전략 지도를 통해 얻는 혜택은 거기에 들어가는 노력의 양에 비하면 놀라울 정도로 큽니다. 그러나 독해전략 지도를 과하게 할 필요는 없습니다.

그러나 독해가 달성되는 방식에 대해서는 고려해 볼 필요가 있습니다. 독해는 문장들의 구체적인 내용에 달려 있습니다. 읽는다는 게 이케아에서 산 가구를 조립하는 것과 같다고 가정합시다. 글처럼 가구도 특정한 방식으로 끼워 맞춰야만 하는 부품들이 있습니다. 제대로 해낸다면 모든 부분들이 합체되어 만들어내고자 하는 어떤 것이 완성됩니다. 즉 기능적인 개체가 됩니다.

조립 안 한 책상 부품들을 모두 늘어놓고, 사용 설명서 같은 일종의 전략을 찾습니다. (도표 11-1) 이런 설명서는 실제로 가구 한 점을 만드는 법을 말해주진 않습니다. 조립하는 사람은 A 조각이 B나 C 조각에 부착되어야 하는지 아닌지 알아야 합니다. 그런데 설명서는 그런 걸 가르쳐주기는커녕 A 부분을 B 부분에 붙이라는 지시를 실행하려 할 때 무엇에 대해 생각하고 있어야 하는지에 초점을 맞춥니다.

독해전략도 이와 비슷합니다. 즉 독해전략도 자신의 이해력을 관찰하고, 이미 가지고 있는 자신의 지식과 읽고 있는 것을 연관 짓고, 문장들을 맥락에 맞게 연결하라고 합니다. 그러나 문장을 연결하는 방법을 정해 놓고 말해줄 수는 없습니다. 그것은 세부 내용에 달려 있기 때문입니다. 즉 이해를 위해서는 A 문장을 B 문장과 연결할 필요가 있지만 두 문장을 어떻게 연결하면 되는지에 대해 포괄적인 설명을 제공할 순 없습니다. 문장들 간의 연결 관계는 A 문장과 B 문장의 내용들에 달려 있습니다.

가구 조립이 단순히 부품들을 서로 연결하는 문제에 불과하다고 생각하는 누군가에게 이런 개괄적인 큰 그림은 유용한 조언이

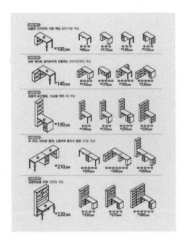

도표 11-1. 조립 설명서.

1. 부품들을 무작정 끼워 맞추지 말 것. 뭔가 더 큰 것을 만들고 있는 것이란 걸 명심하자.
2. 먼저 어떻게 조립할지에 대해 생각을 해두는 게 물체를 조립하는 데 도움이 될 것이다.
3. 이따금 자기가 만들고 있는 것을 검토해서 어떻게 되어가고 있는지 평가를 해야 한다.

됩니다. 마찬가지로 어떤 아이가 읽기의 목적은 의사소통이며, 자기가 읽은 것을 이해해야만 한다는 것을 제대로 인식하지 못하는 경우, 이해 전략 지도는 훌륭한 아이디어가 됩니다. 예를 들어, 해독에 어려움을 겪는 학생은 해독을 독서와 동의어라 보고 있는지 모릅니다. 해독은 사실 아주 힘든 일입니다. 따라서 해독을 하고 있으니 스스로 제 할 일을 다 하고 있는 셈이라고 여깁니다. 독해전략 지도는 이런 아이에게 이렇게 말해 줍니다. "해독만으로는 충분치 않아. 네가 읽고 있는 것을 이해해야만 해. 이야기를 들을 때처럼 읽을 때도 똑같이 시작, 중간, 끝을 연결 지어야만 하는 거야."

(3) 목적에 따라 글 해석하기

미국의 국가 성적표(The National Assessment of Educational Progress)라고 더 잘 알려져 있는 전국 교육 평가에서는 4학년생들의 기본 읽기 기술에 대해 "관련 정보를 찾아내고, 간단한 추론을 하고, 글에서 자신이 이해한 것을 이용해서 일정한 해석이나 결론의 근거가 되는 구체적 내용들을 식별해낸다."라고 정의합니다. 다시 말해, 이해는 더 이상 본문을 이해하는 것으로 정의되지 않습니다. 이해는 추론을 위해 본문을 이용할 줄 안다는 의미가 됩니다. 그리고 물론 학년이 올라갈수록 글은 더 길어지고 더 복잡해집니다. 이것만으로도 부족해서, 초등고학년과 중학생은 교사가 학생들이 집에서 따로 독서를 더 많이 하길 기대하기 시작하는 시기입니다. 그래야만 수업 시간의 학과목에 집중할 수 있기 때문입니다.

고등학생들은 학자들이 전공 분야에 따라 글을 다르게 대한다는 걸 알 게 됩니다. 단지, 학자들마다 아는 것이 다르고 글의 다른 측면에 관심을 둔다 정도만 아는 게 아닙니다. 학문은 분야별로 무엇이 흥미롭고 중요한 것인지에 대해 나름대로의 기준이 있습니다. 예를 들어, 사료 분석은 역사가가 하는 핵심 작업입니다. 즉 누가 어떤 목표를 염두에 두고 누구를 대상으로 이 글을 썼는지 알아냅니다. 과학자는 출처를 분석하는 것이나 저자의 관점에 대해서는, 설사 그런 게 존재한다 하더라도, 거의 관심이 없습니다. 그렇지만 신예 과학자라면 방법론 부문에 어떤 내용이 들어가야 하고, 논의 부문에는 어떤 종류의 고찰이 허용되는지 등 과학 저널 논문 구조에 대해 알아야 합니다. 학생들은 어떤 분야에 대해 더 많이 배울수록 해당 분야의 관행에 따라 어떤 것이 특별히 주목할 만한 가치가 있고, 어떤 것이 부차적인지 알게 됩니다.

상급학교로 올라갈수록 학생들에게 "독해"는 다른 의미로 다가옵니다. 처음에는 "주어진 글을 이해하는 것"에 지나지 않지만, 나중에는 학생들이 목적에 따라 문장을 활용할 수 있길 바라게 됩니다. 예컨대, 연구를 위한 정보를 찾아내거나, 시험에 대비해 정보를

앨버트 아인슈타인 (Albert Einstein)
올드 그로브 가 (Old Glove Rd.)
나소 포인트 (Nassau Point)
페코닉, 롱아일랜드 (Peconic, Long Island)

F.D. 루즈벨트 (F.D. Roosevelt)
미합중국 대통령 (President of the United States),
백악관 (White House)
워싱턴 D.C. (Washington, D. C.)

1939년 8월 2일

각하 :

저와 원고로 연락을 주고받아온 E. 페르미(E. Fermi)와 L. 질라드(L. Szilard)의 최근 연구를 보면서 가까운 미래에 우라늄 원소가 새롭고 중요한 에너지원으로 바뀔지도 모른다는 기대를 하게 되었습니다. 당면 상황의 특정한 측면은 주의와 함께, 필요하다면 행정부 차원에서 빠른 조치가 필요할 거라 보입니다. 따라서 다음과 같은 사실과 권고에 각하가 주목하도록 하는 것이 제 의무라고 생각합니다. :

지난 넉 달 동안 미국의 페르미와 질라드뿐 아니라 프랑스의 졸리오(Joliot)의 연구를 통해, 대량의 우라늄에서 핵연쇄반응을 유발해서 막대한 양의 에너지와 다량의 라듐 같은 원소들을 생산할 수 있을지 모른다는 가능성이 생겼습니다. 현재로써는 멀지 않은 장래에 가능해질 것이 거의 확실해 보입니다.

이런 새로운 현상은 폭탄 제조로 이어질 수 있을 것이며 그에 따라, 아주 확실하진 않지만, 극도로 강력한 새로운 유형의 폭탄을 제조하는 것 역시 가능할 수 있다는 생각이 듭니다. 이런 유형의 폭탄은 항만에서 한 개만 터뜨려도 항만 전체를 주변 지역 일부와 함께 확실히 파괴해 버릴 수 있을지 모릅니다. 그러나 이런 폭탄은 비행기로 수송하기에는 너무 무거운 것으로 판명날 수도 있습니다.

그림 11-1. 역사적인 편지. 앨버트 아인슈타인이 루즈벨트 대통령에게 원자폭탄 개발 가능성에 대해 쓴 편지의 첫 페이지입니다. 이 편지는 역사가, 과학자, 신학자에게 각기 다른 식으로 읽힐 것입니다. 〈출처: WikiMedia Commons〉

암기하고, 설득을 하거나 감정을 불러일으키기 위해 사용한 저자의 기술 방법을 분석하는 것과 같은 식입니다. 초등학교 저학년 때, 읽기 능력이 좋았던 학생들이라도 이런 수행 과제는 해본 적이 없었기 때문에 어렵다고 느낄 수도 있습니다.

이런 일은 대부분 집이 아니라 학교에서 요구되지만 이 점을 부모가 감지하고 있으면 도움이 됩니다. 부모는 자녀가 이런 새로운 과업에 직면해, 학교에서 적절한 지도와 지원을 확실하게 받고 있는지 알고 있어야 합니다. 교사는 학생들이 저학년 때, 실제로는 그런 지도는 받은 적이 없는데 참고 자료를 사용하는 것처럼 무언가를 배웠다고 짐작할지도 모릅니다. 전학을 시킨 경우라면 이런 위험성은 훨씬 커집니다. 교사와 계속 연락을 취해 자녀가 수업 시간에 무엇을 하고 있는지 알아두고, 이런 과제를 집에서 어떻게 도와주면 될지 물어보는 게 가장 좋습니다.

(4) 디지털 문해력 : 디지털 세대의 독해

일부 교육 문제 평론가들은 "독해"를 다르게 바라볼 필요가 있다고 제안합니다. 작문 및 문해의 다른 측면들처럼 독해 역시 디지털 기술의 폭넓은 효용 덕분에 심대한 변화를 겪었기 때문입니다. 다양한 디지털 플랫폼들에서 정보를 창출하고 탐색하고 평가하는 능력을 일반적으로 "디지털 문해력"이라 부릅니다. 우리는 이것을 어떻게 생각해야 할까요? "독해"라는 개념은 구식이 된 걸까요?

첫 번째 측면으로 디지털 문해력은 여러 측면에서 각기 따로 평가되어야 합니다. 첨단기술에 능통하다는 일반적인 개념부터 먼저 생각해 봅시다. 저는 디지털 기술을 접하고, 익힌다는 것은 아이들에게 메뉴 시스템과 위계적 파일 구조 등과 같이 공통으로 사용되는 특정 규칙들을 가르치는 것이라고 확신합니다. 이런 규칙들이 애플리케이션과 기기 전반에서 준수되고 있기 때문에 이런 종류의 지식은 중요합니다. 그러나 이런 규칙들은 상당히 배우기 쉽습니다. 소프트웨어는 간단하게 사용할 수 있도록 제작되어 있어서 아이들도 이런 것을 금방 익힙니다. 어떤 성인들은 이 능력을 타고난 것처럼 보이는 아이들과 자신을 비교하면서 최신식 기기 앞에서 자기가 얼마나 무능한지에 대해 농담하길 좋아합니다. 그러나 사실 아이들끼리도 기술적 지식에서 서로 큰 차이를 보이는 데다, 나이와 관련해 이런 격차가 발생한다면 그 까닭이 나이가 더 많은 쪽의 학습 능력이 한정되어 있기 때문은 아닙니다. 나이가 어린 쪽의 자발적 욕구가 훨씬 크고, 또래들로부터 배울 기회도 훨씬 많은 덕분입니다.

디지털 문해력의 두 번째 측면은 정보를 평가할 줄 아는 능력에 관련한 것입니다. 웹은 종종 출판을 대중화한 것으로 칭송받습니다. 20년 전에는 출판사 소유주들이 정보의 문지기였습니다. 이를테면 이 문지기들에게 태평양 연안 북서부의 희귀동물 종에 대해 제가 가진 해박한 지식을 출판해 달라고 설득하지 못하면 세상에 나오지 못합니다. 현재는 무엇을 원하든 웹이나 전자책으로 발표해서 소비자들이 그게 가치 있는지 아닌지 결정하도록 할 수 있습니다. 아주 멋진 일입니다. 그러나 문지기들도 일정한 기능을 합니다. 이들 대부분은 일종의 품질 관리를 확실히 하는 데 주력했습니다. 분명 그들은 이런 역할을 부실하게 이행하긴 했습니다. 거짓된 정보를 주류 출판사들이 간행했고 간행하고 있습니다. 그러나 상설 기관인 출판사들은 재미 삼아 하는 개인 출판 웹사이트들보다는 책임 면에서 더 믿을 만하며, 정확성에 대한 이력 역시 더 쉽게 추적할 수 있습니다. 독자들은 웹에서 접하는 정보의 신뢰성을 평가하는 데 훨씬 큰 부담을 져야 합니다.

2000년대 중반 멸종 위기에 처한 북서 나무 문어를 묘사한 한 웹사이트 덕분에 이런 문제와 관련해 학생들에게 훨씬 더 많은 교육이 필요하다는 것이 대중적으로 널리 알려졌습니다. 이 문어는 나무에서 산다고 알려진 가공의 종이었습니다. (사진 11-3)이 웹사이트는 과학 교과서에서 사용하는 산문체를 능숙하게 흉내 냅니다. ("열대 우림의 습도와 특수화된 피부 적응력으로 인해 이들은 건조화 현상으로부터 장기간 자신을 보호할 수 있다.") 물 밖에서 사는 두족류 동물이라는 논리적 모순 이외에도, 이 내용이 짓궂은 장난이라는 힌트는 웹사이트 곳곳에 있습니다. 예를 들면 이 문어의 주요 포식자는 새스콰치이며, 이 웹사이트는 "그린피스"(Greenpeas) 단체가 보증한다는 것입니다.

그런데도 코네티컷 대학교 연구자들이 7학년생(중1) 25명에게 이 사이트를 평가하게 하자 한 명도 빠짐없이 속아 넘어갔습니다. 이들은 재학 중인 학교에서 가장 노련한 온라인 독자로 지명된 학

사진 11-3. 나무 문어. 가공의 나무 문어에 대해 설명한 웹사이트의 스크린 캡처〈출처 : http://zapatopi.
net/treeoctopus〉.

생들이었습니다. 가짜란 말을 들었을 때 대부분은 그런 사실을 알
아차리게 해줄 증거를 찾아내느라 애를 먹었고, 일부는 이 웹사이
트가 진짜라고 주장하기까지 했습니다. 다른 연구는 학생들이 웹에
서 발견한 정보를 비판적으로 평가하는 경우가 드물다는 것을 입증
했습니다. 학생들은 아마도 나무 문어에 대한 종이로 된 소책자에
도 더 이상 비판적으로 접근하지 않을 것입니다. 전통적인 출판사
들의 간행물보다 웹에 그릇된 정보가 더 많으며, 따라서 아이들은
웹에서 읽을 때 더 분별력을 가질 필요가 있다는 게 요점입니다.

　지난 몇 년 간 학생들에게 웹에 나온 정보를 비판적으로 읽는 법
을 가르치려는 노력이 훨씬 늘어났습니다. 학생들은 저자의 자격을
평가하고, 이 웹사이트가 상업적인지 아니면 교육 단체에서 개설했

는지 평가하기 위해 도메인을 추적하고, 이 웹페이지가 최근에 갱신되었는지 확인하고, 대상 사이트를 링크한 다른 웹사이트를 찾아보는 법 같은 기술을 배웠습니다. 학생들에게 이런 평가 기술을 가르치는 것은 아직 걸음마 단계에 있습니다만 지금까지도 난항을 겪는 중입니다. 일부 연구들은 이런 기술 교육이 학생들이 웹사이트를 평가하는 것의 중요성을 이해하는 데는 도움이 되지만 웹사이트에 대한 평가 능력이 실제로 향상되는 건 아니라는 것을 보여줍니다.

둘. 가정에서의 읽기

앞서 가정을 지식이 풍부한 곳으로 만들고, 자녀가 지식에 목마르게 하도록 제안했던 방법들 대부분이 이번에도 적용 가능합니다. 이 연령대에서는 두 가지 새로운 걱정거리가 발생합니다.

첫째, 이때부터 대부분의 자녀들이 상당한 시간을 디지털 기기를 이용하며 보내기 시작합니다. 따라서 독서의 근간이 되는 배경지식 습득에 디지털 기기가 어떤 의미를 가질 수 있을지 살펴볼 필요가 있습니다.

둘째, 배경지식 부족이 자녀의 독해력을 저해하고 있다는 생각이 든다면 어떤 전략을 이용할 수 있을지 고려해 봐야 합니다.

(1) 디지털 시대의 지식

아이들은 중학교에 들어가면서 디지털 기기를 가지고 더 많은 시간을 보낼 뿐 아니라, 디지털 기기로 무엇을 하는가도 바뀝니다. 동영상을 여전히 많이 보긴 하지만 여기에 비디오 게임, 문자 보내기, 웹 서핑이 추가됩니다. 이런 활동들이 읽기와 배경지식에 어떤 결과를 가져올까요?

❶ 읽는 양

디지털 혁명으로 인해 아이들이 읽는 양이 줄어들고 있다고 생각하지만 사실 예전보다 읽는 양이 훨씬 늘어났습니다. 2009년 샌디에이고의 캘리포니아 대학교 연구에서는 평균적인 미국인이 하루에 노출되는 단어의 수를 살펴보았습니다. (도표 11-2)

컴퓨터에서 접하는 단어의 양은 어마어마합니다. 더욱이 이 "컴퓨터에서"라는 말에는 읽은 단어와 들은 단어가 다 들어가긴 하지만, 이 데이터를 수집한 2008년은 대부분의 미국인들이 동영상이나 오디오 스트리밍에 적합한 인터넷 접속 속도를 갖추지 못한 상태였기 때문에 그들이 접한 단어들 대부분은 활자였을 것입니다. 이 데이터는 성인을 대상으로 수집한 것이고, 지금으로부터 5년 전에 나온 것입니다. 그렇다 해도 아이들이 디지털 플랫폼에서, 특히 위의 연구에 포함되지 않았던 문자 메시지를 통해 엄청난 양의 글을 읽는다고 생각하는 게 합당하다는 게 제 생각입니다. 그렇다면 이런 읽기가 아이들을 더 나은 독자로 만들까요?

이 질문에 대해 확실한 데이터는 확보된 게 없습니다. 그러나 읽기 이론에서는 이런 유형의 읽기 자료가 이해 능력을 키우는 이점은 거의 없다시피 하다고 예측할 것입니다. 읽기는 더 폭넓은 배경

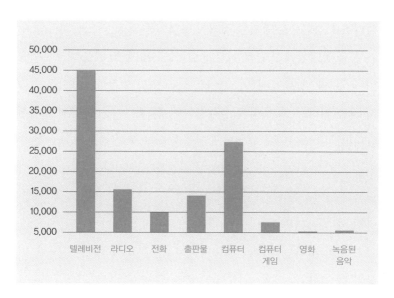

도표 11-2. 매체별 평균 일일 단어 소비량. 척도가 "단어 수"라는 데 유의합니다. 여기서 단어란 말로 들은 것, 노래나 글로 쓰인 모든 것에 해당합니다.〈출처: From "How much information?" by R. Bohn, J. Short, Global Information Industry Center, University of California, San Diego. Data from Appendix B, © UCSD (2009)〉

지식을 습득해서 이해를 증진시키는 데 반해, 보통의 아이가 화면에서 읽는 글의 대부분은 내용적으로 풍부하지 않습니다. 이럴 때 접하는 정보는 게임, 문자 메시지, 소셜 네트워크 갱신 내용 같은 것들입니다. 그러나 이론적으로 보면 이런 종류의 읽기도 유창성에 긍정적인 영향을 미쳐야 합니다. 하지만 이런 예측은 제가 아는 한 검증된 적이 없습니다.

❷ 넘치는 정보의 양과 지식의 질

읽는 양의 증가보다 아이들이 '무엇'을 읽고 있는지가 더 중요합니다. 아이들은 온라인에서 셰익스피어 용어 색인부터 〈헝거 게임〉

시리즈를 성인물로 풍자한 것까지 무엇이든 읽을 수 있습니다.

눈을 동그랗게 뜨면서 이렇게 말하는 사람들도 있을지 모르겠습니다. "이봐, 애들이 셰익스피어를 읽을 수도 있잖아." 하지만 그렇지 않을 거라는 게 우리의 생각입니다. 한 재담가는 이렇게 표현했습니다. "내 주머니에 인류에게 알려져 있는 모든 정보에 접근할 수 있는 기기가 있어. 난 이걸 고양이 사진을 모으거나 생판 모르는 사람들과 말싸움을 벌이는 데 쓰고 있지."

조사 데이터는 10대들이 컴퓨터를 비교적 제한된 활동에 사용하고 있지 않다는 걸 확인해줍니다. 가장 흔히 사용하는 활동은 다음과 같습니다.

- 소셜 네트워크
- 게임
- 동영상 시청
- 인터넷 메신저 채팅

이 조사는 1999년에 나온 오래된 것입니다. 그러나 당시 이런 네 가지 활동이 10대의 컴퓨터 사용 시간의 75%를 차지했습니다. 현재 메신저 채팅은 휴대전화 문자 메시지가 대체했으며, 평균적인 10대는 매일 90분을 이 용도로 컴퓨터를 씁니다. 모든 아이가 그렇다고 일반화할 순 없지만 10대가 디지털 기기를 다양한 목적을 위해 사용함으로 인해 미칠 영향에 대해 어떤 결론을 주장 할 수는 없다고 봅니다.

어쩌면 십대는 풍부한 정보원을 찾고 있는 게 아니라, 그저 그런 정보를 접하고 싶은 것인지도 모릅니다. 어쨌든 디지털 혁명의 전형적인 특징은, 최대한 좋게 표현하자면, 정보를 값싸게 만들었습니다. 홍수에 휩쓸린 이상에야 흠뻑 젖지 않을 수 없는 법인데 인터넷은 정보의 소방 호스입니다.

아이들이 이런 부수적인 방식으로 학습할 수도 있긴 합니다. 특정 출처에 따르면 실제로 그렇다는 증거도 있습니다. 유아와 취학 전 아동이 교육 방송 시청을 통해 숫자와 문자에 대해 실제로 배우긴 합니다. 공유 같은 사회성 학습도 이루어집니다. 그러나 전반적으로 볼 때, 동영상으로 배울 수 있는 건 사람들이 생각하는 것보다 적습니다. 젖먹이 아기와 걸음마를 배우는 영아는 살아 있는 사람에게 배우는 것보다 동영상으로 배우는 것을 더 어려워합니다. 이는 "동영상 열세"(video deficit)라고 불리는 발달 현상입니다.

신기술이 사람들을 더욱 박식하게 만든다는 의견은 대체로 지지를 받지 못하고 있습니다. 신기술이 사람을 박식하게 만든다는 생각이 맞을 수도 있겠지만 지금 당장은 입증된 바가 없습니다. 나이가 많은 아이들의 경우에 텔레비전 시청과 학업 성취도 간의 관계는 긍정적이 아니라 부정적입니다. 그러나 이는 중독 수준의 시청자들을 근거로 한 결과라는 데 유의할 필요가 있습니다. TV를 조금밖에 보지 않는 아이들은 학업 면에서 손해를 보지 않는 것으로 나타납니다. 그리고 모든 아이들의 경우에 TV 시청 시간뿐 아니라 TV의 내용도 중요합니다. 텔레비전, 음악, 게임 등 모든 매체를 아주 많이 이용하는 아이일수록 더 낮은 성적을 기록하는 게 일반적입니다. 하지만 여가 활동으로서의 독서와 성적 사이의 관계는 긍정적입니다. 그럼에도 불구하고, 이와 같은 단순한 상관 관계를 통해 복잡미묘한 행동들을 다 설명할 수는 없습니다.

❸ 정보를 자기 지식으로 전환

아이들이 셰익스피어 작품 읽기를 선택하지 않아도 그의 생애나 희곡에 대해서는 손쉽게 찾아볼 수 있습니다. 디지털 시대 이전에 성장했던 우리 같은 사람들은 1812년 전쟁 당시 대통령의 이름 잠발라야^T에 들어가는 식재료, 유럽 신발 크기를 미국 신발 사이즈로 변환하는 법, 등을 그 자리에서 바로 알아낼 수 있다는 걸 진정 기적이라고 느낍니다. 알고 싶은 게 무엇이든, 얼마나 애매하든 상관없이 원하는 걸 찾아낼 수 있을 뿐 아니라 그것도 거의 즉시 찾을 수 있습니다.

Terms ▶
고기, 해산물, 채소 등 다양한 재료에 쌀을 넣고 볶다 해산물과 육수를 붓고 끓여 만드는 미국 남부의 쌀 요리이다

2장에서 독해의 견인차로서 배경지식에 부여한 중요성을 감안하면, 디지털 기술이 가져온 정보에 대한 접근성이 덜 중요한 지식의 무분별한 주입으로 귀결될 수 있냐는 의문이 생길 수도 있습니다.

구글로 검색을 하든, 야후로 하든, 빙으로 하든, 검색으로 찾은 정보가 머릿속 지식으로 대체되지 못하는 세 가지 이유가 있습니다.

첫째, 뭔가가 빠졌다는 생각이 들 때, 즉 저자가 추론을 위해 필

요한 어떤 정보를 누락시켰다는 걸 깨달
았을 때, 어떤 정보를 찾아내야 하는지가
언제나 명확한 건 아닙니다. 2장에서 보
았던 "트리샤는 자기 커피를 엎질렀다.
댄이 의자에서 벌떡 일어나 걸레를 가져
왔다."라는 예제를 다시 생각해 봅시다.
머릿속에 댄이 왜 의자에서 벌떡 일어났
는지 이해하는 데 필수적인 지식이 들어
있지 않은 사람은 웹에서 "커피"를 찾아
볼지 모릅니다. 그랬다가는 커피 재배지,
커피 마시는 법과 관련된 전 세계의 사회
적 관습, 커피를 만드는 여러 가지 방법
등의 어마어마한 양의 정보를 맞닥뜨리
게 됩니다.

사진 11-4. 마리사 메이어. 2010년. 구
글의 검색 상품 및 사용자 경험 담당 부회장
이었던 메이어는 이렇게 썼습니다. "인터넷 때
문에 기계적 사실 암기는 정신 훈련이나 오락
거리로 전락했다." 마리사 메이어는 현재 야후
회장이자 최고 경영자입니다. 〈출처 : Photo ⓒ
Yahoo.com (2010)〉

　　정보를 추적해서 찾아내는 것과 관련된 두 번째 문제는, 놓치고
있는 정보가 무엇인지 언제나 알 수 있는 건 아닙니다. 그런 일은 상
황 모델(8장에서 소개)이 발전하는 중에 생길 가능성이 높습니다. 저는
이런 점을 캐럴 해리스/헬렌 켈러 이야기를 예로 들어 보여드렸습
니다.

　　세 번째로, 정의나 약간의 정보를 찾기 위해 읽기를 중단하는 것
은 읽기에 지장을 줍니다. 읽기를 중단하면 자기가 읽고 있는 글의

논리적 맥락을 놓칠 수 있어 읽기 자체를 그만두게 될 가능성도 높아집니다. 따라서 독자는 상당한 양의 지식을 일단 갖고 있어야 합니다. 검색 기능을 통해 그저 정보를 찾아낼 수 있는 것만으로는 자기 지식화하기 어렵습니다.

(2) 부족한 배경지식 만회하기

자녀가 잘 읽지 못하는 게 배경지식의 부족 때문이라고 느낀다면 어떻게 하면 될까요? 앞에서 디지털 기기가 지식과 문해력을 그다지 향상시키지 못한다고 주장했습니다. 적어도 아이들이 사용하는 것에 비해서 말이죠. 초고속 정보통신망이 어딘가에서 광적인 힘과 속도로 굉음을 내며 내달리고 있을지 몰라도 여러분의 자녀는 익숙한 샛길과 막다른 골목을 떠나지 않기로 선택한 것입니다. 여러분의 중고등학생 자녀가 효과적인 독해에 필요한 폭넓은 배경지식이 부족하다고 느낀다면 어떻게 할까요?

지식 만회에 관한 좋은 소식과 나쁜 소식이 있습니다. 좋은 소식은 유창성이 그렇듯 절대 너무 늦은 건 아니라는 겁니다. 유아기 뇌의 적응성에 대한 뉴스를 가끔 접하게 될 때가 있습니다. 그 뉴스의 핵심은 어린 시절에 학습을 위한 절호의 기회가 존재하는데 이때를 놓치면 여러분의 자녀는 영영 뇌를 쓸 기회를 놓치는 것입니다. 하지만 그렇지 않습니다. 학습은 언제나 가능합니다. 나쁜 소식은 지름길이 없다는 것입니다. 어휘와 세계에 대한 지식은 다년간에 걸쳐 천천히 늘어납니다. 비록 이 시간을 단축할 수 있는 쉬운 방법이 어딘가에 존재한다 해도 과학자들은 아직 찾아내지 못했 습니다.

자녀가 더 많이 읽게 해야 합니다. 분명 배경지식은 도움이 됩니다. 그러나 더 폭넓게 다양한 자료들을 읽고 그걸 더 많이 즐기는 건 자녀가 해야 할 몫이 됩니다. 따라서 큰 그림에 해당하는 목표를 염두에 두고, 아이의 현재 수준에 맞춰 책을 읽게 해 보세요. 아마도 읽으면 읽을수록 아이는 더 재미있다고 할 겁니다.

8학년생(중2) 자녀가 8학년 읽기 수준에 맞게 쓴 이야기를 읽지 못할 수도 있습니다. 그렇다고 이 아이가 4학년생을 위해 쓴 책의 내용과 주제에 흥미를 가지는 것은 아닙니다. 이 경우 가능한 해결책은 나이가 좀 있는 아이들의 취향에 맞지만 쉽게 쓰여진 책을 읽게 하는 것입니다. 등장인물들이 현재 아이들의 나이이고, 등장인물들 간의 관계가 아이들의 관계를 비슷하게 반영하고 있지만 더욱 단순한 어휘와 문장 구조로 쓰인 책입니다. 비슷한 논픽션 책들도 있습니다. 이런 책들을 "하이 - 로"(hi-lo)서적이라 부릅니다. "재미는 높이고, 읽기 난도는 낮습니다."(high interest, low reading level)를 줄인 말입니다. (사진 11-5) 이 책 뒷부분에 실린 "참고 도서 목록"에 이런 책을 내는 일부 출판사들을 열거해 놓았습니다.

또 다른 접근법은 지식 격차를 따라잡을 수 있는, 자녀가 아주 잘 아는 분야의 읽을거리를 찾아내는 것입니다. 자녀가 이미 알고 있는 이야기가 담긴 책을 고르면 좋습니다. 아이에게 아주 좋아하

사진 11-5. 하이-로 서적. 이런 책들은 읽기 난도는 낮은 반면, 내용은 아주 흥미로운 것으로 유명합니다. 위에 보이는 두 책은 3학년이나 4학년 읽기 수준에 맞게 쓰였지만 고등학생들 취향입니다. 책 표지가 연령대에 맞게 만들어져 있는 것에 주목합시다.)

는 영화가 있다면 원작이 있거나 소설화된 게 나와 있는지 알아보세요. 아이가 텔레비전 쇼에 열광한다면 쇼에 대한 사소한 정보와 뒷이야기를 담은 책이 효과가 있을지 모릅니다. 아이가 정말 재미있어하는 영화에 대해 쓴 팬 픽션이 있는지 찾아 보세요. 팬 픽션은 새로운 이야기 장르로, 유명 텔레비전 쇼나 영화나 책에 나온 캐릭터들에 기반을 두고 팬들이 쓴 작품입니다. 웹에서 손쉽게 구할 수 있습니다. 아이가 배우에게 빠져 있다면 배우의 전기를 구해 보세요. 대상이 가수라면 가사집을 구해 보세요.

이런 읽을거리가 부모에겐 시시하게 느껴질지 모르지만 목표는 어디까지나 자녀가 읽기를 여가 활동으로 해볼 만한 것으로 여기게 하는 데 있습니다. 따라서 이제부터 동기부여 문제를 복습해 보려

고 합니다. 다음 장에서는 연배가 위인 아이들의 동기부여 문제를
본격적으로 다루어 보겠습니다.

읽기의 지속적이고 통합적인 방법 찾기

읽기에 대한 자발적 의욕은 아이가 나이가 들어갈수록 쇠퇴합니다. 이번 장에서는 교사와 부모가 이런 하락세를 막기 위해 이용할 수 있을 전략들을 생각해 봅니다.

하나. 학교에서의 읽기

(1) 보상으로 동기 부여하기 : 아이가 독서하게 하고 독서가 긍정적인 경험이 되게 하기

교사와 부모가 중요하게 생각하는 무언가를 아이가 해 주기를 바라지만 아이는 그러지 않기로 하는 경우가 많습니다. 이는 교실에서 아주 흔하게 나타나는 문제입니다. 이에 대한 전형적인 동기

부여 방법은 처벌입니다. 요구한 과제를 하지 않은 학생은 낮은 점수를 받거나 교사를 실망시켰다는 기분을 느끼거나 실패가 다른 사람들에게 알려질 거라는 창피함을 느끼는 등의 벌을 받습니다. 그러나 아이가 중학교에 가게 되면 처벌의 칼날은 벌써 무뎌지게 됩니다. 읽는 것에 의욕을 잃어버린 대부분의 아이들은 읽는 게 그렇게 중요한 게 아니라고 자기 최면을 겁니다. 학교는 어떤 경우에도 처벌보다는 보상의 방법으로 동기 부여를 할 것입니다.

4학년생에게 이렇게 말하면 어떻게 될까요? "저 책을 읽으면 배스킨라빈슨 아이스크림을 사 줄게." 아이가 이런 거래를 받아들이면 아이로서는 긍정적인 경험을 한 것처럼 들릴지 모릅니다. 이렇게 하면 아이에게 독서를 할 의욕이 생기지 않을까요? 얼마나 간단해 보이는지 믿기지 않을 정도입니다. (사진 12-1)

사진 12-1. 북 잇 (Book it) **배지.** 피자헛은 1984년부터 북 잇 프로그램을 시행하고 있습니다. 10월에서 3월까지 매달 아이가 교사가 정한 독서 목표를 달성하면 아이는 1인용 피자를 공짜로 받을 수 있는 증서를 받습니다. 이 증서를 사용하면 레스토랑에서는 아이의 북 잇 배지에 붙일 수 있는 스티커를 하나 줍니다. 이 프로그램이 독서 태도나 습관에 장기적인 영향을 미친다는 보고는 놀라울 정도로 드물게 나옵니다.

보상은 단기적으로는 효과가 있습니다. 아이가 관심을 가지는 보상 거리를 찾아 내면 아이는 보상받기 위해 책을 읽습니다. 그러나 우리가 진정 중요하게 여기는 것은 읽기에 대한 태도입니다. 보상을 그만뒀을 때, 읽기에 대한 태도가 이런 보상을 시작했을 때보다 더 긍정적이 됐을까요? '그렇지 않습니다' 보상으로 형성된 독서 태도는 긍정적이지 않다는 분석이 일반적입니다.

어떤 특정 상황에서는 아이들에게 독서에 대해 보상하는 것이 좋은 결과를 가져올 수 있다고 가정할 수 있습니다. 아이가 독서를 통해 얻은 경험이 굉장히 긍정적이어서 보상을 위해 책을 읽는다는 생각을 압도할 수 있다면 어떻게 될까요? 이런 식으로요. "세상에, 아이스크림 준다고 해서 이 책을 읽기 시작한 것뿐인데 읽어보니 정말 재미있네." 이렇게만 된다면야 정말 좋지요. 그리고 전 그렇게 될 수도 있다고 생각합니다.

우리는 보상이 잠자리에서의 책 읽기와 같은 좋은 기능을 할 수 있으리라 기대합니다. 아이는 아이스크림이든 뭐든 이미 보상으로 주어진 걸 좋아하니까 그 보상을 독서와 연결해 아이스크림을 먹을 때의 좋은 기분이 독서를 할 때도 이어질 수 있습니다. 그런데 문제는 아이가 이렇게 생각할지도 모릅니다. "난 읽는 게 싫어. 하지만 아이스크림은 좋아. 그러니 참고 견디면서 읽어야겠어."

그렇다면 보상 대신 칭찬은 어떨까요? 일반적으로 칭찬은 동기부여가 됩니다. 아이는 무엇이 됐든 칭찬받은 일을 더 많이 할 것입니다. 하지만 "네가 책 읽는 걸 보니 정말 기쁘구나. 매일 책을 읽으렴."와 같이 과하게 지시하거나 "학교에서 네가 최고의 독서가이지"처럼 사실이 아닌 칭찬을 하면 오히려 부작용을 가져올 수 있습니다. 아이가 칭찬을 진심으로 받아들이게 되면 동기부여가 됩니다. 그리고 칭찬의 이점은 보상이 가진 약점이 없다는 것입니다. 보상은 보통 행동하기 전 협상에서 정해집니다. '네가 독서를 하면 아이스크림을 받을 것이다'처럼요. 그런데 칭찬 받은 아이는 보상받은 아이가 생각하듯 '보상을 얻기 위해 그렇게 했을 뿐이야'하고 생각하지 않습니다. 칭찬 받은 아이는 스스로 원해서 하기로 선택한 것이고 칭찬은 자연스럽게 따라왔을 뿐입니다. 우리가 할 일은 아이가 자발적으로 독서하기로 결정하기를 기다리는 것입니다.

독서에 대한 학교 차원의 보상은 자발적 독서를 위해 적절하지 않습니다. 독서 성취도를 교실에 공개적으로 전시하는 상황을 떠올려 봅시다. 게시판에 개개인의 학생이 읽은 책을 적거나 표를 만들어 읽은 책만큼 색을 칠하는 거죠. 제 생각에 이것은 읽기보다 '읽은 것'에 더 중점을 둔 것입니다. 그리고 일부 학생들은, 자기 '점수'를 올리기 위해 쉬운 책을 고를 것입니다. 게다가 학생의 성취도를 알아보기 위한 방법이라는 측면에서 보면 이 방법은 학생 간의 차이를 고려하지 않습니다. 어떤 학생의 경우는 한 달에 한 권 읽는게 대단한 성취일 수 있는데 또래 집단과 비교해 여전히 자기는 부족하다고 느낄 것입니다. 독서능력 증진 연습기와 피자헛의 북 잇

처럼 일부 정규적인 프로그램들은 보상 체계가 지닌 문제점을 어느 정도 보완하려고 합니다. 예를 들어, 책마다 난도에 기초해서 점수를 다르게 배정한다거나 교사가 개별 학생에게 읽을 책을 지정하는 식입니다.

보상이 최후의 수단이어야 한다면 우선하여 시도해야 하는 방법은 무엇일까요?

(2) 독서를 즐기게 하기

우리의 목표는 아이들이 독서를 즐기도록 만드는 것입니다. 보상은 이 과정이 시작되게 하기 위한 일시적 장려책이어야 합니다. 아이들은 이미 독서의 즐거움을 압니다. 그런데 이 즐거움은 학교 공부에 대한 부담으로 형성된 부정적인 느낌 속에서 길을 잃고 맙니다.

❶ 학문적 독서 대 유희적 독서

우리는 학생들이 이야기 속에 완벽히 빠져들었을 때 독서의 기쁨을 느끼거나 논픽션을 읽으면서 발견의 기쁨을 느끼길 기대합니다. 이 나이는 우리가 독서에 다른 목적들을 더하는 때입니다.

첫 번째 목적은 공부입니다. 즉 학생에게 글을 읽고 연구해서 정보를 재생해 내라고 요구합니다. 간단한 퀴즈 문제 풀기식으로요.

두 번째 목적은 정보 수집이 반드시 필요한 프로젝트 같은 과제를 완수하는 데 도움을 받는 것입니다.

사진 12-2. 학교 도서관. 교실 도서관은 소리내지 않고 읽는 유희적 독서를 쉽게 할 수 있는 대단히 유용한 공간입니다. 유감스럽게도 교실 도서관은 아이들이 학년이 올라갈수록 드물게 사용됩니다. 〈출처 : ⓒ LiMarie_ AK via Flickr〉

세 번째 목적은 글이 어떻게 작동하는지 분석하는 것입니다. 즉 저자가 독자를 웃기거나 울리기 위해 어떤 식으로 글을 썼는지를 알아내게 합니다.

이런 목적들을 유희적 독서(pleasure reading)와 대비시키기 위해 학문적 독서(academic reading)라는 포괄적 용어를 사용하겠습니다.

아이들이 학문적 독서를 유희적 독서와 혼동하지 않아야 합니다. 그렇게 되면 독서를 무미건조하고 따분한 일로 생각하게 마련입니다. 물론 학문적 독서도 즐거울 수 있다고 생각하고 싶은 게 인지상정이긴 합니다. 그러나 대부분의 학교들에서는 "즐거움"을 독서의 척도로 생각하지 않습니다. 학생이 교사에게 "광합성에 대한 글을 읽으려고 애썼지만 너무 지루했어요."라고 말했을 때 그러면 다른 재미있는 걸 읽으라고 말할 교사는 없습니다. 학문적 독서는 그게 '진짜로' 일이기 때문에 일처럼 느껴집니다. 그러나 유희적 독서의 척도는 어디까지나 즐거움이 되어야만 합니다.

교사들은 학생들에게 이런 구분을 해주는 게 필요합니다. "우리가 하고 있는 독서는 대부분 학문적인 것이고, 따라서 재미가 없다."가 아니라, 이런 독서는 다른 목적들에 도움이 되며, 학문적 독서와 유희적 독서는 서로 구별된다는 것을 알려 주어야 합니다.

일부 교실에서는 유희적 독서를 학문적 독서와 '확실하게' 구별합니다. 즉 우리는 독서를 사랑하기 때문에 읽는 것이며, 그리고 또한 학습을 위한 글 읽는 법도 배웁니다. 그러나 유희적 독서를 취급하는 방식이 여전히 학생들에게 독서는 일이라는 무언의 메시지를 전하고 있습니다. 독서의 강제성이 이 메시지를 보냅니다. 저는 아이들이 가정에서 매일 정해진 몇 분 동안 독서를 해야 한다거나, 즐거운 활동은 아이가 독서를 끝마칠 때까지 보류해야 한다는 요구는 조심해야 한다고 경고했습니다. 학교에서도 마찬가지입니다. 교사가 유희적 독서를 매일 밤 10분씩 필수적으로 해야 하는 일로 만들거나, 독서 일지를 쓰게 하는 식으로 책무를 요구하면 학생들은 자기가 자발적으로는 책을 읽지 않을 거라고 교사가 확신한다고 생각할지 모릅니다.

❷ 교실에서 하는 유희적 독서

보상은 처음부터 고려 대상이 되어서도 안 되고 학교에서 먼저 시도해서도 안 되며, 강제하는 것은 결점이 있다고 말했습니다. 남은 건 무엇일까요? 최고의 전략은 가정에서 하는 것처럼 하는 것입니다. 즉 수업 시간 중 일정 비율을 소리 내지 않고 읽는 유희적 독서에 할애해서, 독서를 당연하고 일상적인 것으로 만드는 방법입니다. 전형적인 초등학교 독서 프로그램에 포함되는 활동 대부분이 독서를 하는 게 아닙니다. 기초적인 독서 프로그램 여섯 가지에 대한 한 연구에 따르면 학생들은 하루 평균 90분인 독서 시간 중 단지 15분만 독서하는 것으로 드러났습니다.

- 학생은 책에 몰입하게 될 때까지 적어도 20분의 독서 시간이 필요하다.

  : 교사는 학생의 독서 지구력에 따라 시간을 설정해야 합니다.

- 학생들은 자기가 읽을 것을 자유롭게 선택한다.

  : 선택은 동기부여에 굉장히 중요합니다. 그러나 교사가 지도하고 제한도 두어야 합니다. 기회만 생기면 일부 학생들은 읽을 필요가 전혀 없는 책을 고르게 됩니다. 연구자인 넬 듀크(Nell Duke)가 씁쓸하게 지적한 것처럼, "자주적 독서 시간"은 너무 빈번히 "자주적인 월리를 찾아라 시간"으로 변질할 것입니다. 교사들은 글의 난도를 감시하고 관찰해야 할 뿐 아니라, 학생들이 다양한 장르를 접하도록 해야 합니다.

- 학생들은 상당히 많은 양의 책을 쉽게 접할 수 있어야 한다.

- 학생들은 독서를 통해 공동체 의식을 느낄만한 기회가 어느 정도 있어야 한다.

  : 열정적 성인 독서광들이 참여하는 독서 토론, 추천 도서 모임 및 여러 종류의 활동을 통해서 가능합니다.

- 학생들은 독서시간 동안 교사의 민감하고 적극적인 지도를 받아야 합니다.

  : 교사는 학생의 질문에 잘 응대하고, 학생들의 책 선택을 돕고, 학생들과 협의합니다. 대안으로는 교사가 학생들과 같은 시간에 자기 책을 읽는 방법이 있습니다. 좋은 독자는 어떻게 하는지 모델이 되어주려는 의도입니다. 그러나 학생들은 교사가 뭘 하고 있는지 제대로 알아보거나 인식하지 못합니다. 독서 시간 동안 지도 교사는 필수적인 역할을 합니다. 아주 면밀히 이루어진 일부 실험들은 이런 요소 없이는 학생들이 수업 중 소리 내지 않고 읽는 유희적 독서 시간으로 이득을 보지 못한다는 것을 보여줍니다.

수업 중 소리 내지 않고 읽기를 위한 성공적인 프로그램들은 특정 요건들을 공통적으로 지니고 있습니다.

소리 내지 않고 읽는 유희적 독서를 위해 교실에서 시간을 따로 배정하는 것은 독서에 전혀 흥미가 없는 학생을 위한 최고의 해결책입니다. 가장 부드러운 강압이 여전히 좋은 효과를 발휘하니까요. 자기 말고 모두가 독서를 하고 있기 때문에 학생으로선 달리 별로 할 일이 없는 데다가, 관찰력이 예리한 교사라면 읽는 척하고 있는 학생도 대번에 알아볼 수 있습니다. 그뿐 아니라, 책 선택의 자유를 주면 독서를 꺼리는 학생이 실제로 자기가 읽고 싶어하는 뭔가를 불현듯 떠올릴 가능성을 최대한 높일 수 있습니다.

교실에서의 유희적 독서가 부실하게 시행되고 있을지도 모릅니다. 교실에 대충 책 몇 권 가져다 놓고, 수업 시간을 배정하는 것으로 끝인 겁니다. 유희적 독서 교수법을 제대로 실천하려면 교사의 책무가 어떤 것인지 한 번 생각해 봅시다. 교사는 학생들이 즐길 만한 책을 선택할 수 있도록 도와줘야 합니다. 교사가 아이들 각각을 정말 잘 파악하고 있어야 한다는 뜻입니다. 그런데 중학교 교사 한 명이 가르치는 학생은 100명이 넘을 가능성이 높습니다. 교사가 학생들이 읽은 것에 대해 학생들과 토의할 수 있으려면 그 책을 교사 자신 역시 읽었어야 합니다. 따라서 교사는 해당 학년 수준에 적합한 문헌에 대한 해박한 지식이 필요합니다. 게다가 소리내지 않고 읽는 유희적 독서가 독서를 꺼리는 학생들을 부드럽게 설득할 수 있는 좋은 방법이긴 하지만 이것이 쉬운 방법은 아닙니다. 독서가 따분하다고 믿는 6학년생은 자기는 확실히 독서가가 '아니다'라는 꽤 확고한 자의식을 갖고 있습니다. 그러다 보니 교사는 그런 태도를 교묘히 제압하는 동시에 학생이 독서에 열린 마음을 갖도록 하는 노련한 심리학자가 되어야 합니다.

교사에게 요구되는 이런 기량과 지식의 정도는 소리내지 않고 읽는 유희적 독서 교수법이 가진 장애물들 중 하나에 불과합니다.

사실 더 심각한 장애물은 일부 부모들과 행정관들의 태도일지도 모릅니다. 여러분이 6학년 교실에 들어갔을 때 학생들이 그냥 앉아서 소설을 읽고 있는 걸 본다면 교사가 일을 좀 설렁설렁하고 있다고 생각하지 않을까요? 혹은 '학생들이 뭔가 배우고 있긴 하나?'라고 의문을 가지겠지요? 제발 그런 부모는 되지 마세요.

(3) 독서 의욕을 이끄는 교사의 전략들

소리 내지 않고 읽는 유희적 독서는 문해력 프로그램이 아닙니다. 설사 그런 게 존재한다 하더라도 그건 그저 아이의 일과 중 일부일 뿐입니다. 아이가 속한 반을 방문할 때, 그 밖의 무엇이 독서 의욕에 도움이 되는 수업의 하나로 보일까요?

첫 번째, 독서 의욕을 북돋는 교사들은 학생들의 흥미를 끄는 동시에 읽기가 필수인 수업 활동을 구성하는 데 능숙합니다. 중학교와 고등학교 학생들은 대부분 덜 난해하고, 그들의 관심사나 시사문제와 연관이 있는 학교 공부에 목말라 있습니다. 그러므로 학생들의 이런 흥미를 고려하고, '한편'으로 엄격하고, '한편'으로 학교의 필수 교육 과정에 부합하는 교안을 만들어낼 수 있는 창의적인 교사가 필요합니다. 저는 학생들이 학교 근처의 지표수 수질 검사에 흥미를 갖게 했던 한 중학교 과학 선생님을 만난 적이 있습니다. 조사 결과가 인근 주민들에게 유용할 것이라는 사실이 마음에 들었던 학생들은 과학 참고 도서들을 읽는 도전에 훨씬 열린 태도로 임했습니다.

두 번째, 저학년생에게서처럼 독서 의욕을 샘솟게 하는 교사들은 "정말 잘 읽는구나."처럼 수행 능력이나, "정말 훌륭한 독자구나."같은 학생의 특징을 칭찬하는 것을 피합니다. 보상이 그렇듯이, 수행 능력에 대해 칭찬하면 학생도 수행능력에 초점을 맞추어 실수하게 될까 봐 조심합니다. 그래서 결국에는 칭찬을 받을 만한 훌륭한 성과를 내기 위해 자기 능력을 최대한 발휘할 필요가 없는 일을 선택하게 됩니다. 실수하더라도 어려운 과제를 포기하지 않고 계속 도전해나가거나, 이전에는 한 번도 시도해 본 적 없는 장르의 책을 고른 것에 대해 칭찬을 해주는 게 더 좋은 방법입니다.

세 번째, 동기부여를 하는 교사는 학생들을 통제하지 않습니다. 학생들로서는 진행되는 일의 다음 단계에 대한 발언권이 자신에게 없다는 걸 알면 몰입이 힘들게 됩니다. 학교 수업은 교사가 무의식적으로 학생들을 통제할 기회를 많이 제공합니다. 예를 들면 교사가 말을 너무 많이 한다든가, 극도로 꼼꼼한 지도를 한다든가, 학생들에게 참견한다든가, 독단적으로 보이는 결정을 내린다든가 하는 통제들입니다. 이와 대조적으로, 학생들은 교사가 자기들에게 귀기울이고, 학생의 관심사에 신경을 쓰고, 일이 녹록지 않게 돌아갈 때 그렇다는 걸 알아채고, 왜 이 일을 수행하고 있는지 설명해 줄 때 동기부여의 가능성이 훨씬 커집니다.

둘. 가정에서의 읽기

초등학교부터 중학교 초반까지의 연령대에 속하는 아이들이 책을 읽게 하도록 앞장들에서 말했던 내용 대부분이 몇 가지 사소한 조정만 거치면 가정에 적용할 수 있습니다. 그러나 중학생과 고등학생의 경우에는 다른 어려움이 있습니다. 아홉 살과 비교하여 열네 살이 되면 가정환경을 문학의 오아시스처럼 만들기가 힘든 상황이 훨씬 많아지는 데다가, 학생 스스로 "독서가가 아니다"라거나 "독서가다"라는 자의식도 훨씬 투철합니다. 그리고 11장에서 높은 연령대 아이들은 더 많은 종류의 디지털 기술을 사용합니다. 이 시기의 아이들은 책보다 이런 디지털 기술들에 훨씬 더 쉽게 접근할 수 있습니다.

(1) 전자기기는 독서를 어떻게 방해하는가?

부모들 대부분이 디지털 기기가 독서에 주로 부정적인 영향을 심각하게 미치고 있다고 생각합니다. 이 문제에 대한 연구에 따르면 디지털 기술 이용이 가져오는 장기적 결과를 예측하려는 상황에서 이 기술들을 사용하게 된 기간은 심대한 영향을 미칠 정도로 오래되지 않았습니다. 디지털 시대가 동기부여에 부정적 영향을 미치고 '있다'고 짐작할 수는 있습니다. 그러나 부모들 대부분이 두려워하는 그런 메커니즘을 통해서는 아닙니다.

사진 12-3. 멀티태스킹이 뇌에 영향을 미칠까? 두 가지 이상의 일을 동시에 하려면 집중 대상을 자주 바꿔야 할 필요가 있으며, 이것은 웹 특유의 대충 훑어가며 읽는 경향을 악화시킬 수도 있다는 이론이 존재합니다. 〈출처: © david goehring via Flickr〉

❶ 디지털 기기와 집중력

요새 아이들은 쉽게 싫증을 낸다고 생각하는 많은 교사들이 아이들을 그렇게 만드는 원흉으로 디지털 기기를 비난합니다. 왜 디지털 기기들이 비난을 받아야 할까요? 저명한 독서 연구자인 메리앤 울프(MaryAnn Wolf)를 포함한 일부 관찰자들은 한 주제에서 다른 주제로 깡충거리듯 옮겨 다니다 잠시 머물러 대충 훑어보는 것이 특징인 웹 읽기가 깊이 읽는 능력에 변화를 가져온다고 암시했습니다. 닉 카(Nick Carr)는 이런 불길한 가능성을 다음과 같은 질문으로 대중에게 널리 알렸습니다. "구글(Google)이 우리를 바보로 만들고 있는가?"(Is Google Making Us Stoopid?)이 기사와 후속편에 해당하는 책인 〈생각하지 않는 사람들[B]〉(The Shallows)에서 카는 실제 자신의 뇌에 무슨 일이 일어났다고 주장했습니다. 웹 서핑이 빠른

Book ▶ ─────
생각하지 않는 사람들 인터넷이 우
리의 뇌 구조를 바꾸고 있다. 청림출
판(2015.01.09.)

사고 전환을 유발한 지 수 년이 지나자 진지
한 소설이나 긴 기사는 읽을 수 없게 돼버렸다
고 하였습니다. 이 주장은 많은 교사들이 지난
10~20년 사이에 학생들에게서 목격됐다고 여기는 정신적 변화와
유사하게 들립니다. 학생들이 워낙 집중하지 못하는 바람에 교사가
주의를 끌려면 노래와 춤이라도 추지 않으면 안 된다고 느끼게 된
것입니다.

웹상에서 읽기가 우리를 무언가에 집중할 수 없게 만든다는 말
이 과연 사실일까요? 비디오 게임과 웹 서핑은 뇌를 바꿉니다. 이
책을 읽는 것이나 노래를 부르는 것이나 모르는 사람의 미소를 보
는 것도 마찬가지입니다. 뇌는 적응할 수 있습니다. 그래서 언제나
바뀌고 있습니다. 뇌가 적응할 수 있다면 끊임없이 주의를 다른 데
돌려야 할 필요성에도 마찬가지로 적응할 것입니다. 그렇다면 그로
인해 한 가지에만 집중을 유지하는 능력은 잃어버리게 될 수도 있
을까요? 그렇지 않습니다. 기본적인 정신 구조는 완벽하게 개조될
순 없는 것입니다. 인지 체계, 즉 시각, 집중, 기억, 문제 해결 체계는
그러기엔 너무나 상호 의존적입니다. 예컨대, 한 가지 대상에 계속
해서 집중하는 능력을 잃어버리는 것처럼 한 가지 체계가 본질적으
로 바뀐다면 이런 변화는 전 인지 체계로 순차적으로 전달되어 나
가, 사고의 대부분 또는 모든 측면들에 영향을 미치게 됩니다. 뇌는
이런 일이 일어나도록 내버려 두기에는 적응성이 확실히 보수적입
니다.(사진 12-4)

더 중요한 것은, 요즘 젊은이들의 주의집중력이 같은 나이 때 그

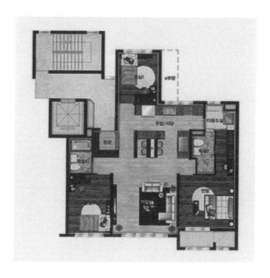

사진 12-4. 정신의 구조. 정신의 적응성은 집의 평면도에 빗댈 수 있습니다. 이 때 각 방은 하나의 인지 과정 같습니다. 전체 설계에 영향을 주지 않고 방들을 늘리거나 줄이는 건 가능합니다. 그러나 거실을 집 앞쪽에서 뒤쪽으로 옮기려면, 즉 중대한 재편성을 하려는 경우에는 엄청난 지장을 초래합니다. 〈출처: ⓒ Slavomir Valigursky - Fotolia〉

들 부모보다 못하다는 어떤 타당한 증거도 없습니다. 10대는 〈호빗〉 같은 3시간짜리 영화를 내내 집중해서 볼 수 있습니다. 〈월플라워[B]〉 (The Perks of Being a Wallflower)처럼 자기가 좋아하는 소설을 읽을 능력도 있습니다. 그러나 계속해서 집중할 줄 안다는 게 곧 그들이 반드시 그렇게 한다는 의미는 아닙니다. 그들에게 무언가가 주의를 기울일 만한 가치가 있다는 생각이 들어야 합니다.

Book ▸

월플라워 삶의 가장자리에 서 있으면, 특별한 것들을 볼 수 있어 출판사 돋을새김 2012년 출간 (2012.12.20)

미국의 100만 청소년들을 열광시킨 성장소설. 청소년들이 어른과 아이의 경계에서 겪는 성장통을 그리고 있다. 왕따, 마약, 섹스, 동성애, 근친애 등에 대한 사실적인 묘사를 통해 성장기의 상처를 담담하게 풀어놓는다. 엠마 왓슨, 로건 레먼, 에즈라 밀러 주연의 영화로 만들어졌으며, 작가가 직접 각색 및 연출을 맡았다.

❷ 지루함이 문제다

디지털 기술이 제공하는 활동은 다음의 두 가지 특징을 드러냅니다. 첫째, 디지털 기술이 제공하는 경험이 무엇이든 관계없이 디지털 매체를 작동하는 그 즉시 얻을 수 있다는 것입니다. 둘째, 이 경험들을 작동시키는 데는 최소한의 노력만 들이면 됩니다. 예를 들어, 유튜브 영상을 보다가 마음에 안 들면 다른 영상으로 바꾸면 됩니다. 사실 유튜브 웹사이트는 추천 목록을 보여주기 때문에 간단히 그렇게 할 수 있습니다. 동영상이 지겨워지면 페이스북을 보면 됩니다. 그게 따분해지면 TheOnion.com에서 뭔가 웃기는 걸 찾아보면 됩니다. 텔레비전 시청도 같은 특징을 갖고 있습니다. 케이블은 다수의 채널을 제공하지만 아무것도 끌리는 게 없으면 넷플릭스에서 찾아보면 됩니다.

장기간 디지털 기술을 경험한 결과는 집중력을 유지할 수 없게 되는 것이 아니라 지루함을 못 견디게 되는 것입니다. 언제나 들을 만한, 시청할 만한, 읽을 만한 흥미로운 것이 있어야 하고, 재미있는 경험은 큰 노력 없이 얻어져야 한다는 기대를 하는 것입니다. 6장에서 읽을거리에 대한 아이의 선택은 읽는 것 외에 아이가 무엇을 할 수 있을까라는 맥락에서 봐야 한다고 했습니다. 디지털 기기에 접근하기 쉽다는 것은 우리 가까이에, 언제나, 쉽게 이용할 수 있다는 것을 의미합니다. 우리는 제대로 몰입이 되지 않으면 '이것보다 내 시간을 더 낫게 쓸 방법이 저기 있지 않을까?'라는 의혹을 품게 됩니다. 한 친구가 "스프링쿨러에 미쳐버린 개. 포복절도!"이란 제목을 단 동영상 링크를 보냈을 때, 첫 10초간 재미를 못 느끼면 안

사진 12-5. 어디에나 존재하는 오락거리. 주머니에 오락거리가 들어 있으니 지루해질 이유가 전혀 없습니다. 심지어 워싱턴 D.C.에서 지하철을 기다리고 있는 몇 분 동안에도 지루하지 않습니다.

절부절못하게 되는 게 바로 이런 이유입니다. 조카가 제게 "횡단보도에서 빨간 불을 기다리면서 왜 전화기를 확인하게 되는 걸까요? 어떤 중요한 메시지도 오지 않았다는 걸 아는데도 말이에요."라고 묻는 것도 이 때문입니다. 교사들이 학생들의 주의를 끌려면 춤과 노래가 필요하다고 느끼는 것도 같은 이유가 됩니다. 우리는 주의가 산만한 게 아닙니다. 단지 지루함에 대한 한계점이 아주 낮을 뿐입니다.

우리가 모두 목격하고 있는 이런 산만한 주의력은 주의력에 치명적 변화를 일으키는 영구적 뇌 손상 때문이 아닙니다. 원인은 믿음입니다. 무엇이 지속적으로 집중할 가치가 있는지와 무엇이 보람 있는 경험을 제공하는지에 대한 믿음에 대한 것입니다. 믿음은 바꾸기 어렵습니다. 그건 사실입니다. 하지만 영구히 손상된 뇌를 고치는 것보다는 믿음을 바꾸는 게 더 쉬울 것입니다.

어떤 사람들은 디지털 기술이 초래한 인지 기능 변화보다 실제 행위에 더 중점을 둡니다. 구체적으로는 그들이 디지털 기계 사용에 소비하고 있는 전체 시간의 양에 대한 것입니다. 독서를 포함해서 그 밖의 것에는 어떻게 시간을 낼 수 있을까요? 사람들이 독서외의 것들에 더 많은 시간을 쏟는다면 읽는 양이 줄어드는 건 불가피하지 않을까요?

❸ 대체 가설

읽을 시간이 없다! 지금부터 얘기하는 것은 새로운 발상이 아닙니다. 이것을 대체 가설이라 부르는데, 몇 가지 종류가 있긴 하지만 기본 개념은 웹 브라우징처럼 새로운 활동이 가능해진 경우, 독서처럼 일상적으로 해오던 것을 뭔가 다른 것이 그 자리를 대신 차지한다는 것입니다. 실제로 정말 그런지는 평가하기가 까다롭습니다. 많은 요인들이 우리의 선택에 개입하기 때문입니다. 예를 들어, 그저 "텔레비전이 독서를 대체하는가?"라고 묻는 경우, 그게 사실이라고 생각한다면 부정적인 상관 관계를 예상합니다. 즉 TV를 많이 볼수록 덜 읽고, TV를 덜 볼수록 더 많이 읽습니다. 따라서 텔레비전이 독서 시간을 실제로 잡아먹는다 하더라도 우리가 예상하는 그런 데이터 패턴은 나타나지 않을 수도 있습니다. 두 활동 모두 여가 시간에만 가능하기 때문입니다.

그렇다면 디지털 기술이 독서를 대체했을까요? 모든 것을 감안하면 답은 '아니오'가 됩니다. 미국에서 이뤄진 대부분의 연구는 어린이가 아닌 성인에게 초점을 맞추었습니다. 연구자들은 전체 여가 시간의 양 같은 변수들을 통계적으로 통제해서 인터넷에서 보내는 시간과 독서에 쓰는 시간 간의 상관관계를 가능한 한 많이 조사했습니다. 대부분의 연구에서 이런 상관관계는 0이거나 0보다 약간 높은 것으로 나타납니다. 대체 가설에서 예측한 방향과는 반대입니다. 그러나 텔레비전 시청에 대한 연구는 매일 네 시간 이상씩 과하게 TV를 보는 것은 독서를 덜 하는 것과 연관성이 있다고 시사합니다.

디지털 기술에 들이는 막대한 시간을 감안하면 어떻게 독서가 구석으로 내몰리지 않게 할 수 있을까요? 한 가지 답은 대부분의 사람들이 워낙에 독서를 너무 적게 해서 더 이상 내몰릴 여지도 별로 없다는 것입니다. 1999년에 게임 외에는 디지털 기술을 이용할 기회가 사실상 전무했을 때도 8세에서 18세 사이의 아이들은 평균 하루에 겨우 21분을 책 읽는 데 썼습니다. 2009년에 디지털 기술의 이용 기회가 훨씬 늘어났을 때는 평균 25분을 기록했습니다. 그러나 이런 데이터에 신뢰가 덜 가는 이유는 이것이 평균 데이터이기 때문입니다. 즉 1999년에는 모든 아이가 약 21분씩 읽었다는 게 아닙니다. 오히려 일부는 상당히 적게 읽고, 심지어 50%는 아예 읽질 않았습니다. 따라서 아이들 절반에게는 디지털 기술이 독서를 대체할 기회조차 없었다는 것입니다.

독서를 했던 1999년 아이들의 경우에는 독서가 디지털 기술이 대체하지 못하는 일종의 즐거움이었던 건지도 모릅니다. 이들도 디지털 기술에서 얻는 재미를 좋아하지만 독서에서 얻는 재미와는 어디까지나 종류가 다릅니다. 특히 잡지와 신문 읽기는 이후 10년 동안에도 감소하지 않았습니다. 이건 거의 틀림없이 그런 종류의 읽기를 인터넷에서 할 수 있기 때문입니다.

(2) 지속적이고 통합적인 해결방법

❶ 읽기에 대한 오해를 무너뜨리기

대니 호치(Danny Hoch)는 두 번이나 오프브로드웨이 상(Obie Awards)을 수상한 일인극을 쓰고 제작하였습니다. 한 인터뷰에서 그는 자기 작품에 대한 어느 연극 팬의 반응을 묘사했습니다.

모자는 삐뚜로 쓰고, 바지는 엉덩이에 걸쳐 입고는 "어이, 친구" 같은 말투를 쓰는 그런 애가 쇼를 보러 왔습니다. 네 번 표를 사서 들어왔고, 한번은 자기 친구들을 데려왔는데 기절초풍할 노릇이었죠. 이런 식인 거예요. "이봐요, 아저씨, 어, 있죠, 난 이런 건 첨 봤어요. 이게 대체 뭐죠?" 그래서 이렇게 말했죠. "이게 뭐냐니, 무슨 뜻이지?" 그러자 이러더군요. "아저씨가 하고 있는 이런 걸 뭐라고 부르냐고요?" 그래서 난 이렇게 말했죠. "연극." 그러자 "아니, 아니죠. 개소리 말고 이건 연극이 아니잖아요."라고 하는 거예요. 그래서 내가 그랬어요. "아니, 진짜 이건 연극 맞아." 그러자 이러더군요. "아니죠, 이봐요. 연극인데 어떻게 내 얘기를 하고 있나요?"

많은 학생들이 읽는 것에 대해 이와 비슷한 태도를 보입니다. 즉

사진 12-6. 제프 키니(Jeff Kinney), 《윔피키드》(Diary of a Wimpy Kid)의 저자. : 키니가 의도적으로 독서를 꺼리는 아이들을 위해 책을 쓴 건 아니었지만, 독서를 싫어했던 아이들이 그의 책들에 보내는 반응은 압도적이었습니다. 키니의 책들은 놀랄 만큼 잘 쓰였고 놀랄 만큼 재밌기도 하지만 이 책들이 그토록 아이들에게 매력적으로 다가간 데는 삽화가 큰 몫을 한다는 것은 의심할 여지가 없습니다. 〈출처: 저자의 허가 아래 복제해 실은 제프 키니의 사진〉

그들에게 "읽기"는 자기 인생과는 전혀 관련 없는 죽은 사람들이 쓴 책을 읽는 것을 의미합니다. 그런데도 그들이 쓴 말을 열심히 읽고, 연구하고, 요약하고, 숨겨진 의미를 분석한 다음, 그들에 대해 다섯 페이지의 과제물을 써야 합니다. 그들에겐 그게 독서입니다. 동시대적인 게 아닙니다. 자기가 동일시할 수 있는 인물은 어디에도 나오지 않습니다. 논픽션이 아닙니다. 잡지도, 만화 소설도 아닙니다.

11장에서 배경지식 부족에 대처하는 한 방법으로 아이에게 이미 친숙한 내용을 담은 책을 찾으라고 제안했습니다. 이건 동기부여

관점에서 보면 합리적입니다. 그러나 만약 지식 면에서 걱정을 좀 덜한다면 내용은 친숙하지 않더라도 아이의 관심사와 관련이 있는 책을 찾아보는 방향으로 나아가 볼 수도 있습니다. 예를 들면 제 조카는 다른 수백만 명의 10대들이 그렇듯이 텔레비전 드라마인 CSI를 보고 법의학에 관심을 가졌고 미래의 직업으로 꿈꾸기도 합니다.

소설이라면 재미있어 '보이는' 책을 찾으세요. 책을 선택할 때 한 가지 사실, 그 책의 선택이 가져다 줄 즐거움을 실제로 얻을 수 있는지를 고려해야 한다는 것을 명심하세요. 작은 활자로 된 두꺼운 책은 자신감이 떨어지는 독자들에게는 무서워 보입니다. 짤막짤막한 장들로 이뤄진 책을 택하거나 그림이 들어가 있어 쉬워 보이는 만화 소설로 골라보세요.(그러나 대다수의 책은 내용이 어렵다는 걸 아셔야 합니다.) 3학년 이상의 초등학생이 돼야 자기가 재밌어하는 연재만화 모음집을 제대로 이해할 수 있을 것입니다. 또 그보다 나이 많은 아이들은 일본만화에 관심을 가질지 모릅니다. 일본 만화는 모험, 미스터리, 호러, 판타지, 코미디 등 상상할 수 있는 거의 모든 장르가 있습니다. 그러나 성과 폭력처럼 성인용 주제들도 드물지 않다는 데 유의하셔야 합니다.

고려해볼 만한 또 다른 출처는 왓패드(Wattpad)와 잉크팝(Inkpop) 같은 웹사이트입니다. 이런 웹사이트들은 이용자들이 콘텐츠를 게시하는 사람들을 "팔로우"한다는 점에서 소셜 네트워크 사이트들과 좀 비슷합니다. 이용자들은 자기가 좋아하는 콘텐츠에 투표하고 평을 달 수 있습니다. 이런 사이트의 콘텐츠는 소설입니다. 아마추어 작가들이 독자가 생기길 기대하며 이야기를 올립니다. 콘텐츠 대부분은 13-19세 사이 청소년과 10-12세 사이 아이들을 겨냥하고 있습니다. 사람들은 보통 이런 콘텐츠를 시리즈로 연재합니다. 그래서 소설 전체를 올리기보다는 한 번에 한 장 정도씩 게시합니다. 이렇게 소화하기 쉬운 짧은 분량은 독서를 꺼리는 독자들에게 매력적으로 다가갑니다. 총 3천 단어 분량은 버스를 타고 가는 동안 휴대전화기로 읽기에도 적당한 듯합니다.

이런 종류의 책이 여러분 취향이 아닐 수 있습니다. 사실 이런 종류의 읽을거리는 잘 쓴 글도 아니고, 저속한 느낌이 드는 대중문화의 일면들을 미화한다는 인상을 줄지도 모릅니다. 아이들에게 여성 혐오나 인종차별적인 글 또는 그 비슷한 종류의 글을 읽히지는 않을 것입니다. 그러나 10대 자녀가 모든 종류의 읽기를 꺼리는 경우라면 그 애가 "쓰레기"를 읽더라도 괘념치 않아야 합니다. 아이는 취향을 발전시킬 수 있기 전에 우선 갈망을 경험해야 합니다. 첫 번째 단계는 인쇄물이 자기 시간을 들일 만한 가치가 있다는 생각을 받아들이는 것입니다. 부모가 아이의 관심사에 대해 경멸보다는 호기심을 보여준다면 부모 자신의 목표 달성에도 큰 효과가 있습니다. 예를 들어, 아이에게서 읽을거리 추천을 받는다든지 하는 방법으로 아이를 독자로서 진지하게 받아들이면 아이도 스스로를 독자로서 좀 더 진지하게 받아들일지 모릅니다.

❷ 도움받기

현실적으로 판단하세요. 아이에게 책을 건네줄 때마다 아이가 그 책을 싫어하게 되는 결과만 나온다면 아이는 자기가 독서와 맞지 않다는 생각을 굳히게 됩니다. 독서를 다시 한번 시도해 보라고 아이를 설득하려는 노력은 부모와 아이 모두에게 고역이다 보니 매일같이 할 짓은 못 됩니다. 따라서 그런 시도를 할 때는 최선을 다해야 합니다. "독서를 꺼리는 10대를 위한 최고의 책들"을 검색해 보면 많은 목록들을 찾을 수 있습니다. 그러나 아이에게 좀 더 섬세하게 맞춘 무언가가 필요합니다. 아이의 취미, 좋아하는 음악 종류, 아이의 성격, 아이가 학교에서 좋아하고 싫어하는 과목, 아이가 즐기는 영화 등 아이의 관심사와 취향에 귀기울인 다음, 그런 정보를 이용해서 최대한 아이의 흥미를 끌어내기 쉬운 책을 찾아내는 과정에는 깊이 있는 경험을 가진 누군가가 필요합니다. 당연히 아동용 도서에 해박한 지식을 가진 사람이어야 합니다.

그런 종류의 사람을 찾아낼 수 있을 만한 곳이 두 군데 있습니다. 학교와 공립 도서관입니다. 도서관 사서들은 대단히 과소평가되고 있는 인적 자원입니다. 그들은 책에 대한 폭넓은 지식과 열정을 갖고 있을 뿐 아니라, 돕고자 하는 열의에 가득 차 있습니다. 공립 도서관에 가면 이런 숙련된 자원을 만날 가능성이 큽니다. 이용하세요!

❸ 인맥을 이용하라

아이가 보고 싶은 영화나 하고 싶은 비디오 게임에 대해 어떻게 알게 될까요? 바로 광고를 통해서입니다. 이런 매체들은 거대 예산을 들여 자사 제품을 알립니다. 아이들은 최신 개봉 영화에 대해 친구들을 통해서도 알게 됩니다. 친구들 역시 어딜 가나 보게 되는 광고를 통해 알게 됩니다. 몇 가지 대단히 성공적인 시리즈를 제외하면 책을 위한 광고는 '없습니다.' 모두 입소문에 의존하는 것이다 보니 대부분의 아이들은 읽지 않습니다.

부모가 아이가 좋아할 거라 보이는 내용에 대해 10대 자녀에게 직접 물어봐서 정보 부족을 바로잡는 방법도 있습니다. 그렇게 한다고 즉각적인 호전을 가져오진 못하겠지만 아이의 마음속에 씨를 뿌리는 정도는 될지 모릅니다. 그렇지만 더 효과적인 방법은 아이가 이런 정보를 또래 집단에게서 듣게 되는 것입니다. 어른들의 경우 읽기는 보통 사회적입니다. 오프라 북 클럽(Ophra's book club)의 성공은 부분적으로 어떤 집단의 일부가 된다는 느낌 덕분입니다. 즉 나 혼자라면 찰스 디킨스의 〈두 도시 이야기〉를 붙들고 씨름하지 않겠지만 모두 한배를 탔으니 함께 부딪쳐 보자는 생각입니다. 10대는 극도로 사회적입니다. 따라서 독서는 그들에게도 사회적 행위가 될 수 있는 대상입니다.

자녀에게 독서를 즐기는 친구들이 있다면 아주 좋습니다. 그런 경우 여러분에게 그들이 최고의 협력자가 되어줄 것입니다. 그러나 사실 그렇지 못할 확률이 더 높습니다. 게다가 아이가 독서를 하지 않는 자기 친구들이 실제로 그렇든 오해든 간에 독서를 따분한 숙맥이나 하는 짓으로 볼까 봐 두려워할 가능성도 있습니다.

나는 열한 살쯤 돼 보이는 소년이 수영장 옆에서 책을 읽는 걸 본 적이 있습니다. 다른 아이가 물속에서 튀어나와 이렇게 말했습니다. "책은 뭐하러 읽고 있는 건데? 너무 지루하잖아!" 독서하던 소년은 그 아이를 올려다보며 차갑게 업신여기는 투로 이렇게 말했습니다. "뇌에 좋거든." 전 소년을 와락 껴안아주고 싶었지만 간신히 참았습니다.

웹에는 셀 수 없이 많은 독서 클럽이 있습니다. 아이들이 책에 대해 토론하고, 추천을 나누고, 팬 픽션을 올릴 수 있는 게시판을 말합니다. 책 말미에 실린 "추가 참고 도서 목록"란에서 이런 예를 찾아볼 수 있습니다. 하지만 자녀가 이런 모임들 중 하나에 무턱대고 뛰어들지는 않습니다. 가장 가능성이 큰 진입 지점은 아이의 상상력을 '진정' 사로잡는 보기 드문 책을 통해서입니다. 그러니 아이에게 다른 열광적인 팬들이 그 책에 대해 토론하는 웹사이트들이 있다는 걸 꼭 알려주세요.

❹ 책에 쉽게 접근할 수 있게 하기
e-book 리더기가 동기부여에 도움이 될까요? 이 질문에 대해서는 서로 엇갈리는 결과들을 보여주는 연구들이 있습니다. 재미로

서의 독서는 e-book 리더기로도 사정이 그리 다르지 않습니다. 대학생들처럼 9세에서 17세 사이의 아이들도 종이 책을 선호합니다. 전자책을 경험해 본 아이들의 80%가 종이 책을 여전히 더 자주 읽는다고 말합니다.

그렇지만 이 아이들이 전자책을 이용할 수 있다면 독서를 더 많이 할 거라 짐작할 수 있습니다. e-book 리더기가 독서를 더 재밌게 만들지는 않겠지만 접근성을 높입니다. 사실상 원하는 어떤 책이라도 원하는 즉시 다운로드 할 수 있다는 건, 비용 문제만 제외하면 엄청난 이점입니다. 아이가 3부작 중 1, 2부를 이제 막 다 읽었거나 친구에게서 아주 멋진 새 책에 대해 들었다면 아이가 그 책을 구해 볼 생각에 가장 들떴을 순간은 바로 그 때입니다. 그러나 며칠을 기다려서 서점이나 도서관에 갈 수 있다면 아이의 흥미는 그 사이 새로운 뭔가로 옮겨 가버릴지 모릅니다. 더 나이가 많은 아이들은 본인 휴대전화기로 e-book 리더기를 내려받을 수 있습니다. e-book 리더기는 공짜입니다. 그리고 이것은 아이들이 항상 책을 가지고 다니는 방법입니다.

❺ 자녀가 일정을 짜도록 돕기

어떤 10대들은 읽는다는 것 자체는 좋다고 생각하지만 단순히 책 읽을 시간을 낼 수 없는 때도 있습니다. 오늘날 아이들이 해야 하는 활동들은 한 세대 전보다 훨씬 더 치열해 보입니다. 겉으로는 단순해 보이는 축구나 합창 같은 활동조차도 매주 많은 시간을 필요로 합니다. 여기에 숙제까지 더해지면 아이들은 한 주가 벅찰 만큼

빡빡하다고 느끼게 됩니다. 어떻게 하면 독서 자체는 좋아하는 아이에게 독서를 할 시간을 내도록 도울 수 있을까요?

여러분 자녀는 시간이 없는 게 아니라 뭉텅이로 크게 낼 시간들이 없는 건지도 모릅니다. 아이는 독서란 조용한 가운데 최소한 얼마 동안 끊지 않고 지속해야만 하는 거라고 믿고 있을 수도 있습니다. 아이의 선생님이 "매일 밤 30분씩 읽도록 해봐요."라고 말한다면 아이는 이 말을 연속해서 30분을 꼬박 읽으라는 뜻으로 받아들인다는 데서 쉽게 알 수 있습니다. 하지만 성인 독자들은 하루 동안 틈틈이 짤막짤막하게 짬을 내서 독서에 대한 허기를 채웁니다. 여러분의 자녀가 그저 책을 늘 갖고 다니면서 통학 버스에서, 피아노 교습이 끝나고 부모가 데리러 오길 기다리는 동안, 맥도널드에서 줄을 길게 서서 기다리고 있을 때, 야금야금 한 토막씩 읽는 것에 익숙해지기만 하면 될지도 모릅니다. 학교에 아이를 태워다 주는 동안 아이가 아이팟으로 오디오북을 듣게 하는 건 어떨까요? 나는 학생들에게 지난달에 언제고 지루해진 적이 있었냐고 묻길 좋아합니다. 그렇다고 대답하면 그때가 바로 책을 읽으면 좋았을 시간이라고 말해 줍니다.

학생들에게 우리 어른들이 시간이 부족할 때 흔히 쓰는 전략을 소개해도 좋겠습니다. 즉 일정을 짜게 하는 것입니다. 중요한 일을 할 시간이 생기길 그저 바라고만 있어서는 안 됩니다. 시간을 만들어 내야만 합니다. 그러려면 독서를 할 구체적인 시간과 공간을 의도적으로 빼내야 합니다. 또한 중요한 것으로, 자녀가 계획한 시간에 책을 읽지 않게 될 이유를 스스로 예상하고 있어야만 한다는 게 있습니다. 자녀가 매일 오후 5시에 15분 동안 책을 읽기로 계획을 세우는 경우, 어떤 것이 그날 독서를 빼먹기로 결심하게 할 수 있을까요? 아니면 무엇이 일단 독서를 시작한 아이를 방해할 가능성이 있을까요? 아이는 이런 방해 요인들에 대처할 전략을 짜야할 필요가 있습니다. 아이가 숙제에 쩔쩔매느라 독서를 빼먹는다면 독서 시간을 재조정할 필요가 있을지도 모릅니다. 어린 동생이 자꾸 방해된다면 좀 더 혼자 조용히 있을 수 있는 전용 공간을 독서 장소로 골라야 할 수도 있습니다.

◆ **Chapter 12. 돌아보기** ◆

하나. 학교에서의 읽기

❶ 보상으로 동기 부여하기
❷ 독서를 즐기게 하기
❸ 독서 의욕을 이끄는 교사의 전략들

둘. 가정에서의 읽기

❶ 전자기기는 독서를 어떻게 방해하는가?
❷ 지속적이고 통합적인 해결방법

이 책의 집필이 거의 끝나갈 무렵, 몇몇 친구들에게 현재까지 쓴 내용을 읽어달라고 부탁했습니다. 그 중 몇몇은 똑같은 지적을 했습니다.

"전부 흥미롭긴 한데 말이지. 자네가 언급하지 않고 그냥 넘어간 게 하나 있어. 어떤 아이들은 독서가가 될 운명을 타고나지 못했어. 타고나지 못한 아이들 기분을 상하게 해선 안 돼. 아이가 독서에 대한 가족의 가치관에 부응하지 못하고 있다고 느끼게 해선 안 된다는 거지. 그러니 그런 아이를 두었다면 자네도 포기하고 물러났을 거야, 안 그래?"

왜 아이가 독서에 대해 부담감을 느끼게 될까요? 확실한 답은 독서가 아이에게 편하게 다가오지 않기 때문입니다. 특히 아이는 읽기를 잘하는 형제자매와 자신이 비교될 때 독서에서 손을 떼고 싶어합니다. 그렇다 해도 독서는 여전히 즐거울 수 있습니다. 그 즐거움을 얻기가 힘들긴 하지만요. 모든 아이는 자신의 현재 능력에 맞춰 읽어낼 수 있는 선에서 즐거움을 누려야 합니다. 우리 가족의 경우, 휠체어를 꼭 타야 하는 딸아이가 있지만 장애를 이유로 제 아이에게 산책을 자제시키진 않습니다. 딸아이는 등산을 하거나 모래사장을 거닐 순 없지만 자기가 할 수 있는 만큼 "산책"하고 가능한 것을 즐깁니다. 제 생각에 물러나는 것이야말로 잘못된 메시지입니다. 그건 아이에게 "내가 예전에 독서가 중요하다고 말했지만 네가 책 읽는 걸 힘들어한다는 걸 안 이상 독서가 중요하지 않은 척해야 되겠다."라는 것과 같습니다. 아이는 속지 않을 겁니다. 아이는 문제가 너무 끔찍하고 심각해서 터놓고 상의할 수 없을 정도라는 결론을 내리고 말게 됩니다.

저는 부정하는 것보다는 인정하는 것을 선호합니다. 솔직하게 이렇게 말하면 어떨까요? "그래, 너에게는 어려울 거야 나도 이해한다. 네가 얼마나 열심히 노력하고 있는지 감명받았단다." 실은 모든 아이들은 쉽게 배우는 것이 있고 쉽게 배우지 못하는 것이 있습니다. 아마도 혼자서 수학 공부를 하거나, 혼자서 버스를 타고 시내로 가는 용기를 내는 것이나, 혼자서 자전거 타는 법을 배우는 것, 친구에게 실망했다고 말하는 것과 같을 수도 있습니다. 저는 제 아이들이 일이 쉽게 풀릴 때는 감사해 하고, 그렇지 않을 때는 의연해지길 바란다고 이야기하고 싶습니다. 저는 제가 중요하다고 믿는 것들을 상황이 여의치 않으면 포기하라고 은연중에 제안하지는 않을 것입니다.

그러나 어떤 아이들의 경우엔 읽기의 어려움이 문제가 아닙니다. 읽기에 별로 흥미가 없어 보인다는 게 문제입니다. 저는 이 책에 쓴 내용들이 여러분 자녀에게 반드시 독서를 즐겨야 한다고 압박하

"생일 축하합니다!
그리고 그 아래 줄에는
언제나 좋은 일만 있길 빕니다!"

그림 1. 지시를 문자 그대로 받아들일 때. 한낱 도시 괴담일지도 모르지만 한 여성이 생일 케이크를 주문하면서 점원에게 케이크 위에 글을 써 달라고 했다는 이야기입니다. "생일 축하합니다! 그리고 그 아래 줄에는 언제나 좋은 일만 있길 빕니다!" 케이크 주문을 받은 사람은 전해 받은 문구를 토씨 하나 바꾸지 않고 그대로 옮겨 적고 말았습니다. 지시를 그저 충실히 따르지만 말고, 프로젝트의 전체 목표를 염두에 두고 있어야 합니다.

는 계획으로 받아들여지기 쉽다는 걸 알고 있습니다. "이거 해라, 저거 해라, 제발 다른 건 하지 말라." 같은 조언을 잔뜩 제공하고 있으니까요. 제가 그토록 지시적이었던 이유는 목표를 명시하는 것만으로는 충분치 않기 때문입니다. "목표는 아이가 독서를 사랑하게 만드는 겁니다. 자, 그럼 이제 알아서들 잘해 보세요."라고만 말할 순 없는 노릇입니다. 이런 목표가 매일 매일 어떻게 실현되는지, 그리고 발생 가능성이 있는 장애물에 어떻게 대처할지에 대한 세부사항들을 논의해야 합니다. 그러나 너무 상세한 지시에 중점을 둘 경우, 문제를 근시안적으로 해결하려 해서 결국 실수를 할 수 있습니다.

전체적으로 이해하는 시각을 가지려면, 때 **Person 1 ▸**
미국태생의 요리사, 음식 저술가,
소설가이다.
때로 세부적인 것들에서 눈을 떼고 위를 올려
다봐야 한다는 것을 상기해서 근시안적인 시
각을 버려야 합니다. 다시 말해, 궁극적인 목 **Person 2 ▸**
미국태생의 교수, 시인, 소설가이다.
표가 무엇인지 떠올려야 합니다. 서문에서 저
는 여가활동으로서의 독서가 학교에서 공부를 잘하거나 돈을 더 많
이 버는 것과 관련이 있다는 이유로 아이에게 책을 읽게 하는 것은
별로 흥미가 없다고 말했습니다. 제 아이들이 책을 읽게 하고 싶다
는 저의 욕구는 그저 직감일 뿐입니다. 책을 마무리 짓는 지금, 이에
대해 자세히 말하는 게 좋을 것 같습니다. **제가 정말로 원하는 건 제
아이들이 독서의 즐거움을 경험하는 것입니다.**

독서의 즐거움이란 대체 무엇일까요? 제게 독서는 이해의 즐거
움을 제공합니다. 음식 저술가인 루스 라이실(Ruth Reichl)[P1]은 참치
뱃살 향미에 대해서 끄집어내기 어려운 미묘한 특징들을 말로 표현
할 줄 압니다. 어떤 작가들은 저 자신에 대한 여러 측면을 이해할 수
있게 하였습니다. 그러나 언제나 호감 가는 좋은 면들은 아니었습
니다. 회고록 〈선명한 사진들〉(Clear Pictures)을 읽고 나서, 저자인 레
이놀즈 프라이스(Reynolds Price)[P2]는 현명하고 재미있는 사람들 사
이에서 성장할 수 있었으니 얼마나 운이 좋은 사람인가에 대해 곰
곰히 생각해 보다가 사실 그들을 그런 사람들로 느껴지게 만든 건
프라이스의 통찰력과 감수성이란 걸 깨달았습니다. 만약 그들이 제
가 아는 사람들이었다면 저는 그들의 그런 훌륭한 자질을 알아보지

Book ▸

이 소설은 피츠제럴드의 자전적 요소가 가장 강한 작품이다. 피츠제럴드는 프랑스 남부에서 조국을 떠난 미국인들과 함께 지낸 경험을 바탕으로 이 작품을 썼다. 다이버 부부는 바로 피츠제럴드의 부인 젤다의 친구였던 미국인 명사 부부 제럴드와 새라 머피를 모델로 한 것이다. 이 소설은 또한 정신착란을 앓았던 젤다가 스위스에서 받았던 심리 치료에 대해서도 묘사하고 있다. 막대한 치료비를 대기 위해 피츠제럴드는 결국 소설 대신 할리우드 시나리오를 써야만 했고, 결국 알코올 중독으로 요절하고 만다. 그리고 소설과는 달리 그들의 삶은 해피엔딩으로 끝나지 않았다. 니콜과는 대조적으로, 젤다는 끝내 회복하지 못했으며 1948년 죽음을 맞을 때까지 정신 병원에 격리 수용되었다.

밤은 부드러워(죽기 전에 꼭 읽어야 할 책 1001권, 2007, 1, 15,, 마로니에북스)

Person 1 ▸

체임 포톡 (Feb 17 1929) 미국태생이며 유대교이자 랍비이다. 그의 첫 번째 소설인 선택된 사람들은 뉴욕 타임즈 39주 연속 베스트셀러이며 3백4십만부가 팔렸다.

못했을 것입니다. 어른이 돼서, 저는 오래 전부터 알고 있었지만 어렴풋하게만 이해했던 아이디어들을 오랜 시간이 흘러 마침내 더 잘 이해하게 되는 것에 크나큰 만족감을 얻습니다. 가장 최근의 경험은 미국을 건국한 사람들 간의 갈등에 관한 내용입니다.

저는 독서를 할 때면 머나먼 시간과 장소에서 전해지는 완전히 차원이 다른 즐거움을 느낍니다. 1920년대 프랑스 리비에라 해안 지방에 대해 〈밤은 부드러워Tender is the Night〉[B]에 나오는 딕 다이버(Dick Diver)의 방탕하고 피곤함에 절은 시선을 통해서 보는 것보다 더 잘 상상할 방법이 어디 있을까요? 체임 포톡[P1](Chaim Potok)이 저를 인도하지 않았다면 어떻게 뉴욕의 하시디즘(18세기에 폴란드에서 시작된 신비주의적 성향이 대단히 짙은 유대교 종파/역자) 신도들의 엄숙함과 떠들썩함이 공존하는 세계에 들어가 볼 수 있었을까요? 이런 즐거움은 가끔 새로운 세계의 매력이 아닌 나 자신의 세계에서 벗어나는 것에서 오는 것이기도 합니다. 대학원에 다닐 때 저는 제2차 세계대전을 다룬 두 권짜리 서사시적 작품인 허먼 오크(Herman Wouk)[P2]의 〈전쟁의 바람〉(Winds of War)과 〈전쟁과 기억〉(War and

Remembrance)을 거의 매일 점심시간에 읽었습니다. 저는 이 작품을 마치 손에 쥐고 돌리면 마음이 진정되는 묵주처럼 여겨 엄청나게 고달팠던 학업 과정에서 오는 불안감을 다스렸습니다.

Person 2 ▸

허먼 오크(Herman Wouk)는 소설 케인호의 반란으로 1951년 퓰리쳐상을 받은 작가이다. 특히 2016년 탄생 100세 기념으로 '100세 작가의 사고'라는 책을 출간하였다.

저는 이런 기쁨은 텔레비전이나 다른 매체를 통해서는 경험할 수 없다고 다시 주장합니다. 오직 독서만이 글에서 묘사된 세계를 여러분 마음 속에서 창조해낼 것을 요구해서 이러한 경험에 '여러분 자신의' 참여를 이끌어냅니다. 소설만이 오래, 깊게 등장인물과 함께 살아가기를 요구합니다. 그리고 거의 예외 없이 멋진 문장가들은 다른 매체의 예술가들보다 언어에 대한 훨씬 큰 사랑을 보여줍니다.

저는 제 아이들과 여러분의 아이들이 이런 기쁨이나 그 비슷한 느낌들을 경험하길 바랍니다. 그리고 여러분의 마음 속 맨 앞에 두어야만 하는 목표가 바로 아이들이 경험하길 바라는 기쁨입니다. 18세부터 22세 정도의 젊은이들을 상대하는 일을 평생 직업으로 해왔던 사람으로서 부모와 10대 간에 가장 큰 갈등을 불러일으키는 게 무엇인지에 대해 제가 받은 인상을 말해 주고 싶습니다. 부모들은 자녀가 행복하길 원한다고 생각합니다. 반면 아이들은, 부모가 원하는 방식으로 자녀가 행복해지기를 바란다고 생각합니다.

Book ▶

인터넷에 올라온 GPS 좌표를 이용
해서 숨겨놓은 물건을 찾는 야외 스
포츠 겸 게임잡지이다.

독서에 대해 부담감과 불만을 느끼는 아이
가 맞닥뜨리는 암초는 바로 부모가 원하는 아
이의 행복에 대한 생각과 아이 스스로의 행복
에 대한 생각의 괴리입니다. 여러분의 목표는
아이들이 독서를 즐기게 하는 것이라는 점을 잊지 말아야 합니다.
여러분과 똑같은 방식으로 아이들이 독서를 즐기게 하려는 것이 아
닙니다. 여러분의 경우, 문학적인 소설을 즐길지 모르지만 자녀가
즐기는 것은 시의 사색적 정교함이나 스릴러물의 복잡한 구성, 또
는 호러물의 유령의 집 거울 속 이미지 같은 뒤틀린 분위기일 수 있
습니다. 어쩌면 자녀가 〈지오캐셔 매거진〉(Geocacher Magazine)[B]이
나 기술적인 모터사이클 엔진 도해 개론서를 읽으며 즐거움을 느낀
다는 것을 당신에게 보여줄지도 모릅니다. 자기가 할 수 있는 만큼
독서의 즐거움을 만끽하고 탐색해 나갈 수 있게 내버려 두세요. 만
약 그것이 도움이 되면, 때때로 일상적 삶에 매몰되어 있던 시선을
거두고 제가 이 책 서두에서 제안했던 원칙들을 떠올려 보세요. 지
금 시작합시다. 그리고 즐깁시다.

파이팅!

독서에 대한 학술 논문에 대해 읽어볼 만한 리뷰

〈Reading in the Brain〉

Author : Stanislas Dehaene

Publisher: :Penguin Books

신경과학계의 관점으로 쓰여진 상당한 수준의 일반도서.

〈Handbook of reading research (vol.4)〉

Author: Michael L. Kamil, P. David Pearson,

Elizabeth Birr Moje, Peter Afflerbach

Publisher: Routledge

선도적인 연구자들이 독서에 관한 여러 주제를 수록한 논문.

〈What Research Has to Say about Reading Instruction (4Th ed)〉

Author : S. Jay Samuels, Alan E. Farst

Publisher: International Reading Association

문해력에 대해 더욱 광범위한 관심을 보이는 책이기 때문

에 수학적 문해력과 문해력에 대한 범세계적 시각 등 더욱 다양한 주제들에 대

해 다룬 장들이 수록.

⟨**Handbook of Family Literacy** (2nd ed)⟩

Author : Barbara H. Wasik

Publisher: Routledge

문해력에 대해 더욱 광범위한 관심을 보이는 도서.

수학적 문해력과 문해력에 대한 범세계적 시각 등 더욱

다양한 주제들에 대해 수록.

독서하는 아이로 키우는 것에 대한 자료

⟨**Book Smart : How to Develop and Support
Successful, Motivated Readers**⟩

Author : Anne E. Cunningham, Jamie Zibulsky

Publisher : Oxford University Press

독서의 태도에 대한 연구가 좀 더 자세한 정보들이 실림.

**Institute of Education Sciences practice guides: https://ies.
ed.gov/**

증거 기반 실습에 대해 전문가들이 집필한 문서이며 모두 무료로 내려받기가능.

안내서마다 보통 나이와 내용을 명시한 한 가지 주제가 실림.

예 : "초등학교 어린이들에게 작문을 가르치기"

ReadingRockets.org : https://www.readingrockets.org

: 부모와 교사를 위한 자료가 실려 있는 웹사이트.

난독증

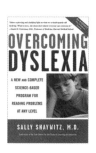

⟨Overcoming Dyslexia : A New and Complete Science-Based Program for Reading Problems at Any Level⟩

Author : Sally Shaywitz

Publisher: Vintage

샐리 셰이위츠(Sally Shaywitz)는 난독증 분야의 선도적인 연구자. 이 책은 출간된 지 10년이 되었지만 현재 알려진 것과 해야 할 일에 대한 매우 읽기 쉽고 실용적인 요약본.

아래의 웹사이트 세 곳은 일시적 유행뿐만 아니라 최신 연구에 대한 최근 정보를 제공하는 탁월한 자료처.

International Dyslexia Association : https://dyslexiaida.org/

Nationla institutes of Health : http://www.ninds.nih.gov/disorders/dyspraxia

Yale Center for Dyslexia and Creativity : http://dyslexia.yale.edu/

책 선택

Goodreads : https://www.goodreads.com/genres/children

회원이 천만 명이 넘는 독자를 위한 소셜 네트워킹 웹사이트.

사용자들은 많은 다른 기능들 중에서도 리뷰를 쓰고 읽을 수 있으며, 책에 "좋아

요"(like)를 하면 다른 책들을 추천받게 됨.

〈Choosing books for children : A commonsense guide (3rd. ed)〉

Author : Betsy Hearne, Deborah Stevenson

Publisher : University of illinois Press

나이와 주제에 따라 편성된 장들은 각 해당 장르와 그 장르 내에서의 책 선택에 대한 일반적 조언으로 시작.

〈The New York Times Parent's Guide to the Best Books for Children (3rd. ed)〉

Author : Eden Ross Lip

Publisher : Random House

간략한 설명과 함께 500페이지가 넘는 책 추천이 실려 있습니다. 대략적으로 연령별에 따라 분류됨.

〈The Read-Aloud Handbook (7th ed)〉

Author : Jim Trelease

Publisher : Penguin.

: http://www.trelease-on-reading.com/

트릴리즈는 소리 내어 읽는 법에 대한 조언과 약 150페이지에 달하는 제안들을 제공합니다. 후속적인 설명은 뛰어나게 명료하고 간략해서 그 책에 대해 다른 목록들을 뛰어넘는 수준으로 볼 수 있음. 소리 내어 읽기의 혜택이라 주장하는 내용은 조금 과장됨. 소리 내어 읽기에 대한 우수한 옹호는 굉장히 잘 쓰여짐.

National Education Association's "Teacher Top 100 Books for children."

전미교육협회가 2007년에 실시한 일회성 조사에 기반을 둔 전 연령대용 단일 리스트. 그럼에도 교사들이 생각하는 훌륭한 아동도서가 무엇인지 보기가 흥미로움. (리스트 100종은 마지막에 표시)

Oprah's Reading List for Kids: http://www.oprah.com/index.html

Oprah.com은 어린이를 위한 수많은 추천 도서가 실림. 이 중에는 연령대와 아이의 관심사에 따라 정리한 목록들도 있음.

Read Aloud America : http://www.readaloudamerica.org/booklist.htm

문학과 평생 독서와 특히 소리 내어 읽기를 전문으로 하는 비영리 단체. 이 웹사이트는 연령대에 따라 세심하게 조율된 추천 도서를 제공.

10대 독자를 위한 소셜 네트워크

Amazon: https://www.amazon.com/

Amazon.com에 가본 적이 있다면 그곳의 서평란에 익숙할 것으로 짐작됨. 서평과 별도로 토론도 존재. 인기 도서들에 대해서 활발한 토론이 이루어짐.

Goodreads: https://www.goodreads.com/

아마존처럼 이 사이트도 10대만이 아닌 모든 독자들을 상대로 함. 아마존처럼 사용자들은 다른 사람들의 게시물에 논평을 달 수 있으며 "좋아요"(like)를 표시가능. 이곳은 이미지와 동영상 GIF 파일을 올릴 수 있게 되어 있는데 십대들이 아주 많이 활용. 청소년 부문에서는 훨씬 더 십대 취향의 감수성이 드러남.

아래의 세 가지 웹사이트들은 진지한 독자들을 위한, 독자들에 의해 운영. 그래서 각 웹사이트는 저마다 대외적으로 특유의 꽉 막힌 모범생다운 분위기. 서평과 블로그, 저자 인터뷰 등을 제공하고 독서를 좋아하지만 독서를 좋아하는 친구가 없는 10대를 위한 고마운 안식처임.

http://www.readergirlz.com

http://www.guyslitwire.com

http://www.teenreads.com

Hi-lo 출판사 : http://hilobooks.weebly.com/

다음 출판사들은 훌륭한 하이-로 도서들을 간행. 웹에서 "hi-lo books"나 "hi-lo publishers"로 검색가능.

Capstone : http://www.capstonepub.com/classroom/

High Noon : http://www.highnoonbooks.com/

Orca : http://us.orcabook.com/

Perfection Learning: http://www.perfectionlearning.com/browse.php

Saddleback : http://www.sdlback.com/hi-lo-reading

〈National Education Association's "Teacher Top 100 Books for children."〉

Num	Books of Auhtors	도서명	저자명
1	Charlotte's Web by E. B. White	샬롯의 거미줄	E.B. 화이트
2	Where the Wild Things Are by Maurice Sendak	괴물들이 사는 나라	모리스 샌닥
3	The Giving Tree by Shel Silverstein	아낌없이 주는 나무	쉘 실버스타인
4	Green Eggs and Ham by Dr. Seuss	초록달걀과 햄	닥터 수스
5	Goodnight Moon by Margaret Wise Brown	잘 자요 달님	마가릿 와이즈 브라운
6	Love You Forever by Robert N. Munsch	언제까지나 너를 사랑해	로버트 먼치
7	Because of Winn Dixie by Kate DiCamillo	내 친구 윈딕시	케이트 디카밀로
8	Oh, The Places You'll Go by Dr. Seuss	오 네가 갈 곳	닥터 수스
9	Little House by Laura Ingalls Wilder	초원의 집	로라 잉걸스 와일더
10	The Polar Express by Chris Van Allsburg	폴라 익스프레스	크리스 반 알스버그

Num	Books of Auhtors	도서명	저자명
11	Skippyjon Jones by Judy Schachner	스피키존 존스	주디 새크너
12	Thank You Mr. Falker by Patricia Polacco	고맙습니다, 선생님	패트리샤 폴라코
13	The Cat in the Hat by Dr. Seuss	모자속 고양이	닥터 수스
14	The Lorax by Dr. Seuss	로렉스	닥터 수스
15	The Miraculous Journey of Edward Tulane by Kate DiCamillo	에드워드 툴레인의 신기한 여행	케이트 디카밀로
16	The Mitten by Jan Brett	털장갑	잰 브렛
17	Crunching Carrots, Not Candy by Judy Slack	사탕이 아닌 오도독오도독 씹는 당근	주디 슬랙
18	Don't Let the Pigeon Drive the Bus by Mo Willems	비둘기에게 버스 운전은 맡기지 마세요	모 윌렘스
19	Harry Potter Series by J.K. Rowling	해리포터 시리즈	J.K. 롤링
20	A Wrinkle in Time by Madeleine L'Engle	시간의 주름	매들렌 렝글
21	Alexander and the Terrible, Horrible, No Good, Very Bad Day by Judith Viorst	알렉산더와 끔찍한 비극, 끔찍한 날, 아주 나쁜 날	주디스 바이오스트
22	Are You My Mother? by Philip D. Eastman	우리 엄마 맞아?	필립 디 이스트먼
23	Corduroy by Don Freeman	꼬마 곰 코듀로이	돈 프리먼
24	Lilly's Purple Plastic Purse by Kevin Henkes	우리 선생님이 최고야	케빈 헹크스
25	Stellaluna by Janell Cannon	스텔라루나	자넬 캐넌
26	Tacky the Penquin by Helen Lester	못말리는 태키와 펭귄 사냥꾼	헬렌 레스터
27	The Lion, the Witch, and the Wardrobe by C. S. Lewis	사자와 마녀와 옷장	C. S. 루이스
28	The Velveteen Rabbit by Margery Williams	헝겊 토끼의 눈물	마저리 윌리엄스
29	Chicka Chicka Boom Boom by Bill Martin Jr.	치카 치카 붐붐	빌 마틴 주니어
30	Click Clack Moo: Cows That Type by Doreen Cronin	탁탁 톡톡 음매 젖소가 편지를 쓴대요	도린 크로닌
31	Harold and the Purple Crayon by Crockett Johnson	해럴드와 자주색 크레파스	크로켓 존슨
32	Horton Hatches the Egg by Dr. Seuss	호튼	닥터 수스

디지털 시대, 책 읽는 아이로 키우기

Num	Books of Auhtors	도서명	저자명
33	Junie B. Jones by Barbara Park	주니 B 존스	바바라 파크
34	Little House in the Big Woods by Laura Ingalls Wilder	큰 숲속의 작은 집	로라 잉걸스 와일더
35	Make Way For Ducklings by Robert McCloskey	아기 오리들한테 길을 비켜 주세요	로버트 맥클로스키
36	The Phantom Tollbooth by Norton Juster	팬텀 톨부스 환상의 통행요금소	노턴 저스터
37	Piggie Pie by Margie Palatini	피기 파이	마기 플라티니
38	The Little Engine That Could by Watty Piper	등반하는 리틀엔진	워티 파이퍼
39	The Monster at the End of this Book by Jon Stone	이 책에 마지막에 나오는 괴물	존 스톤
40	The Tale of Despereaux by Kate DiCamillo	생쥐 기사 데스페로	케이트 디카밀로
41	A Bad Case of Stripes by David Shannon	줄무늬가 생겼어요	데이빗 섀논
42	Cloudy with a Chance of Meatballs by Judi Barrett	하늘에서 음식이 내린다면	쥬디 바레트
43	From the Mixed Up Files of Mrs. Basil E. Frankweiler by E.L. Konigsburg	클로디아의 비밀	E. L. 코닉스버그
44	Inkheart by Cornelia Funke	잉크하트	코넬리아 푼케
45	Maniac Magee by Jerry Spinelli	하늘을 달리는 아이	제리 스피넬리
46	Officer Buckle and Gloria by Peggy Rathmann	버클 경관과 글로리아	페기 래스먼
47	Olivia by Ian Falconer	올리비아	이안 팔코너
48	The BFG by Roald Dahl	내 친구 꼬마 거인	로알드 달
49	The Kissing Hand by Audrey Penn	엄마의 손뽀뽀	오드리 펜
50	The Secret Garden by Frances Hodgson Burnett	비밀의 정원	프랜시스 호지슨 버넷
51	The Sneetches by Dr. Seuss	스니치	닥터 수스
52	The Very Hungry Caterpillar by Eric Carle	배고픈 애벌레	에릭 칼
53	A Little Princess by Frances Hodgson Burnett	소공녀	프랜시스 호지슨 버넷

Num	Books of Auhtors	도서명	저자명
54	Tikki Tikki Tembo by Arlene Mosel	티키 티키 템보	아를린 모젤
55	Bark, George by Jules Feiffer	짖어봐 조지야	줄스 파이퍼
56	Bunnicula by James Howe	버니큘라	제임스 하우
57	Charlie and the Chocolate Factory by Roald Dahl	찰리와 초콜릿 공장	로알드 달
58	Charlie the Caterpillar by Dom DeLuise	애벌레 찰리	돔 들루이스
59	Chrysanthemum by Kevin Henkes	난 내 이름이 참 좋아!	케빈 행크스
60	Dear Mr. Henshaw by Beverly Cleary	헨쇼 선생님께	비버리 클리어리
61	Frederick by Leo Lionni	프레드릭	레오 리오니
62	Frindle by Andrew Clements	프린들 주세요	앤드루 클레먼츠
63	Frog and Toad by Arnold Lobel	개구리와 두꺼비는 친구	아놀드 로벨
64	Guess How Much I Love You by Sam McBratney	내가 아빠를 얼마나 사랑하는지 아세요?	샘 맥브래트니
65	Harris and Me by Gary Paulsen	해리스와 나	게리 폴슨
66	Harry the Dirty Dog by Gene Zion	개구쟁이 해리 목욕은 싫어요	G.자이언
67	Hop on Pop by Dr. Seuss	라임있는 노래	닥터 수스
68	How the Grinch Stole Christmas by Dr. Seuss	그린치	닥터 수스
69	I Love You, Stinky Face by Lisa McCourt	너를 사랑해 우리아기 꼬질이	리자 맥콜트
70	Is Your Mama A Llama? by Deborah Guarino	너의 엄마는 라마니?	데보라 구아리노
71	Jan Brett's books		잰 브렛
72	Knots on a Counting Rope by Bill Martin Jr.	매듭을 묶으며	빌 마틴 주니어
73	Little Women by Louisa May Alcott	작은 아씨들	루이자 메이 알코트
74	Mike Mulligan and His Steam Shovel by Virginia Lee Burton	마이크 멀리건과 증기 삽차	버지니아 리 버튼
75	Miss Rumphius by Barbara Cooney	미스 럼피우스	바바라 쿠니
76	My Father's Dragon by Ruth Stiles Gannett	엘머의 모험 1 동물 섬에 간 엘머	루스 스타일스 개니트
77	My Many Colored Days by Dr. Seuss	하루 하루 다른 색깔	닥터 수스
78	My Side of the Mountain by Jean Craighead George	나의 산에서	진C.조지

Num	Books of Auhtors	도서명	저자명
79	No David! by David Shannon	안돼, 데이빗!	데이빗 섀논
80	One Fish, Two Fish, Red Fish, Blue Fish by Dr. Seuss	한 마리 두 마리 붉은 물고기 푸른 물고기	닥터 수스
81	Where the Sidewalk Ends: the Poems and Drawing of Shel Silverstein by Shel Silverstein	골목길이 끝나는 곳	쉘 실버스타인
82	Stephanie's Ponytail by Robert Munsch	꽁지머리 소동	로버트 먼치
83	Swimmy by Leo Lionni	으뜸 헤엄이	레오 리오니
84	The Hundred Dresses by Eleanor Estes	내겐 드레스 백 벌이 있어	엘레노어 에스테스
85	The Boxcar Children by Gertrude Chandler Warner	유개화차 아이들	거트루드 챈들러 워너
86	The Dark Is Rising by Susan Cooper	어둠이 떠오른다	수잔 쿠퍼
87	The Empty Pot by Demi	빈 화분	데미
88	The Five Chinese Brothers by Claire Huchet Bishop	재주 많은 다섯형제	클레어 하쳇 비숍
89	The Giver by Lois Lowry	기억 전달자	로이스 로우리
90	The Grouchy Ladybug by Eric Carle	퉁명스러운 무당벌레	에릭 칼
91	The Hobbit by J. R. R. Tolkien	호빗	J.R.R. 톨킨
92	The Important Book by Margaret Wise Brown	중요한 사실	마가릿 와이즈 브라운
93	The Last Holiday Concert by Andrew Clements	마지막 휴일 콘서트	앤드루 클레먼츠
94	The Napping House by Audrey Wood	낮잠 자는 집	오드리 우드
95	The Quiltmaker's Gift by Jeff Brumbeau	퀼트 할머니의 선물	제프 브럼보
96	The Snowy Day by Ezra Jack Keats	눈 오는 날	에즈라 잭 키츠
97	The Story About Ping by Marjorie Flack	띳띳띳 꼴찌 오리 핑이야기	마저리 플랙
98	The True Story of the Three Little Pigs by Jon Scieszka	아기 돼지 삼형제	존 셰스카
99	Tuck Everlasting by Natalie Babbitt	트리갭의 샘물	나탈리 배비트
100	The Wide-Mouthed Frog: A Pop-Up Book by Keith Faulkner	입이 큰 개구리	키스 포크너

Chapter 1 ~ 3

"이런 현상은 영어 외에 다른 언어들에서도 나타난다." : Treiman and Kessler (2003); Treiman, Kessler, and Pollo (2006); Treiman, Levin, and Kessler (2012).

"아마추어 시인들" : Vaughn (1902).

"발음 규칙에 어긋나는 단어들이 아주 흔하다." : Ziegler, Stone, and Jacobs (1997).

"단어들이 어디서 시작하고 끝나는지 잘 모르는 것이다." : Holden and MacGinitie (1972).

"읽기를 배우는 데 고생하는 아이들은 각각의 말소리를 구별해 듣는 데 어려움을 겪는다." : Melby-Lervåg, Lyster, and Hulme (2012).

"어느 정도 스스로 읽는 법을 터득한 아이들은 그런 말소리들을 쉽게 알아듣는 것으로 밝혀졌다." : Backman (1983).

"언어들 전반에서 공통으로 나타난다." : Anthony and Francis (2005); Hu and Catts (1998).

"킨취(Walter Kintsch)는 이런 예를 제시했다." : Kintsch (2012).

"이런 문제가 과해지면 읽기는 느려지고 어려워진다." : Foertsch and Gernsbacher (1994).

"독자들이 편하게 이해하려면 단어들의 약 98%에 대해 알 필요가 있다는 추산이 나왔다." : Carver (1994); Schmitt, Jiang, and Grabe (2011).

"연구자들은 독해력 시험 점수와 다양한 문화적 문해력 시험들 점수 간의 강력한 상관관계를 발견했다." : Cunningham and Stanovich (1991, 1997); Stanovich and Cunningham

(1993); Stanovich, Cunningham, and West (1995); Anderson, Wilson, and Fielding (1988)도 볼 것

"나이가 들수록 점점 더 읽기에 부정적인 태도를 갖게 된다." : Eccles, Wigfield, Harold, Blumenfeld, and Url (1993); Jacobs, Lanza, Osgood, Eccles, and Wigfield (2002); Kush and Watkins (1996); McKenna, Conradi, and Meyer (2012); McKenna, Kear, and Ellsworth (1995).

"사람들은 분석이 불가능하거나 어쨌든 분석 가능성이 아주 낮은 것들에 대해서도 어떤 태도를 견지한다." : 태도의 세 가지 유형에 대한 리뷰는 Aronson, Wilson, and Akert (2012)을 볼 것

"논리적 주장들은 대부분 인과 오류이며 감정 주도적인 의견을 합리화하기 위해 정리를 한 것 일 뿐이다." : 이 문헌에 대한 재고는 Haidt (2012)를 볼 것

"이런 상황은 선순환을 만들어낸다." : Mol and Bus (2011).

"해독력이 점점 더 좋아지고, 읽고 있는 모든 것이 배경지식에 보태진다." : 이 주장에 대한 가장 좋은 증거는 Clark & DeZoysa (2011)처럼 구조 방정식 모형을 채택한 연구들에서 나온다. 전 세계에서 나타나는 이런 관계를 조사한 데이터는 Lee (2014)를 볼 것

"마태 효과" : Stanovich (1986).

"부익부 빈익빈" : Morgan and Fuchs (2007).

"'독자'가 자신의 자아관의 일부라면" : 독자로서의 자아 정체성에 대해 더 알고 싶으면 Hall (2012)을 볼 것

"내가 하는 것과 내가 스스로를 어떻게 생각하는지는 서로를 강화하는 역할을 한다." : Retelsdorf, Köller, and Möller (2014).

Chapter 4

"사실 아기는 그런 비디오가 있든 없든 읽지 못한다." : Neuman, Kaefer, Pinkham, and Strouse (2014).

"모성어를 말하는 부모들은 아주 확실한 말하기 모델을 제공함으로써 아마도 자기 자녀가 말하는 법을 배우는 데 도움을 줄 것이다." : Nelson, Hirsh-Pasek, Jusczyk, and Cassidy (1989).

"모성어의 느린 속도와 또박또박한 발음이 아이들이 몇 년 후 말소리를 듣는 데 유리하게 작용할지도 모른다." : Silvén, Niemi, and Voeten (2002).

"총 20시간이나 25시간이면 충분하다." : National Institute of Child Health and Human Development (2000).

"문자를 익힌 상태로 유치원에 들어온 아이들이 결국 나중에 읽기에 더 능해진다." : Chall (1967); Noel Foulin (2005).

"일찍 문자를 가르친다고 해도 아이들이 읽기에서 그리 우위를 점하게 되는 건 아니다." : Piasta and Wagner (2010).

"문자-소리 연관성을 아는 면에서 문자 이름을 통해 남보다 유리한 출발선상에 설 수 있다." : Treiman and Kessler (2003).

"전형적인 낭독으로 아이들이 문자에 대해 얻는 지식은 별로 없다." : Evans, Shaw, and Bell (2000); Hood, Conlon, and Andrews (2008).

"시선 추적 연구들에 따르면 아이들은 낭독하는 동안 문자를 보지 않는다." : Justice, Skibbe, Canning, and Lankford (2005).

"이런 방식으로 읽으면 어린이들이 활자에 대해 배운다." : 리뷰를 보려면 Justice and Pullen (2003)를 볼 것

"아이는 활자에 둘러싸여 있다." : Neumann, Hood, Ford, and Neumann (2011).

"문자는 임의적이지 않은 형태를 갖고 있다." : Levy, Gong, Hessels, Evans, and Jared (2006). c02.

"9개월밖에 안 된 유아가 이런 반응을 보인다." : Junge, Cutler, and Hagoort (2012); Parise and Csibra (2012).

"자기가 듣는 이런 종류의 말을 그대로 따라한다.": Weizman and Snow (2001); Zimmerman et al. (2009).

"내가 권하려는 건 아이에게 말을 하는 방식에 주의를 기울여야 한다는 거다.": Landry et al. (2012).

"이 연령대에 하는 질문의 약 삼 분의 이는 정보를 얻어내려는 의도를 갖고 있다." : Chouinard, Harris, and Maratsos (2007).

"아이에 따라 매주 400개에서 200개 사이에 이른다." : Chouinard et al. (2007).

"아이에게 언어의 목적은 새로운 지식의 습득에 있다는 것을 보여주는 것이다." : Tizard and Hughes (1984).

"질문형 부모들은 아이들에게 해야 할 일을 말할 때조차 대화를 시도하는 경향이 있다." : Lareau (2003).

"걸음마를 배우는 유아가 더 폭넓은 어휘를 축적하고 더 복잡한 구문을 이해하는 데 낭독이 도움이 된다." : Hood, Conlon, and Andrews (2008).

"3학년이나 4학년쯤이나 되어야 한다." : Dickinson, Golinkoff, and Hirsh-Pasek (2010).

"또 다른 기법을 고려해 볼 수도 있다. 바로 '대화체 읽기'(dialogic reading)다." : Arnold and Whitehurst (1994); Zevenbergen and Whitehurst (2003).
"낭독으로 아이들이 새로운 어휘와 더욱 복잡한 문장 구문을 익힐 가능성을 높여준다." : Justice and Pullen (2003); Mol, Bus, de Jong, and Smeets (2008).

"전자책 독자가 종이책 독자보다 우수하다." : 전자책 독자가 종이책 독자보다 우수하다고 결론 내리는 연구를 보려면 Korat, Segal-Drori, and Klien (2009); Segal-Drori, Korat, Shamir, and Klein (2009)을 볼 것

"어떤 연구들은 전자책 독자가 종이책 독자보다 뒤떨어진다는 것을 보여준다." : 전자책 독자가 종이책 독자보다 뒤떨어진다는 것을 보여주는 연구는 de Jong and Bus (2002); Matthew (1997); and Trushell, Burrell, and Maitland (2001)을 볼 것

"서로 차이가 없다는 결과를 보여주는 연구들도 있다." : 서로 차이가 없다는 결과를 보여주는 연구를 보려면 de Jong and Bus (2004); Korat and Or (2010); and Korat and Shamir (2007)을 볼 것

"부모와 아이가 전자책을 함께 읽을 때는 상호작용이 달라진다." : Parish-Morris, Mahajan, Hirsh-Pasek, and Golinkoff (2011); Segal-Drori et al. (2009).

Chapter 6

"병 라벨에 근거해서 자기가 "좋아하는" 음료를 고르는 것으로 드러났다. 내용물이 아니라 말이다." : Woolfolk, Castellan, and Brooks (1983).

"올드 스파이스는 긍정적인 감정과 결부된다." : Stuart, Shimp, and Engle (1984).

"어린 시절 책에 대한 긍정적인 경험이 그 후의 독서와 연관이 있다." : Baker, Scher, and Mackler (1997); Rowe (1991); Walberg and Tsai (1985).

"그렇게 이런 비교는 아이의 자아 개념의 또 다른 원천이 된다." : DeBaryshe (1995); Evans, Shaw, and Bell (2000).

"실제로 자기들이 예상하는 결과를 얻지 못할지 모른다는 사실을 인지하고 있기 때문이다." : 이 연구 문헌에서는 이런 것들을 기대 가치 이론(expectancy value theories)이라 부른다. 예를 들면 Wigfield & Eccles (2000)이 있다.

"평균 미디어 노출은 '하루에 11시간'에 육박하게 된다." : Rideout, Foehr, and Roberts (2010).

"아이들에게 ABC 같은 건 전부 숨겨야 한다." : Manguel (1996, p. 79)에서 인용

"'해골처럼 생긴, 피가 돌지 않는 창백한 유령'" : Mann (1841).

"현재도 일부 전문가들은 이런 의견을 여전히 제시하고 있다." : Goodman (1996).

"불과 5천 5백 년도 되지 않은" : Robinson (2007).

"특별히 정선한 과학자들로 위원회를 꾸려" : National Institute of Child Health and Human Development (2000); Rose (2006); EU High Level Group of Experts on Literacy (2012).

"미국 과학 기구들이 조직한 위원회들" : National Research Council (1998); Rayner, Foorman, Perfetti, Pesetsky, and Seidenberg (2001).

"아이가 읽기 지도를 시작할 때 무엇을 알고 있는지에 따라 달라진다." : Jeynes and Littell (2000); Sonnenschein, Stapleton, and Benson (2009); Stahl and Miller (1989).

"그렇게 해서 '균형 잡힌 문해 교수법'(balanced literacy)이 탄생했다." : Fountas and Pinnell (1996); Pressley (2002).

"뉴욕 교육국(New York City Department of Education)이 간행한 교사용 요람" : Stabiner, Chasin, and Haver (2003).

"그들이 정작 하는 수업은 서로 굉장히 달랐다." : Bingham and Hall-Kenyon (2013).

"아이들마다 서로 다른 활동에서 학습 효과가 더 높아진다." : Connor, Morrison, and Katch (2004); Connor, Morrison, and Petrella (2004).

"대부분의 초등학교 저학년 교사들이 일종의 균형 잡힌 문해 교습 버전을 이용하고 있다." : Xue and Meisels (2004).

"발음 중심 교육에 시간을 거의 할애하지 않으며" : Rayner, Pollatsek, Ashby, and Clifton

(2012).

"어른들도 그렇지만, 우리는 아이들이 한 번에 두 가지에 집중할 수 없다는 것을 다른 연구를 통해 알고 있다." : Pashler (1999).

"기술이 읽기 성과에 적당한 수준으로 긍정적인 영향을 미친다." : Cheung and Slavin (2011).

"이런 그리 대단치 않은 효과는 실은 교육 기술이 개입했을 때 일반적으로 나타나는 현상이다." : Hattie (2009); Tamim, Bernard, Borokhovski, Abrami, and Schmid (2011).

"초기 독서에 중요하다고 알려진 요인인 학생과 교사와의 관계" : Mashburn et al. (2008).

"그런 지도가 아이들이 읽는 법을 배우는 데 도움을 줄 수 있다는 연구들이 있지만" : Senechal and Young (2008).

Chapter 8

"'새 두 마리가 나뭇가지 위에 앉아 있었다. 문이 열린 새장이 그들 아래 땅 위에 놓여 있었다.'" : Barclay, Bransford, Franks, McCarrell, and Nitsch (1974).

캐럴 해리스 이야기는 Sulin and Dooling (1974)에서 발췌.

"흔히 구할 수 있는 기초적인 읽기 교재들은 개념들에 큰 비중을 두지 않는 경향이 있으며" : Duke (2000); Moss (2008); Pentimonti, Zucker, Justice, and Kaderavek (2010).

"내 대답은 간단할 수밖에 없겠지만 어쨌든 시작해보겠다." : 리뷰를 보려면 Willingham (2008)을 볼 것.

"2000년대 초반에 나온 몇몇 연구" : National Institute of Child Health and Human Development. Early Child Care Research Network(2002, 2005).

"최근의 소규모 연구들은 이런 일반적인 결론을 뒷받침해 주고 있다." : Baniflower et al. (2013); Claessens, Engel, and Curran (2013).

"네 살이나 다섯 살 정도 된 어린아이들은 스스로를 만능이라 여기는 경향이 있다." : Harter (1999).

"이런 이해에 도달하는 건 비교를 통해서다." : Ruble and Frey(1991).

"발음 중심 교수법이 됐든 전체 단어 단위 교수법이 됐든 아이들이 해독을 배우는 구체적인 방식은 태도에 영향을 미치지 않는다." : McKenna, Kear, and Ellsworth(1995).

"이런 일은 읽기를 배우는 데 아주 애를 먹는 아이들에게는 더욱 빨리 일어난다." : Walberg and Tsai (1985).

"아이들을 "느린" 독서 조에 집어넣는 건" : Wallbrown, Brown, and Engin(1978).

"학생들에게 낭독이 그런 것만큼이나 독서 프로그램에 우수한 아동 문학을 포함시키는 것 또한 더욱 긍정적인 태도로 이어질 것" : Bottomley, Truscott, Marinak, Henk, and Melnick (1999); Morrow (1983, 1992).

"1960년대까지 거슬러 올라가는 연구들은 학생의 몰입을 이끌어내는 게 프로그램이 아닌 주로 교사의 행동이라는 것을 보여주었다." : Chall (1967).

"매 수업 일마다 천 번이나 되는 결정" : Jackson (1968).
"읽기는 효율적 교실의 탁월함이 돋보이는 장이다." : Guthrie and Cox (2001).

"교사들이 독서에 대한 열정의 본보기가 되어 아이들에게 독서의 이로움을 보여주면 도움이 된다." : Janiuk and Shanahan (1988).

"해서는 '안 되는' 것은 끝없는 칭찬이다. 특히 수행 능력에 초점을 맞춘 칭찬이다." : Mueller and Dweck (1998).

"부모와 형제자매가 독서하는 모습을 보여주는 것, 집에 책들이 늘 있는 것 등" : Baker, Scher, and Mackler (1997); Braten, Lie, Andreassen, and Olaussen (1999).

"아이가 저학년일 때 이런 것을 시작하는 것도 여전히 좋은 생각" : Villiger, Niggli, Wandeler, and Kutzelmann (2012).

"자기가 누구인지에 대해 마음이 바뀐다." : Grotevant (1987).

"부모에게 책임이 있는 이런 태도는 자녀의 더 높은 독서 의욕과 관련이 있을 뿐 아니라" : Baker and Scher (2002).

"부모가 독서를 중요한 공부의 기술로 여길 때보다 읽기 성취도와 더 관련이 있다." : Baker (2003).

Chapter 10

"본질적으로는 중요해도 별로 티도 안 나는 이해라는 단조롭고 고된 작업, 즉 문법적 역할을 단어에 부여하는 것에도 도움이 된다." : Carlson (2009).

"'두개골은 작은 강당 같은 것'" : Rehm (2013).

"유창성과 관련해서 독해력을 향상시키는 건 운율 면에서의 발전이지, 읽는 속도 자체는 아니라는 것" : Veenendaal, Groen, and Verhoeven (2014).

"'독학 가설'" : Share (1995).

"수년에 걸쳐 할당된 연습에 근거" : Grainger, Lété, Bertand, Dufau, and Ziegler (2012).

"아이가 단어를 자주 접할수록 그게 어떻게 생겼는지에 대한 지식도 더 풍부해지니까" : Arciuli and Simpson (2012); Kessler (2009).

"유창성 발달을 가져오는 주요 메커니즘은 읽기다." : Collins and Levy (2008); Ehri (2008).

"전국적으로 시행되는 시험들을 살펴본 결과, 약 절반의 아이들만이 4학년 때 소기의 수준에 도달하는 것으로 나타난다." : Daane, Campbell, Grigg, Goodman, and Oranje (2005).

"체계적인 철자법 교육이 유창성을 향상시키는 것으로 보인다." : Shanahan and Lomax (1986).

"학생들의 유창성 발달에 도움이 되는 두 번째 기법은 교사가 운율을 넣어 읽는 데 모범을 보여주는 것이다." : 사례가 궁금하면 Dowhower (1989)를 볼 것.

"유창성을 키우는 세 번째 방식은 반복해서 읽는 것이다." : Samuels (1979).

"이런 기법들의 효능을 뒷받침하는 연구 증거는 별로 강력하진 않다." : Breznitz and Share (1992); Fleisher, Jenkins, and Pany (1979); Tan and Nicholson (1997).

"실제 페이지들을 넘겨 가며 책을 누비는 게 스크롤을 내려가며 하는 것보다 이해가 더 잘 된다." : Sanchez and Wiley (2009).

"클릭이 가능한 링크, 즉 하이퍼링크는 클릭을 하지 않더라도 이해를 방해한다." : DeStefano and LeFevre (2007).

"이해도는 종이에 쓰인 것을 읽을 때와 거의 똑같다. 그러나 읽기에서 효율성이 떨어진다." : Connell, Bayliss, and Farmer (2012); Daniel and Woody (2013); Rockinson-Szapkiw, Courduff, Carter, and Bennett (2013); Schugar, Schugar, and Penny (2011).

"전자 교재를 읽는 경우, 시간이 더 오래 걸리다 보니 더 수고가 들어가는 것처럼 느껴진다." : Ackerman and Goldsmith (2011); Ackerman and Lauterman (2012); Connell et al. (2012); Daniel and Woody (2013).

"재미로 하는 독서는 학업 때문에 하는 독서와 다르다." : e-book의 경우에 재미로 하는 독서가 학업 때문에 하는 독서와 어떻게 다른지에 대해서는 Daniel and Willingham (2012)를 볼 것.

Chapter 11

"읽기에 서툰 사람들의 경우 특히 그렇다. 그런 사람들은 어떤 글을 아주 약간만 이해하는 것으로도 만족한다." : Long, Oppy, and Seely (1994); Magliano and Millis (2003); Yuill, Oakhill, and Parkin (1989).

"이런 사람들은 적절한 추론을 할 줄 모른다는 이야기가 아니다." : Johnston, Barnes, and Desrochers (2008).

"연구들이 독해 전략을 가르치면 독해력이 향상되며, 이로써 보는 이득은 결코 사소한 게 아니라는 것을 입증한다" : National Institute of Child Health and Human Development (2000).

"5회나 10회 정도의 얼마 안 되는 훈련 시간만으로도 보게 되는 이득은 50회 때와 같았다." : Elbaum, Vaughn, Tejero Hughes, and Watson Moody (2000); Rosenshine, Meister, and Chapman (1996); Rosenshine and Meister (1994); Suggate (2010).

"학생들은 어떤 분야에 대해 더 많이 배울수록 해당 분야의 관행에 따라 어떤 게 특별히 주목할 만한 가치가 있고, 어떤 건 부차적인지 알게 된다." : Shanahan and Shanahan (2008).

"그런 게 존재한다면 말이지만 나이와 관련해 이런 격차가 발생하는 건 나이가 더 많은 쪽의 학습 능력이 한정되어 있기 때문이 아니다." : Bennett, Maton, and Kervin (2008); Margaryan, Littlejohn, and Vojt (2011).

"코네티컷 대학교 연구자들이 7학년생 25명에게 이 사이트를 평가하게 하자" : Leu and Castek (2006).
"학생들이 웹에서 발견한 정보를 비판적으로 평가하는 경우가 드물다." : Killi, Laurinen, and Marttunen (2008).

"웹사이트에 대한 평가 능력이 실제로 향상되는 건 아니라는 것" : Zhang and Duke(2011).

"평균적인 미국인이 하루에 노출되는 단어의 수" : Bohn and Short (2009).

"'나는 이걸 고양이 사진을 모으거나 생판 모르는 사람들과 말싸움을 벌이는 데 쓴다.'" : Nusername (2013).

"이런 네 가지 활동이 10대의 컴퓨터 사용 시간의 75%를 차지했다." : Rideout, Foehr, and Roberts (2010).

"'동영상 열세'" : Deocampo and Hudson (2005); Troseth, Saylor, and Archer (2006).

"TV 시청량 뿐 아니라 TV 내용도 중요하다." : 리뷰를 원하면 Guernsey (2007)를 볼 것.

"하지만 성적과 여가 활동으로서의 독서와의 관계는 긍정적이다." : Rideout et al. (2010).

"이런 현상에 대한 대표적인 실험은 취학 전 아동을 대상으로 실시됐다." : Lepper, reene, and Nisbett (1973).

"학교라는 맥락에서의 보상에 대해서 많은 연구들이 있었고, 결과는 보통 이런 식의 역효과를 나타냈다." : 리뷰는 Deci, Koestner, and Ryan (1999)을 볼 것.

"그렇다면 보상 대신 칭찬은 어떨까?" : 칭찬에 대한 리뷰는 Willingham (2005)를 볼 것.

"독서능력 증진 연습기에 대한 연구 문헌을 보면 사실 이 프로그램에 대한 평가는 엇갈리고 있다." : Hansen, Collins, and Warschauer (2009).

"나는 아이들이 학업으로서의 독서를 재미로 하는 독서와 혼동할까 봐 걱정이다." : 여기에 대한 꼼꼼한 논의는 Gallagher (2009)를 볼 것.

"평균 90분인 독서 단위 중 학생이 하는 독서는 매일 평균 고작 15분뿐이었다." : Brenner, Hiebert, and Tompkins (2009).

"연구자인 넬 듀크(Nell Duke)가 씁쓸하게 지적한 것처럼" : Miller and Moss (2013).

"아이들이 학년이 올라갈수록" : Fractor, Woodruff, Martinez, and Teale (1993).

"일부 실험들은 이런 요소 없이는 학생들이 수업 시간 중 묵독 시간에서 이득을 보지 못한다는 점을 시사한다." : Kamil (2008).

"솔직히 말하자면 가장 최근 데이터는 이 방법이 '아마도' 태도, 어휘, 이해도를 향상시킬 것이라고 암시하는 수준이다." : Manning and Lewis (2010); Yoon (2002).

"요새 아이들은 쉽게 싫증을 낸다고 생각하는 많은 교사들이 아이들을 그렇게 만드는 원흉으로 디지털 기기를 비난한다." : Richtel (2012).

"저명한 독서 연구자인 메리앤 울프" : Rosenwald (2014).

"'구글(Google)이 우리를 바보로 만들고 있는가?' (Is Google Making Us Stoopid?)" : Carr (2008).

"후속편에 해당하는 책인 〈생각하지 않는 사람들〉" : Carr (2011).

"대부분의 인지 심리학자들이 나와 같은 입장에 있지 않을까 싶기도 하다." : 스티븐 핑커 (Steven Pinker)와 로저 솅크(Roger Schank) 모두 이런 맥락으로 글을 썼다.

http://edge.org/q2010/q10_10.html#pinker;;%20

http://www.edge.org/q2010/q10_13.html. Mills (2014)도 볼 것.

"종이 책을 여전히 더 자주 읽는다고 말한다." : Robinson (2014).

찾아보기